GEORGE FRIEDMAN

DER STURM
VOR DER RUHE

Amerikas Spaltung, die heraufziehende
Krise und der folgende Triumph

PLASSEN
VERLAG

Die Originalausgabe erschien unter dem Titel
The Storm Before the Calm: America's Discord, the Rise of the Coming Crisis of the 2020s,
and the Triumph Beyond
ISBN 978-0-385-54049-0 (Hardcover)

Copyright der deutschen Ausgabe 2020:
© Börsenmedien AG, Kulmbach

2. Auflage 2021

Übersetzung: Philipp Seedorf
Gestaltung Cover: Daniela Freitag
Gestaltung, Satz und Herstellung: Sabrina Slopek
Bildquelle Umschlag: Getty Images
Gesamtherstellung: Daniela Freitag
Lektorat: Sebastian Politz
Druck: GGP Media GmbH, Pößneck

ISBN 978-3-86470-690-5

Bibliografische Information der Deutschen Nationalbibliothek:
Die Deutsche Nationalbibliothek verzeichnet diese Publikation in der
Deutschen Nationalbibliografie; detaillierte bibliografische Daten
sind im Internet über <http://dnb.d-nb.de> abrufbar.

BÖRSEN **W** MEDIEN
AKTIENGESELLSCHAFT

Postfach 1449 • 95305 Kulmbach
Tel: +49 9221 9051-0 • Fax: +49 9221 9051-4444
E-Mail: buecher@boersenmedien.de
www.plassen.de
www.facebook.com/plassenbuchverlage
www.instagram.com/plassen_buchverlage

Gewidmet der Zukunft Amerikas, meinen Enkeln:
Ethan, Austin, Mira, Asher, Ari, Kathryn,
Nicholas und Douglass

Es war die beste aller Zeiten, es war die schlimmste aller Zeiten, es war das Zeitalter der Weisheit, es war das Zeitalter der Torheit, es war die Epoche des Glaubens, es war die Epoche des Unglaubens, es war die Jahreszeit des Lichts, es war die Jahreszeit der Dunkelheit, es war der Frühling der Hoffnung, es war der Winter der Verzweiflung. Alles lag vor uns, nichts lag vor uns. Wir steuerten alle direkt auf den Himmel zu, wir steuerten alle direkt in die andere Richtung – kurz gesagt, die Zeit entsprach so sehr der heutigen, dass einige der stimmgewaltigsten Autoritäten darauf bestanden, man müsse sie für gut oder böse halten, aber nur mit den Superlativen eines Vergleichs.

– Charles Dickens

INHALT

LISTE DER ABBILDUNGEN

EINFÜHRUNG

Die Vereinigten Staaten durchleben schwere Zeiten. Die Amerikaner beschäftigen sich hauptsächlich mit der Präsidentschaft von Donald Trump. Seine Gegner glauben, er sei korrupt und inkompetent. Seine Unterstützer glauben, er sei das Opfer einer abgeschotteten Elite, die ihn zerstören will. Ein Großteil der Spannungen konzentriert sich auf Trump, als wäre er allein das Problem oder die Lösung.

Das ist nichts Neues. Der Zorn aufeinander und die Spaltung, die wir heute in Amerika sehen, ist trivial, verglichen mit anderen Zeiten der US-Geschichte – dem Bürgerkrieg, in dem 650.000 Menschen gestorben sind, oder den 1960er-Jahren, als die 82. Airborne-Division eingesetzt wurde, um Heckenschützen in Detroit zu bekämpfen. Abraham Lincoln hat man einen Analphabeten und Affen geschimpft. Richard Nixon wurde ein Krimineller genannt und als solcher hat er sich auch erwiesen, obwohl er alles auf die Medien geschoben hat. Einige Präsidenten, wie Lincoln, Nixon und Trump, werden von manchen verabscheut und anderen geliebt, aber die Realität ist, dass sie nicht mächtig genug sind, um die Probleme zu verursachen – und auch nicht die zugrunde liegenden Strömungen kontrollieren, auf denen sie nach oben schwimmen.

Amerikaner betonen immer die Bedeutung des Präsidenten, was bis auf Washington, Jackson oder Lincoln zurückreicht. Das hat etwas Ironisches, denn der amerikanische Präsident besitzt im Vergleich zu einem europäischen Premierminister wenig Macht. Die Gründerväter haben das absichtlich so festgelegt und dieses Arrangement hat sich über die Zeit bewährt. Ein Präsident sieht sich zwei Parlamenten gegenüber, unzähligen Bundesrichtern und 50 souveränen Staaten. Er kann kaum etwas erreichen, aber er bildet eine Art Brennpunkt für den Geist der Nation. Wenn also die Nation wieder eine ihrer periodischen und vorhersehbaren Krisen durchlebt, dann beschuldigen oder loben die Amerikaner den Präsidenten, statt die sachlichen Kräfte zu verstehen, welche die Ereignisse antreiben.

Dieses Buch konzentriert sich auf die zugrunde liegenden Prozesse innerhalb der amerikanischen Geschichte, erklärt unseren momentanen Zustand im Kontext unserer allgemeinen Geschichte und stellt die gegenwärtigen leidenschaftlichen Ausbrüche in einen Zusammenhang. Es wird auch die sehr reale, kommende Krise der 2020er- bis 2030er-Jahre erklären und letztlich aufzeigen, wie die Vereinigten Staaten mit dem Leid und dem Durcheinander fertig werden und am Ende stärker und dynamischer daraus hervorgehen.

Im Moment finden eine Reihe tiefer, struktureller Veränderungen in den Vereinigten Staaten statt und diese Veränderungen schaffen tiefgehende Spannungen. Die Bundesregierung durchlebt eine periodische Transformation, in der sich ihre Vorgehensweisen und ihre traditionelle Beziehung zur Gesellschaft verändern. Diese Veränderung wird durch ein zunehmendes Versagen des Systems vorangetrieben. Gleichzeitig durchlebt das Wirtschaftssystem einen fundamentalen Wandel, der zum Teil von einem Geldüberschuss und begrenzten Investitionsmöglichkeiten angetrieben wird. Das führt wiederum zu einem massiven Nachlassen des Produktionswachstums, weil es zu einem Rückgang der Innovationen führt. Unter diesen beiden Belastungen und dem Druck, der entstand, weil die Vereinigten Staaten ihre Balance im globalen System finden wollten, ist der Kitt, der die amerikanische Gesellschaft zusammenhält, brüchig geworden und wird im Verlauf der 2020er-Jahre weiter dahinschwinden. Und unabhängig davon, wer Präsident ist, werden Angst und Hass das Land noch ein weiteres Jahrzehnt heimsuchen.

Das ist keineswegs das erste Mal, dass etwas Derartiges stattfindet. Wenn wir einen Schritt zurücktreten und eine breitere Perspektive einnehmen, sehen wir zwei Hauptzyklen in der amerikanischen Geschichte, und indem wir diese Zyklen verstehen, können wir die derzeitige Situation der Vereinigten Staaten verstehen. Einer ist der „institutionelle Zyklus", der sich ungefähr alle achtzig Jahre wiederholt. Der erste institutionelle Zyklus begann mit dem Ende der Amerikanischen Revolution und dem Entwurf der Verfassung Mitte der 1780er-Jahre und endete 1865 mit dem Bürgerkrieg. Der zweite institutionelle Zyklus endete 80 Jahre später mit dem Ende des Zweiten Weltkriegs. Die Anspannungen des nächsten Übergangs werden heute sichtbar und etwa um das Jahr 2025 stattfinden.

Der zweite wichtige Zyklus ist der „sozioökonomische", der ungefähr 50 Jahre dauert. Die letzte Veränderung fand etwa 1980 statt, als die ökonomischen und sozialen Störungen, die in den späten 1960er-Jahren begannen, in einem fundamentalen Wandel der Funktionsweise unserer ökonomischen und sozialen Systeme ihren Höhepunkt fanden. Wie ich in späteren Kapiteln detailliert erklären werde, gelangte der letzte sozioökonomische Zyklus in den frühen 1930er-Jahren nach dem Beginn der Weltwirtschaftskrise an einen Wendepunkt und davor in den 1880er-Jahren, als das Land sich nach dem Bürgerkrieg neu ausrichtete. Wir sehen uns erneut einer Periode der sozialen und wirtschaftlichen Unsicherheit gegenüber, die in den späten 2020er-Jahren zum Ende kommen wird.

Wenn wir diese beiden bedeutenden Zyklen betrachten, dann sehen wir etwas, das es vorher noch nicht gab. Der gegenwärtige institutionelle Zyklus wird mit einer Krise etwa Mitte der 2020er-Jahre zum Abschluss kommen und der sozioökonomische Zyklus wird mit einer Krise ein paar Jahre später enden. Das ist das erste Mal in der amerikanischen Geschichte, dass die beiden Zyklen so kurz nacheinander ihren Höhepunkt finden und sich praktisch überlappen. Das bedeutet offensichtlich, dass die 2020er-Jahre eine der schwierigeren Perioden der amerikanischen Geschichte werden, besonders, wenn wir die neue und komplexe Rolle der Vereinigten Staaten in der Welt bedenken – etwas, das während fast aller früheren Zyklen kein Faktor gewesen war. Die Trump-Administration ist daher nur der Vorläufer dieser Periode und dessen, was kommen wird. Dabei geht es nicht um Donald Trump, weder im Positiven noch im Negativen. Er kann entweder als kühn und direkt angesehen werden oder als inkompetent und taktlos, aber wenn wir die Details außer Acht lassen, dann sind er – und wir – nur Fahrgäste in der amerikanischen Achterbahn.

Man darf nicht vergessen, dass jeder dieser amerikanischen sozioökonomischen Zyklen mit einer Periode der Zuversicht und des Wohlstands endete. Auf den Bürgerkrieg folgte eine beachtliche Wachstumsperiode, während der 35 Jahre später die Vereinigten Staaten die Hälfte aller Handelsgüter der Welt produzierten. Auf den Zweiten Weltkrieg folgte ein beispielloses Wachstum der berufstätigen Klasse. Und auf den Kalten Krieg folgte der Tech-Boom, der die Welt verändert hat. Ich sage keinen Weltuntergang vorher. Ich sage eine extrem schwierige Periode vorher, zwischen dem Heute und dem Beginn der nächsten Phase der amerikanischen Geschichte in den 2030er-Jahren – und die Periode von Zuversicht und Wohlstand, die darauf folgen wird.

Es ist wichtig, festzuhalten, dass im Unterschied zu dem, was manchmal in anderen Ländern passiert, diese Zyklen die Vereinigten Staaten nicht zerstören werden. Stattdessen bringen sie sie voran. Die Zyklen repräsentieren den Motor, der die Vereinigten Staaten antreibt. Jede Periode beginnt mit einem Problem, das vom vorherigen Zyklus verursacht wurde, schafft ein neues Modell, das die amerikanischen Stärken nutzt, und findet seinen Höhepunkt darin, dass die Lösung des Problems übermäßig ausgereizt und zum neuen Problem wird, das gelöst werden muss.

Die Gleichmäßigkeit und Schnelligkeit dieser Zyklen ist beeindruckend. In anderen Ländern sind Auftreten und Intensität dieser

Zyklen sehr viel weniger leicht vorherzusagen, aber die amerikanischen Zyklen sind vorhersehbar und häufig. Das hat mit der Schnelligkeit und Beweglichkeit zu tun, mit der sich Amerika entwickelt hat, und das war wiederum die Folge der Struktur der Vereinigten Staaten: ihrer Regierung, ihrer Bevölkerung und ihrem Land. All das schuf eine Plattform nicht nur für ein schnelles Wachstum, sondern auch dafür, dieses Wachstum zu managen. Das Wachstum einer Nation kann nicht linear sein. Alte Systeme, die ihre Nützlichkeit überlebt haben, müssen zerstört und neue Systeme geschaffen werden. Die Natur der Vereinigten Staaten hat das immer begünstigt, und wie ich in den kommenden Kapiteln untersuchen werde, wird sie das auch weiterhin tun.

Die wichtigste Tatsache, die man im Hinterkopf behalten muss, ist, dass die Vereinigten Staaten eine erfundene Nation sind; sie haben sich nicht aus einer begrenzten Zahl an Menschen über Tausende Jahre in ihrem angestammten Land natürlich entwickelt, so wie es etwa in China oder Russland der Fall war. Darüber hinaus waren die Vereinigten Staaten eine zielstrebig und schnell entworfene Nation. Das amerikanische Regierungssystem wurde das erste Mal in der Unabhängigkeitserklärung konzipiert und in der Verfassung institutionalisiert. Das amerikanische Volk setzt sich aus Menschen aus verschiedenen Ländern und mit verschiedenen Sprachen zusammen, die unterschiedliche Gründe hatten, um nach Amerika zu kommen – die meisten freiwillig, einige durch Gewalt.

Das Volk der Vereinigten Staaten hat sich selbst quasi auf einem unbeschriebenen Blatt entworfen. Und das Land Amerika hat sich in bedeutendem Umfang selbst erfunden. Es hat den Amerikanern Möglichkeiten geboten, die den meisten unvorstellbar erschienen und in einer Weise genutzt werden konnten, die niemand vorhersah.

Die Kombination aus Staatsform, Menschen und Land verleiht der Nation eine Agilität, die den meisten anderen Ländern fehlt. Das Regierungssystem sollte flexibel sein und dem Volk die Möglichkeit geben, sich so schnell zu entfalten, wie die Menschen sich das Land zunutze machen konnten. Es erlaubt den Vereinigten Staaten, sich mit außergewöhnlicher Geschwindigkeit zu entwickeln. Und weil alle Dinge sich irgendwann erschöpfen, führt es auch zu häufigen Krisen, die wirken, als würden sie die Nation dem Untergang weihen. Doch stattdessen schöpft Amerika tatsächlich Kraft aus den Krisen und reformiert sich mit erstaunlicher Agilität.

Ich habe dieses Buch in drei Teile aufgeteilt. Teil 1 versucht, den amerikanischen Charakter, die amerikanischen Werte und die Geschichte zu erklären, die zur Bildung des „amerikanischen Volks" geführt hat. Er zeigt auch, warum die Vereinigten Staaten so widerstandsfähig sind und warum sie extreme Perioden überleben können. Teil 2 beschreibt detailliert die beiden wichtigen Zyklen und die Realitäten, die die amerikanische Geschichte bestimmen, insbesondere, was zu der Krise geführt hat, die die Vereinigten Staaten augenblicklich erleben. Teil 3 ist eine Zukunftsvorhersage und schildert die Krisen, die auftreten, wenn die massiven Kräfte dieser beiden Zyklen im Jahrzehnt zwischen 2020 und 2030 kulminieren – etwas, das vorher noch nie passiert ist –, und wirft dann einen Blick darauf, was folgen wird und wie die Zukunft Amerikas aussieht, wenn der Sturm vorübergezogen ist.

Dieses Buch erläutert, wie die Vereinigten Staaten unter der Oberfläche funktionieren. Um das zu verstehen, müssen wir als Erstes die Beschaffenheit des amerikanischen Systems verstehen, die Menschen und das Land. Die wahre Geschichte der Vereinigten Staaten ist eine Geschichte dessen, wie sie systematisch ihre Form ändern, um weiter zu wachsen. Und das bedeutet, wir müssen die Form der Vereinigten Staaten von ihrer Gründung ausgehend verstehen und uns dann ansehen, wie die Zyklen funktionieren und was sie für die Zukunft bedeuten.

TEIL 1

DIE ERFINDUNG
AMERIKAS

KAPITEL

DAS AMERIKANISCHE REGIERUNGSSYSTEM UND EINE RUHELOSE NATION

A m letzten Tag der verfassungsgebenden Versammlung, direkt nachdem die Verfassung angenommen wurde, fragte eine Frau, die vor dem alten Pennsylvania State House gewartet hatte, Benjamin Franklin, ob die Nation eine Monarchie oder eine Republik werden würde. Seine Antwort war: „Eine Republik, wenn Sie dafür sorgen, dass es so bleibt." Die verfassungsgebende Versammlung erfand die amerikanische Regierung. Und das auf zweierlei Weise: Zuerst schuf sie eine Regierung, wo es vorher keine gegeben hatte. Zweitens schuf sie eine Maschine, die Maschinerie der Regierung, die dem Geist der Gründerväter entsprungen war. Anders als andere Regierungen hatte sie keine Vergangenheit. Diese Regierung wurde durch einen Entwurf, eine Architektur und durch Planung geschaffen.

Die Maschine basierte auf zwei Prinzipien. Erstens fürchteten die Gründungsväter eine Regierung, denn Regierungen neigen dazu,

Macht anzuhäufen und sich in Gewaltherrschaften zu verwandeln. Zweitens misstrauten sie dem Volk, denn das Volk – das seine eigenen Interessen verfolgt – könnte die Regierung davon abbringen, sich um das Gemeinwohl zu kümmern. Eine Regierung und natürlich auch die Bürger waren notwendig, aber beide mussten im Zaum gehalten werden, und zwar, indem die Regierung beider Fähigkeit begrenzte, Macht anzuhäufen. Die Gründerväter hatten eine solche Maschine geschaffen.

Sie versuchten, eine Maschinerie zu entwerfen, die sich selbst Grenzen setzte, und hatten damit im amerikanischen Leben einen großen Bereich geschaffen, der frei von Regierung oder Politik war. Sie versuchten, eine Sphäre des Privatlebens zu schaffen, in der die Bürger dem Glück nachjagen konnten, das ihnen in der Unabhängigkeitserklärung versprochen worden war. Die private Sphäre würde den Handel, die Industrie, Religion und die endlosen Vergnügungen im Bereich des Privatlebens umfassen. Das Wichtigste an der von ihnen erfundenen Maschine war, inwieweit man sie in Schach halten konnte, damit sie nicht in die Angelegenheiten eindrang, die man für wirklich wichtig hielt – die nichts mit Politik zu tun hatten.

Es ist das eine, die Maschine zu erfinden, und etwas anderes, dafür zu sorgen, dass sie ohne intensive Wartung funktioniert. Die Lösung für diese Erfindung war, sie ineffizient zu machen. Das Machtgleichgewicht, das geschaffen wurde, erreichte drei wichtige Dinge: Erstens machte es die Verabschiedung von Gesetzen enorm schwierig; zweitens wurde verhindert, dass sich der Präsident zum Diktator aufschwingen kann; und drittens wurden dem Kongress durch die Gerichte Grenzen des Machbaren gesetzt. Das bemerkenswert ineffiziente Regierungssystem der Gründerväter tat, wozu es entworfen war; es tat wenig, und das Wenige, das es tat, erledigte es schlecht. Die Regierung musste die Nation schützen und in gewissem Umfang den freien Inlandshandel. Aber es war das Privatleben, das einen Kreislauf der Kreativität schaffen sollte, der es der Gesellschaft, der Wirtschaft und den Institutionen erlaubte, sich mit bemerkenswerter Geschwindigkeit zu entwickeln, ohne das Land auseinanderzureißen, wenn es auch ein paar Mal knapp war. Deswegen hat Benjamin Franklin das Pennsylvania State House in Philadelphia sowohl mit einer gewissen Zuversicht als auch Vorsicht verlassen. Er wusste, das Regierungssystem war entworfen worden, um mächtige und gefährliche Kräfte auszubalancieren, und er wusste, dass es eine neue und nicht erprobte Regierungsform war.

Das war nicht einfach nur eine Sache der gesetzgeberischen Formulierungen, die in der Verfassung standen. Es ging vielmehr darum, moralische Prinzipien zu schaffen und zu schützen, von denen einige nur implizit, andere eindeutig ausbuchstabiert waren. Sowohl die öffentlichen als auch die privaten Grenzen der Gesellschaft können nicht von einem politischen Willen oder von Dokumenten aufgezwungen werden, sondern, indem man die außergewöhnliche moralische Vision schlicht als den gesunden Menschenverstand der Nation darstellt. Die moralischen Prinzipien waren komplex und manchmal widersprüchlich, aber sie hatten einen gemeinsamen Kern: Jeder Amerikaner sollte die Freiheit haben, bei dem, was er sich vorgenommen hatte, erfolgreich zu sein oder zu scheitern.

Darum ging es beim Recht auf Streben nach Glück. Der Staat würde niemanden davon abhalten. Das Schicksal einer Person würde nur von seinem Charakter und seinen Talenten bestimmt werden. Die Gründerväter taten mehr, als nur den Staat und das Privatleben zu trennen. Sie schufen eine andauernde Spannung zwischen beiden. Besuchen Sie ein Meeting irgendeiner kommunalen Schulleitung, wo die Realitäten der Regierung auf die Bedürfnisse der Menschen treffen. Der Wunsch, die Steuern nicht zu erhöhen, sondern mehr Dienstleistungen zu erbringen, kollidiert mit einer Regierung, die ständig versucht, ihre Macht und ihre Finanzbasis auszubauen, ohne sich selbst zu irgendwelchen Verbesserungen zu verpflichten. Der Druck auf die demokratisch gewählten Mitglieder des Schulaufsichtsrats steigt, und sie sitzen zwischen allen Stühlen. Das ist der Mikrokosmos der Spannung zwischen der kommunalen Ebene und Washington.

Die Republik war im Prinzip nicht an einen bestimmten Ort oder ein bestimmtes Volk gebunden. Die Gründerväter sahen sie als die natürlichste und moralischste Form der Regierung und der Gesellschaft an. Sie hätte als Idealform einer beliebigen Regierung gelten können. Die Republik hätte in den Vereinigten Staaten auch scheitern können, aber egal ob sie irgendwo oder nirgendwo existierte, sie wäre in den Augen der Gründerväter immer noch die gerechteste aller politischen Ordnungen.

Das bedeutet, das Regierungssystem war einzigartig. Es war nicht allein an die Menschen gebunden, die in Amerika lebten. Es war ihres, wenn sie daran festhielten, und gehörte anderen, wenn sie sich eine solche Regierungsform wählten. Das unterschied die Vereinigten Staaten radikal von anderen Ländern, die in einer gemeinsamen Geschichte, Sprache, Kultur und an einem gemeinsamen Ort verwurzelt sind. Zum Beispiel sind Frankreich und Japan zutiefst mit ihrer Vergangenheit verbunden. Amerika fußt auf einer Erfindung, einer Regierungsform, die unter moralischen und praktischen Erwägungen entworfen wurde, aber im Prinzip nicht im amerikanischen Volk verwurzelt ist. Daher die Warnung von Franklin. Das gesamte Konzept der amerikanischen Republik ist künstlich und losgelöst von der Vergangenheit.

Das Regierungssystem heißt Vereinigte Staaten. Das Land heißt Amerika. Das System und das Land sind verbunden, weil das Land die Prinzipien des Systems akzeptiert. Das muss es nicht, damit Amerika, das Land, existiert. Die Amerikaner hätten beschließen können, zu einer anderen Regierungsform zu wechseln – zum Beispiel zu einer Monarchie –, und das Land wäre immer noch Amerika geblieben. Aber wir wären nicht länger die Vereinigten Staaten in der vollen institutionellen und moralischen Bedeutung des Begriffs gewesen. Die Vereinigten Staaten von Amerika sind der Ort, wo die Prinzipien dieses Herrschaftssystems das Land regieren. Das ist eine grundlegend andere Auffassung im Vergleich zu den meisten anderen Ländern und sie hat tiefgehende und manchmal unerkannte Konsequenzen.

Man kann sagen, dass man ein Bürger der Vereinigten Staaten ist, aber man kann nicht sagen, dass man ein „Vereinigter Staatler" ist.

Das lässt die Sprache nicht zu. Die natürliche Beziehung besteht zu Amerika, dem eigenen Heimatland. Zu sagen, dass man Amerikaner ist, ist einfach. Aber die Liebe zum Land und zum Volk und die eigene Beziehung zu den Vereinigten Staaten sind sehr verschiedene Dinge. Eine der ständigen Herausforderungen der Republik ist, dass man die beiden im Einklang hält, denn unsere natürliche Neigung besteht darin, die eigene Heimat zu lieben, aber die Republik zu lieben erfordert eine intellektuelle Anstrengung. Die beiden müssen nicht eins sein, aber die Gründung Amerikas sollte sicherstellen, dass es keine unüberbrückbare Trennung zwischen den beiden gibt. Meistens funktioniert es. Wenn nicht, gibt es Spannungen.

Kurz nachdem die Unabhängigkeitserklärung unterzeichnet wurde, bildeten Thomas Jefferson, John Adams und Benjamin Franklin ein Komitee, um ein Staatssiegel für die Vereinigten Staaten zu entwerfen. Angesichts der Tatsache, dass die Vereinigten Staaten durch die Unterzeichnung der Erklärung in einen Krieg gestürzt worden waren, erschien das nicht gerade als Priorität. Diese drei Männer wussten jedoch, dass die Vereinigten Staaten ein moralisches Projekt waren, und moralische Projekte brauchen Ikonen, Dinge, die die moralische Mission definieren und ein Gefühl des Heiligen vermitteln. Es brauchte Jahre, um das große Staatssiegel zu entwerfen. 1782 wurde Charles Thomson, der Sekretär des Kontinentalkongresses, gebeten, dieses Projekt abzuschließen. Er tat wie geheißen, und das Endprodukt findet sich nun an verschiedenen Orten und wird für ebenso heilig für das amerikanische Leben gehalten wie die Prinzipien der Republik. Der wichtigste Ort, an dem man es antrifft, ist dem Herzen der Amerikaner am nächsten: der Dollarschein.

Eine Regierung zu erfinden war der Auftakt zur Erfindung einer ganzen Nation. Regierungen können Maschinen sein, aber Nationen müssen Raum für das tatsächliche Leben der Menschen bieten. Menschen leben ihr Leben nicht im Abstrakten. Sie leben ein reales Leben, innerhalb von Nationen, und diese Nationen geben ihnen ein Gespür dafür, wer sie sind. Zum Teil hat das mit der Regierung zu tun, zum Teil mit den Prinzipien der Nation, mit dem, was uns sagt, welche Menschen wir sind und sein sollten. Darüber lassen sich dicke Bücher schreiben, aber Jefferson, Adams und Franklin haben der Nation ein großes Staatssiegel geboten, das als Prisma dienen sollte, durch das wir uns selbst betrachten konnten und das erklärt, wieso wir uns so verhalten, wie wir es tun. Das Große Siegel ist symbolisch und Symbole müssen entschlüsselt werden. Aber in diesen Symbolen finden wir ihre Ansichten darüber, wie Amerikaner sein sollten und was zwingend dazugehört, Bürger der Vereinigten Staaten zu sein.

Wir sollten das Große Siegel aufgrund der drei Männer, die es ins Leben riefen, ernst nehmen. Sie gehörten nicht nur zu den außergewöhnlichsten Männern einer ganzen Gruppe außergewöhnlicher Männer, sondern repräsentierten auch alle wichtigen Fraktionen der Revolution. Jefferson war Demokrat. Adams war Föderalist. Franklin war Bilderstürmer und repräsentierte den amerikanischen Geist vielleicht am besten. Er war ein ernsthafter, aber nicht unbedingt sachlicher Mann. Franklin war eine Einmannpartei und repräsentierte die Menschen, die ihr Land liebten, jedoch verstand er, dass Anständigkeit auch Humor erforderte. Es ist erstaunlich, dass drei kluge Köpfe wie diese – ein philosophisches Genie, ein juristisches Genie und ein Genie des guten Lebens – eine gemeinsame Vision entwickelten, wer wir sind und bleiben müssen.

Auf der Vorderseite des Siegels befindet sich der Adler, der die Stärke Amerikas repräsentieren soll. Benjamin Franklin hat sich tatsächlich gegen die Wahl des Adlers gesträubt und seine Gründe in einem Brief an seine Tochter dargelegt:

Ich persönlich hätte mir gewünscht, dass der Weißkopfseeadler nicht als Repräsentant unseres Landes gewählt worden wäre. Er ist ein Vogel mit einem schlechten moralischen Charakter. Er verdient sich seinen Lebensunterhalt nicht ehrlich. Man hat ihn schon gelegentlich auf irgendeinem toten Baum am Fluss gesehen, wo er, zu faul, um selbst zu fischen, die Mühen des Fischadlers beobachtet; und wenn dieser fleißige Vogel endlich einen Fisch gefangen hat und ihn zu seinem Nest bringt, um seinen Partner und seine Kinder zu versorgen, dann verfolgt ihn der Weißkopfseeadler und raubt ihm seine Beute.

Franklin soll angeblich den Truthahn bevorzugt haben, einen ehrlicheren Vogel. Er konnte vermutlich das Klischee eines Adlers nicht ertragen. Franklin scherzte, aber er wies auch auf einen ernsten Punkt hin – Symbole sind wichtig.

Auf dem Banner neben dem Adler stehen die Worte *E pluribus unum*, was „aus vielen eines" bedeutet. Es hieß damals, es solle sich auf die 13 Kolonien beziehen, die vielen, die sich zusammenschlossen und eines wurden. Im Lauf der Zeit hat die Geschichte der Formulierung jedoch eine andere Bedeutung gegeben. Als die Wellen der Immigration über die Vereinigten Staaten hinwegspülten, wurde das Motto darauf bezogen, wie die vielen Kulturen, die nach Amerika gekommen waren, zu einer Nation wurden. Es ist unwahrscheinlich, dass die Gründerväter sich jemals die Vielfalt der Immigration vorstellen konnten, auch wenn die Verfassung sie ganz klar antizipiert hat, denn sie legte die Regeln für die Einbürgerung fest. Die „Ulster-Schotten" – protestantische Schotten aus Irland, die nach den Engländern ankamen – wurden als gewalttätig verabscheut und man glaubte, sie konnten nicht assimiliert werden. In der Geschichte der amerikanischen Immigration ist das Schnee von gestern. Das Große Siegel ist im Prinzip verankert. In der Praxis gewinnt es seine Gestalt. „Aus vielen eines" erwies sich als das Fundament, auf dem das amerikanische Volk sich gründete, aber das war nie einfach. 250 Jahre sind seitdem vergangen und das Prinzip der Immigration spaltet die Nation immer noch.

Aber die ursprüngliche Bedeutung von *E pluribus unum* wies auf ein anderes, fatales Problem, das zum Bürgerkrieg führte. Man kann leicht vergessen, wie sehr sich die Kolonien voneinander unterschieden und wie bewusst sie sich dieser Unterschiede waren. Rhode

Island unterschied sich von South Carolina in Bezug auf Geografie, Bräuche und die soziale Ordnung. Diese Unterschiede dauern bis heute an, aber nur noch als Schatten dessen, was sie einst waren. *E pluribus unum* wurde nicht als Motto gewählt, weil die neuen Staaten so viel gemeinsam hatten, sondern weil sie sich gegenseitig in gewissem Maß als fremde und exotische Ausländer sahen. Heute sind wir vielleicht keine Fremden mehr, aber ein New Yorker kommt einem Texaner häufig exotisch vor und umgekehrt. Die Spannungen bleiben.

Auf der Rückseite des Siegels ist eine unfertige Pyramide zu sehen, eine interessante Wahl für ein neu entstehendes modernes Land, zu einer Zeit, als man schon seit Jahrhunderten keine Pyramiden mehr baute. Aber der Symbolismus ist bedeutend. Eine Pyramide ist ein enormes Unterfangen, das den Reichtum, die Ressourcen und die Anstrengung einer ganzen Nation erfordert. Sie ist ein vereinigendes Prinzip. Die Pyramide verbindet die Republik, für die sie steht, und die Menschen, die sie errichten, und macht sie zu einem. Sie sagt uns, dass die Republik nicht nur ein Konzept ist, sondern das Produkt eines Volkes, und das verbindet die Republik mit einer Nation.

Das Siegel sagt auch aus, dass die Republik ein nicht abgeschlossenes Unternehmen ist und sich durch die Schwerstarbeit der Amerikaner entwickeln muss. Die Menschen errichten die Pyramide in endlosem Bemühen auf dem Boden. Eine Pyramide hat eine Form, die dafür sorgt, dass die Arbeit auf eine bestimmte Weise vonstattengeht. Man macht einen Ziegel, man rührt den Mörtel an und man legt die Ziegel in einer endlosen Spirale. Die Pyramide gibt der Arbeit eine Form und Vorhersagbarkeit. Arbeit beinhaltet außerdem Momente der Krise und des Erfolgs. Das beschreibt, wie das amerikanische Leben aussehen wird.

Über der Pyramide stehen die Worte *Annuit coeptis*, was bedeutet: „Er war unserem Unternehmen gnädig". „Er" wird normalerweise mit Gott gleichgesetzt. Aber man hat beschlossen, das Wort „Gott" nicht zu verwenden. Es gibt eine große Kontroverse in Amerika zwischen denen, die argumentieren, dass die Vereinigten Staaten ein christliches Land sind und anderen, die behaupten, es wäre völlig säkular. Die Schöpfer des Siegels verstanden dieses Problem eindeutig. Ob sie einen Kompromiss eingingen oder einer Meinung waren, es wird weder Christus noch Gott in der Unabhängigkeitserklärung oder der Verfassung erwähnt. Aber es gibt einen klaren Verweis auf etwas, das über der Menschheit steht und das Unternehmen segnet und begünstigt, eine Vorsehung, wie man es in der Unabhängigkeitserklärung nennt. Die Gründerväter hätten sich auch direkt auf Christus beziehen oder jede Erwähnung des Göttlichen unterlassen können. Sie taten beides nicht. Sie übernahmen nicht einfach den Säkularismus der Aufklärung oder die Religiosität Englands. Sie weigerten sich, die Kraft der Vorsehung beim Namen zu nennen, aber sie stellten klar, dass es eine gab. Die Doppeldeutigkeit war meiner Meinung nach Absicht. Sie schuf eine kreative Spannung, die noch immer anhält.

Unter der Pyramide steht das dritte Motto des Siegels: *Novus ordo seclorum*, was „eine neue Ordnung der Zeitalter" bedeutet. So sahen die Gründerväter die Gründung der Vereinigten Staaten. Es ging nicht einfach nur um eine neue Regierungsform, sondern um eine dramatische Veränderung in der Geschichte der Menschheit. Das war bereits radikal genug. Aber Charles Thomson, der den Satz geprägt hat, sagte, dieser repräsentiere „den Beginn der neuen amerikanischen Ära". Die vernünftigste Interpretation ist, dass ein neues Zeitalter begonnen hat und Amerika im Zentrum dieses neuen Zeitalters stehen würde. Damals erschien diese Annahme nicht im Geringsten vernünftig. Sie war durchaus anmaßend. Amerika steckte in den Kinderschuhen und teilte sich eine Welt mit Ländern, die seit Jahrhunderten, wenn nicht seit Jahrtausenden existiert und sich entwickelt hatten. Das Zeitalter, das Europa dominiert hatte, war noch lange nicht vorbei und ein neues Zeitalter über das europäische Zeitalter hinaus war noch nicht sichtbar. Dennoch sahen die Gründerväter ein neues Zeitalter heraufziehen, das amerikanische Zeitalter, und sie verewigten diesen Gedanken auf dem Großen Siegel.

Das Große Siegel gibt uns ein erstklassiges Gespür dafür, was sich die Gründerväter vorgestellt hatten, auch wenn diese Vorstellung durch die Sklaverei korrumpiert war, worauf ich später noch eingehen werde. Sie sahen die Gründung der Vereinigten Staaten als eine neue Ära, voll von nie endenden Anstrengungen, aber Anstrengungen, die zu einem vorhergesehenen und logischen Ziel führten. Es sollte eine Ära sein, die etwas Göttliches anerkennt, aber nur eine unspezifizierte Gottheit. Sie stellten sich Größe, das Heilige, und eine Nation vor, die auf Arbeit gegründet war. Das Siegel gibt uns ein Gespür dafür, was die Gründerväter wollten, aber präzisiert es nicht. Die Mottos geben uns einen Eindruck vom Weg und Ziel Amerikas. Wenn man das Ziel kennt, dann kann man seine Route berechnen und die Gefahren vorhersagen, denen wir uns gegenübersehen, und die Möglichkeiten, die uns geschenkt werden.

Die Gründerväter glaubten, eine Handvoll Leute, die am westlichen Rand des Atlantischen Ozeans saßen, konnten nicht nur ein großes, weltumspannendes Reich wie Großbritannien besiegen, sondern auch eine Nation aufbauen, die der Welt eine neue Form gab. Daher führt die Diskussion wie selbstverständlich vom Großen Siegel zur Revolution. In gewisser Weise war die Amerikanische Revolution nicht allein gegen England gerichtet. Sie war gegen das europäische Zeitalter gerichtet, das 1492 begann. Die Amerikaner sahen das europäische Zeitalter als auf Unterdrückung und Ungleichheit gegründet an. Europäische Nationen glaubten, dass diese Werte der natürlichen Ordnung entsprachen. Gegen diese Ordnung stellten die Gründerväter nicht nur Freiheit und Gleichheit, sondern auch die Beherrschung der Natur. Die industrielle Revolution steckte noch in den Kinderschuhen, aber ihre Grundprinzipien waren bereits sichtbar. Es war die Beherrschung der Natur durch Vernunft und Technologie. Ein Großteil der amerikanischen Geschichte dreht sich um Wissenschaft und ihren Spross Technologie. Wenn wir uns Ben Franklin oder Thomas Jefferson ansehen, dann wissen wir, dass die Gründerväter eine Vision hatten, die über die Nation hinausreichte.

Man sollte sich einen Moment daran erinnern, dass zwei der drei Männer, die die Gestaltung des Siegels in Auftrag gaben, Erfinder waren. Sowohl Jefferson als auch Franklin erfanden viele Dinge, von einem leichtgewichtigen Pflug bis zum Blitzableiter. Jefferson war ein exzellenter Architekt, der das Monticello in Virginia hinterließ, das außergewöhnliche Haus, das er geschaffen hat – das Zuhause, das auch über eine seiner Erfindungen verfügte, den Speisenaufzug. Wenn ich sage, dass das Regierungssystem eine Erfindung war, dann sage ich damit auch, dass es von Männern erfunden wurde, die ihr ganzes Leben lang Erfinder waren. Sie waren Technologen. Sie versuchten, Dinge zu schaffen, mit denen man die Natur beherrschen und die menschliche Existenz einfacher machen konnte. Erfindung war nicht nur ein Teil des Systems. Die amerikanische Kultur hatte sie zutiefst verinnerlicht. Jefferson und Franklin stellten sämtliche politischen Vorannahmen infrage. Sie stellten auch alle geschaffenen Dinge infrage und versuchten, sie zu verbessern. Dieser Erfindergeist kann auch während der gesamten amerikanischen Geschichte beobachtet werden, von Erntegeräten bis zu Smartphones.

Dieser Erfindergeist war auch mit einem Gefühl der Dringlichkeit verbunden. Die Menschen kamen in die Vereinigten Staaten, um ein besseres Leben zu führen als in ihrer Heimat. Ein Immigrant, der sich in New York oder Minnesota mit leeren Taschen niederließ, musste und wollte sich schnell von einem Ort zum anderen bewegen. Zeit war Geld und ist es in der amerikanischen Kultur immer noch.

Es war die Kombination aus Dringlichkeit und Technologie, welche die Vereinigten Staaten vorantrieb. In jeder Generation veränderten Erfindungen das Leben der Menschen und das schuf einen Kreislauf der Transformation für die Gesellschaft als Ganzes. Dieser Kreislauf beinhaltete auch die unvermeidlichen Fehlschläge und Enttäuschungen, die der Technologie innewohnen, ob es die Gestaltung von Häusern ist, das Betreiben eines Stromnetzes oder die Erfindung einer Regierung. Sobald etwas erfunden war, mussten die Erfindungen neu erfunden werden, um mit neuen Herausforderungen und Möglichkeiten umzugehen.

Lassen Sie uns eine Formulierung näher betrachten, die in der Unabhängigkeitserklärung steht und dem amerikanischen Denken so eingeprägt ist, dass ihre unglaubliche Eigenart ignoriert wird. Die Gründerväter sprachen von drei Rechten: dem Recht auf Leben, Freiheit und dem Streben nach Glück. Die Quelle dieser Formulierung war John Locke, ein britischer Philosoph, der vom „Recht auf Leben, Freiheit und Besitz" sprach. Die Gründerväter änderten „Besitz" in „Streben nach Glück". Sie wählten absichtlich diesen Begriff, der einerseits schwer zu verstehen ist, aber andererseits im Mittelpunkt der amerikanischen Kultur steht.

Technologie und Erfindungen sind in gewisser Weise an Glück gebunden. Der Computer, das Automobil, das Telefon und so weiter machten Arbeiten, Reisen und Kommunizieren einfacher. Sie eröffneten Möglichkeiten, die es vorher nicht gegeben hatte. Denken Sie an die Fortschritte in der Medizin. Medizinische Durchbrüche eliminieren nicht den Tod, aber sie halten ihn eine Weile in Schach und das macht uns glücklich. Daher sind Technologie und Glück im amerikanischen Leben aufs Engste verknüpft, bis zu dem Punkt, an dem Technologie zu einem Ersatz für andere Formen des Glücks wird, wie Liebe und das Göttliche. Amerikaner schätzen diese Dinge, aber sie lieben topaktuelle Technologie mit einer andersgearteten, jedoch ebenso realen Leidenschaft.

Jede Erläuterung der Erfindung der amerikanischen Regierung muss sich daher Erfindungen im Allgemeinen zuwenden und von dort zum Glück kommen. Die Gründerväter wussten das, deshalb verkündete die Unabhängigkeitserklärung das Streben nach Glück als ein unveräußerliches Recht. Und das führt zu einem Rätsel.

Das Streben nach Glück definiert die amerikanische Kultur. Es ist nicht so, dass es nicht auch andere Pfade gäbe, die man beschreiten kann, wie Pflichtbewusstsein und Liebe und Wohltätigkeit. Aber sie drehen sich alle um den zentralen Kern, ein Ziel zu verfolgen – das Glück, das ein zutiefst persönliches Konzept ist und auf so viele Weisen definiert werden kann, wie es Menschen gibt. Alle können ihre eigene Definition von Glück beisteuern. Wenn wir es uns auf diese Weise vorstellen, dann wird die Bedeutung von Freiheit ebenfalls klar. Freiheit ist die Vorbedingung für das Streben nach Glück. Freiheit ist die Freiheit, sein Glück selbst zu definieren. Glück ist der emotionale Motor, der die Vereinigten Staaten antreibt. Es ist das einzige Land, in dem das Streben nach Glück zu einem fundamentalen Recht erklärt wurde. Aber mit dem Glück kommt auch die Enttäuschung, so wie mit der Technologie deren Veralten einhergeht. Das Regierungssystem ist eine Maschine, ein neues Werkzeug zur Erledigung von Angelegenheiten. Aber so wie sich ändert, was erledigt werden soll, muss sich auch die Struktur des Systems ändern. Und staatliche Institutionen zu verändern, war traditionell schmerzhaft und engstens mit Krieg verknüpft. Damit werden wir uns in Teil 2 beschäftigen. Zuerst müssen wir Amerika als Land genauer unter die Lupe nehmen. Das Land als solches ist eine Konstante, hat sich aber in den Vereinigten Staaten verändert und wurde viele Male neu erfunden.

KAPITEL

DAS LAND – EIN ORT NAMENS AMERIKA

Martin Waldseemüller war der Mann, der der westlichen Hemisphäre den Namen gab. Er war ein deutscher Kartograf, der 1507 eine Karte der Neuen Welt zeichnete. Amerigo Vespucci, ein italienischer Entdecker, der unter portugiesischer Flagge fuhr, realisierte als Erster, dass Kolumbus nicht Indien besucht, sondern eine neue Landmasse entdeckt hatte. Vespucci schickte seine Aufzeichnungen an Waldseemüller, von dem er wusste, dass er dabei war, eine Karte zu entwerfen. Waldseemüller musste dem Ort einen Namen geben, der auf der Karte dargestellt war, und der Name konnte nicht Indien sein, egal was Kolumbus geglaubt hatte. Waldseemüller beschloss daher, die Hemisphäre zu Ehren von Amerigo Vespucci „Amerika" zu nennen.

Die Hemisphäre hatte keinen Namen, bevor sie Amerika genannt wurde. Diejenigen, die dort gelebt hatten, hatten Namen für sich selbst und für andere, von denen sie wussten, aber sie hatten es nicht nötig, einer Hemisphäre einen Namen zu geben, die für sie ihre gesamte Welt war. Die Eingeborenen der östlichen Hemisphäre hatten ebenfalls keinen Namen für diese. Indem er der westlichen Hemisphäre einen Namen gab, erfand Waldseemüller die Welt neu. Er setzte durch, dass die Welt aus zwei Hemisphären bestand, und indem er sie nach einem Italiener benannte – ein Name, der bis heute verwendet wird –, verlieh er ihr eine europäische Identität.

Der Name Amerika definierte die Hemisphäre und mit dieser Neudefinition wurde sie zunehmend europäisch und gehörte nicht mehr allein den Ureinwohnern. Die Geografie blieb die gleiche; Berge und Flüsse bewegen sich immer noch über Äonen hinweg, aber die Beziehung zwischen jener Geografie und denjenigen, die sie bewohnten, wurde verändert. Als die Eisenbahn sich ausbreitete und große Städte entstanden, veränderten sie nicht nur die Landschaft, sondern auch, wie die Menschen die Geografie des Landes wahrnahmen. Flüsse umzuleiten, um Feldfrüchte in der Wüste anzubauen, verändert nicht nur das Verständnis von Geografie, sondern auch die Auffassung davon, was möglich ist. Deswegen komme ich zu dem Schluss, dass zwar alle Menschen die Geografie auf gewisse Weise neu erfinden, aber die Amerikaner weit ambitionierter (oder maßloser) darin waren, die amerikanische Geografie zu formen und neu zu erfinden. Diese Neuerfindung hat den Vereinigten Staaten die Möglichkeit gegeben, sich explosiv zu entwickeln und sich so schnell als mächtiges Land zu etablieren.

So wie das Regierungssystem erfunden wurde, wurde auch das Land erfunden – oder zumindest die Beziehung des Landes zu denen, die dorthin kamen, um sich anzusiedeln. Mit jeder Generation und mit jeder Einwanderungswelle hat sich die Bedeutung von Bergen, Land und Flüssen verändert. Es war ein riesiges Land und verglichen mit Europa oder Asien wenig besiedelt. Die Europäer wurden Amerikaner und verdrängten die Ureinwohner. Indem sie das taten, schufen sie die Möglichkeit, das Land zu formen und neu zu erfinden. Auf gewisse Weise war das Land genauso künstlich wie das Regierungssystem.

Die Besiedlung Nordamerikas

Amerika besteht aus zwei großen Inseln, die nur an einer schmalen Stelle an der Landbrücke von Panama verbunden sind. Die beiden Inseln haben eine sehr unterschiedliche Geografie. Die hervorstechendsten Merkmale der südlichen Insel sind die großen Regenwälder am Amazonas und die Bergkette im Westen, die Anden. Das hervorstechendste Merkmal der nördlichen Insel sind die großen Ebenen zwischen zwei Bergketten, den Rocky Mountains und den Appalachen, und das Flussnetz, das aus den Bergen zum Golf von Mexico fließt. Die südliche Insel war reich an Gold und Silber. Die nördliche, abgesehen von Mexico, war reich an Land, das man bewirtschaften konnte.

Der Grund, warum die Europäer überhaupt kamen und wann sie das taten, war das Bedürfnis, Indien und die Ostindischen Inseln zu erreichen. Die berühmte Seidenstraße verlief von Indien und China aus in westlicher Richtung und brachte Handelsgüter durch das Mittelmeergebiet nach Europa. Mitte des 15. Jahrhunderts wurde die Route unterbrochen durch den Aufstieg eines islamischen Imperiums, des Osmanischen Reiches, das seinen Mittelpunkt in der Türkei hatte. Zuerst blockierten sie die Route und verteuerten dann massiv die Zölle auf Güter, die darüber transportiert wurden. Die Europäer waren von den Handelsgütern abhängig, die über die Seidenstraße transportiert wurden, aber die Osmanen hatten die Preise bis zur Schmerzgrenze erhöht.

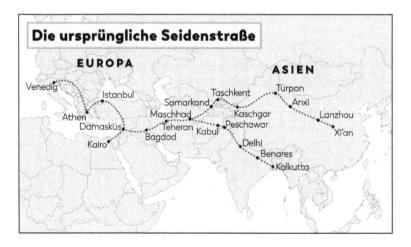

Die ursprüngliche Seidenstraße

Wer eine Route nach Indien fand, mit der man die Osmanen umgehen konnte, würde das Problem Europas lösen und reich werden. Die Portugiesen waren zuerst erfolgreich und umrundeten Afrika. Die Spanier, die durch ihren Krieg mit den Muslimen im Hintertreffen waren, suchten eine Route nach Westen. Theoretisch eine gute Idee. Praktisch aber ein Fehlschlag, da die Spanier nicht wussten, dass die westliche Hemisphäre ihnen den Weg versperrte.

Was zuerst wie ein Fehlschlag aussah, erwies sich als großartiger Erfolg, zumindest für Spanien. Die Strömungen und Winde, die von Iberien wegführten, wirkten wie eine Schnellstraße in die Karibik und von der Karibik an die Ostküste Südamerikas und später an die Westküste. Die Portugiesen kamen als erste mit einer Streitmacht dort an und beanspruchten daher Brasilien für sich, wo sie große Plantagen errichteten, auf denen versklavte Indianer und aus Afrika nach Amerika gebrachte Sklaven arbeiteten. Aber es waren die Spanier, die den Portugiesen folgten und an Brasilien vorbei die Westküste entlangsegelten, die den Hauptpreis zogen. Das Inkareich im heutigen Peru kontrollierte sagenhaft ertragreiche Gold- und Silberminen und hatte bereits große Mengen davon abgebaut, auf die die Spanier ein Auge geworfen hatten.

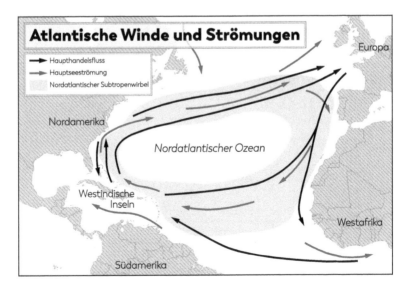

Atlantische Winde und Strömungen

→ Haupthandelsfluss
→ Hauptseeströmung
Nordatlantischer Subtropenwirbel

Europa

Nordamerika

Nordatlantischer Ozean

Westindische Inseln

Westafrika

Südamerika

Die Strömungen und Winde machten es schwerer, nach Nordamerika zu gelangen, und es gab weniger offensichtliche Reichtümer, die man sich aneignen konnte. Es schien, dass Nordamerika von geringem Wert war. Besonders die Spanier kamen nicht, um sich niederzulassen, sondern um zu stehlen, daher konzentrierten sich die Spanier auf Südamerika, das reich an Gold und Silber war. Spanien lag in Europa und Europa beherbergte eine Menge feindlicher Nationen. Die Spanier brauchten große Armeen und konnten es sich nicht leisten, dass ihre Einwohner emigrierten. Dasselbe galt für Portugal. Sie gaben sich damit zufrieden, die Reiche der Ureinwohner zu zerstören und zu versklaven und ihr Gold und Silber zu plündern. Zurück blieb eine dünne Oberschicht aus Regierungsoffiziellen und Abenteurern, die die Ureinwohner beherrschten. Es war außergewöhnlich, dass eine Handvoll Abenteurer ganze Nationen eroberten. Sie hatten überlegene Technologie, aber in Wahrheit standen hinter dem Sieg die Krankheiten, die sie aus Europa mitbrachten.

Auf kurze Sicht waren Portugal und Spanien die Gewinner, aber nicht langfristig. Sie vermieden Nordamerika aufgrund der schwierigen Strömungen, der Winde und des Wetters, und als sie ankamen, stellten die Entdecker fest, dass die Atlantikküste von Stürmen heimgesucht wurde und von Indianern bewohnt war, die sich nicht so leicht unterjochen ließen. Aber Nordamerika hatte zwei Dinge, die der Süden nicht hatte. Eines waren Tiere mit prächtigen Pelzen, besonders Biber. Diese waren teuer und erstaunlich profitabel für die Franzosen, die sich auch in geringem Umfang ansiedelten, aber jede Menge Fallen aufstellten und Handel trieben. Die Franzosen sahen die Möglichkeiten, die sich in der weiten nordamerikanischen Wildnis boten, die von indianischen Stämmen und dem Biber bevölkert war. Die Franzosen etablierten eine Siedlung in Quebec, aber wie Spanien waren die Franzosen nicht daran interessiert, viele Siedler hierherzubringen, denn sie brauchten Soldaten für ihre Armeen. Aber man konnte mit dem Aufstellen von Fallen und dem Handel mit Pelzen Profite machen. Und weil der Handel schwieriger war als das Fallenstellen, entwickelten die Franzosen enge kommerzielle und politische Beziehungen zu den Indianerstämmen – ohne bedeutende Ressourcen verschwenden zu müssen, um sie zu bekämpfen. Diese Beziehung war die Grundlage ihrer Macht in Nordamerika.

Das Zweite, was Nordamerika hatte und Südamerika nicht, war fruchtbares Ackerland auf riesigen Flächen und ein Netz an Flüssen, um die Erträge zu den Häfen zu transportieren. Es waren die Engländer, die realisierten, dass Nordamerika auf lange Sicht der wertvollere Preis war. England war eine Insel und die Engländer brauchten keine riesigen Mengen an Soldaten. Sie konnten Siedler erübrigen und das Land hieß sie willkommen. Am Ende waren es die Engländer, die die Spanier überholten, die spanische Flotte im Nordatlantik ersetzten und die Geografie Nordamerikas entscheidend umformten. Migration war ein schwieriger Prozess mit hohen Kosten, der nie an ein Ende kam. Aber es war die englische Migration, die englische Besiedlung, die Nordamerika in das Zentrum eines globalen Systems verwandelte.

Siedlungen nahmen ihren Anfang mit der ersten englischen Kolonie, die auf Roanoke Island im heutigen North Carolina 1587 gegründet wurde, weniger als ein Jahrhundert nach Kolumbus' Reise. Sie scheiterte katastrophal. Nachdem Roanoke besiedelt war, brach Krieg zwischen England und Spanien aus und drei Jahre lang wurden keine Vorräte an eine Kolonie geliefert, die sich noch lange nicht selbst versorgen konnte. Als der Krieg endete und die Vorratsschiffe zurückkamen, konnte man keine Siedlung mehr finden.

Niemand weiß sicher, was mit der Kolonie auf Roanoke passiert ist. Am wahrscheinlichsten ist, dass die Siedler, als sie keine Lieferungen mehr erhielten und sich nicht selbst versorgen konnten, bei befreundeten Indianerstämmen Zuflucht suchten. Die Indianerstämme lagen wie die Europäer ständig im Krieg miteinander. Es gibt Hinweise, dass der Indianerstamm, der den Siedlern Zuflucht gewährte, von einem verfeindeten Stamm angegriffen wurde, der alle zusammen massakrierte. Es war ein einsamer Tod in einem weit entfernten Land.

Die Engländer warteten 20 Jahre, bevor sie eine neue Kolonie gründeten, dieses Mal in Jamestown an der Küste des heutigen

Virginia. Es war die erste Kolonie an der Ostküste Nordamerikas, die überlebte. Die Kolonie gehörte der Virginia Company und wurde von Investoren finanziert, die sich große Profite erhofften. Die Siedler waren größtenteils Abenteurer der Oberschicht, die sich ein Vermögen verdienen wollten, indem sie die Ärmel hochkrempelten. Es gab noch weitere Mitglieder der Kolonie, besonders Handwerker und Arbeiter, die bescheidenere Ambitionen hatten. Es war ein Ort, an dem Immigranten nach Reichtum streben konnten, aber an dem die englische Klassenstruktur erhalten blieb und definierte, inwieweit man sein Glück machen und reich werden konnte. Jamestown war ein Vorbote für die Zukunft Amerikas. Es wurde von Investoren gegründet, die auf einen beträchtlichen Gewinn hofften, der auf dem Ehrgeiz und den Bemühungen anderer basierte. Jamestown brachte die britische Aristokratie mit dem amerikanischen Risikokapitalismus zusammen. Weitere neue europäische Siedlungen wurden in den folgenden Jahrzehnten gegründet. Santa Fe, heute die Hauptstadt von New Mexico, wurde 1607 von den Spaniern gegründet. Sie suchten nach mehr Gold und es waren stets Mythen und Lügengeschichten im Umlauf über die Reichtümer, die man im Norden Mexikos finden konnte. Die Spanier fanden kein Gold, stellten aber fest, dass die Wüsten und Berge, die das heutige Mexiko vom Rest Nordamerikas trennten, eine Herausforderung darstellten. Die Mexikaner mussten Wüsten überwinden. Die Engländer mussten den Ozean überqueren. Es war mehrere Jahrhunderte nicht klar, ob Jamestown Santa Fe übertrumpfen konnte. Ein Jahr nach Santa Fe wurde 1608 am Sankt-Lorenz-Strom Quebec gegründet. Es war eine Gründerzeit und das Jahr, in dem die zeitgenössische Geschichtsschreibung wirklich begann mit dem Wettstreit dreier großer europäischer Städte: London, Paris und Madrid.

Zwölf Jahre später wurde Plymouth im heutigen Massachusetts gegründet. Die Kolonie in Plymouth ist den Amerikanern besser bekannt und viele glauben, es war die erste englische Kolonie. Es war die zweite nach Jamestown und die dritte, wenn man Roanoke Island mitzählt. Wie Jamestown wurde auch die Plymouth-Kolonie von einer Risikokapitalgruppe gegründet, diese nannte sich Merchant Adventurers. Die meisten Siedler waren keine Pilgerväter, sondern Abenteurer, wie diejenigen, die Jamestown besiedelt hatten. Die Pilgerväter leiteten die Kolonie nicht. Das taten die Merchant Adventurers. Und die Kolonie wurde zwischen den Religiösen und den Abenteurern, die man Fremde nannte, aufgeteilt. Der Mayflower-Vertrag war knifflig. Die Mehrheit der Männer waren Fremde. Aber wenn man die Frauen und Kinder mitzählte, die nicht wählen durften, dann waren die Pilgerväter in der Mehrheit und legten Regeln fest, mit denen die Abenteurer überstimmt wurden, was beträchtliche Spannungen hervorrief.

Fünf Jahre nach Plymouth gründeten die Holländer die Kolonie Neu-Amsterdam im Bereich des heutigen südlichen Manhattans. Wie die Franzosen kamen die Holländer, um Handel zu treiben und nicht, um sich anzusiedeln. Sie erhielten Startkapital von der holländischen Westindiengesellschaft und gründeten einen Handelsposten. Das Tal des Hudson durchschnitt die Appalachen, was den Holländern Zugang zum nördlichen und westlichen Gebiet um New York und zu den Großen Seen verschaffte. In der Gegend gab es viele Biber, die von den Europäern heiß begehrt wurden, um daraus Zylinderhüte zu machen. Trapper fingen Biber und bekamen Felle im Handel mit den Indianern, dann verkauften sie sie an einem Handelsposten in der Nähe des heutigen Albany. Die Pelze wurden nach Neu-Amsterdam gebracht, von wo sie verschifft und in Europa verkauft wurden. Der Hafen von Neu-Amsterdam wurde die Hauptverbindung zwischen Nordamerika und Europa. Dann wurde Neu-Amsterdam 1664 von den Briten erobert und in New York unbenannt.

Diese Kolonien waren ein Vorbote der amerikanischen Realität. Jede Kolonie war eine Gründung eines Unternehmens und gehörte Investoren, die ein Risiko eingingen, in der Hoffnung, beträchtliche Profite zu machen. Investoren war egal, wie das Geld gemacht wurde oder mit wem. Ob das Geld aus Plantagen stammte, die auf Sklavenarbeit beruhten, oder von Handelsposten, die mit Fellen handelten, oder von kleinen Farmen, es war einerlei. Wenn die

Plymouth-Kolonie vorgeben wollte, sie würde von protestantischen Abweichlern geleitet, war das den Merchant Adventurers egal, solange die Investitionen genügend Profit abwarfen. Die letztendliche Kontrolle lag in den Händen der Investoren, und die Siedler standen unter Druck, einen Profit zu erwirtschaften.

Das Leben in Nordamerika

Der Atlantik und die Appalachen grenzten die Kolonien ein. Die Entfernung zwischen den beiden formte nicht nur die kommerzielle, sondern auch die moralische Art der Kolonien. Südlich von Pennsylvania waren die Appalachen über 300 Kilometer von der Atlantikküste entfernt. Es gab im Übermaß flaches, fruchtbares Land, auf dem man große, kommerzielle Plantagen anlegen konnte. Im Norden von Pennsylvania war die Entfernung zwischen Bergen und Ozean sehr viel geringer, die Erde war felsig und hügelig und die Winter waren lang. Hier gab es nur Platz für kleine, von Familien betriebene Farmen, für Handwerker, Händler und Banker. Im Süden brauchten die großen Plantagen billige Arbeitskräfte. Im Norden genügten ein oder zwei Helfer. Diese Unterschiede bestimmten die amerikanische Geschichte, Sklaven und Freie, Konföderierte und Unionisten. Die Trennung bestand von Anfang an. Die Geografie machte die Sklaverei im Süden begehrt und profitabel. Im Norden war die Sklaverei aufgrund der Geografie unrentabel. Damit sehen wir die geografischen Ursachen der institutionellen und moralischen Krise, die die Vereinigten Staaten Jahrhunderte später auseinanderriss.

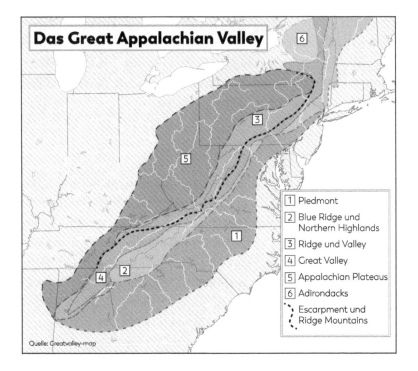

Das Great Appalachian Valley

1 Piedmont
2 Blue Ridge und Northern Highlands
3 Ridge und Valley
4 Great Valley
5 Appalachian Plateaus
6 Adirondacks
Escarpment und Ridge Mountains

Quelle: Greatvalley-map

Die zwei Gründerkolonien führten zu zwei verschieden ausgeprägten Amerikas. Der Süden, der Bereich, in dem die Entfernung vom Atlantik zu den Appalachen groß genug war, um Plantagen anzulegen, brachte Menschen hervor, deren Manieren, wenn nicht sogar Überzeugungen, den englischen Adel widerspiegelten, den auch die Abenteurer in Jamestown nachzuahmen versuchten. Im Norden schuf der calvinistische Asketismus der Plymouth-Siedler eine Kolonie, die den engagierten Handel mit einem tief verwurzelten Moralismus kombinierte. Die beiden Regionen brachten verschiedene Führungstypen hervor und verwiesen auf eine tiefe Spaltung in der künftigen Republik. Betrachten wir dazu die beiden Führer der Revolution.

George Washington war der Ur-Enkel von John Washington, der 1656 nach Virginia einwanderte. Johns Vater stammte aus einer englischen Royalistenfamilie. Als die Royalisten die Macht verloren, wurden Johns Vater, einem hochstehenden Kleriker, alle Besitztümer genommen. Sein Sohn segelte als zweiter Offizier auf einem Schiff, das nach Amerika fuhr. Er hatte gesehen, wie seine Familie in England alles verloren hatte, und war ein Edelmann, wenn auch ein armer. Er heiratete in eine wohlhabende Familie ein und machte unter den neuen Umständen das Beste daraus. Er handelte mit Land und kaufte Land, um Tabak anzubauen und zu exportieren. Dadurch kam er zu Wohlstand und lebte das Leben eines englischen Adligen, ohne Titel, aber mit Sklaven. Das war für die damalige Zeit keine ungewöhnliche Lebensgeschichte.

John Adams wurde in eine puritanische Familie in Massachusetts hineingeboren. Sein Vater war Dekan in der Kirche und der Vater seiner Mutter war Arzt. Adams wollte ins Rechtswesen, ein Berufsleben führen und hatte keinerlei Bedürfnis, englische Adlige nachzuahmen. Es gab Geschäftsmöglichkeiten im Bereich Handelsbanken und Schiffsbau. In New England konnte man gut Geld verdienen, aber es war ein Leben in dem, was die Engländer Mittelschicht genannt hätten.

Die Siedler waren alle aus England, aber sie kamen mit unterschiedlichen Zielen. Einige kamen, um das luxuriöse Leben englischer Adeliger zu führen, in großen Villen zu wohnen und sich in Ermangelung von Dienern von afrikanischen Sklaven bedienen zu lassen. Andere kamen nach Amerika, um das gut situierte Mittelschichtleben eines Pfarrers, Anwalts oder Händlers zu leben. Die meisten kamen hierher, um durch harte Arbeit Geld zu verdienen. Wie Millionen nach ihnen kamen sie, um Jobs anzunehmen, bei denen ihr Handwerk gefragt war, oder um ein Stück Land zu besitzen, auf dem sie Ackerbau betreiben konnten. Die meisten hatten bescheidene Hoffnungen, sie wollten es einfach ein wenig besser haben als da, wo sie geboren wurden. Andere träumten davon, auf ehrliche Weise als Händler reich zu werden und diesen Reichtum zu bewahren. Und andere träumten vom Leben eines Adeligen, das ihnen in England verwehrt war.

Die Spaltung war nicht allein den Appalachen zu verdanken. Die Flüsse hatten ebenfalls einen Anteil daran. Südlich von New York flossen alle Flüsse östlich der Appalachen in den Atlantik. Im Norden flossen sie von Nord nach Süd und verbanden die Staaten untereinander. Flüsse im Süden verbanden nicht die südlichen Staaten. Die Flüsse boten keine Möglichkeit des Transports zwischen den Staaten und es war mühsam und teuer, Straßen zu bauen. Im Süden blieb

jede Kolonie für sich und das dauerte auch eine lange Zeit an.

Es gab einen weiteren Faktor, der die südlichen Kolonien voneinander und vom Norden trennte. Zusätzlich zu den schlechten Transportwegen brachten die schiere physische Größe der Kolonien und die geringe Bevölkerungsdichte andere Produkte hervor als der Norden – Tabak und Baumwolle. Diese beiden Hauptprodukte der Plantagen wurden vor allem an England verkauft, nicht an den Norden. Der Süden schloss sich der Revolution an, aber das beruhte weniger auf dem Gefühl, Amerikaner zu sein, sondern darauf, eigenständigen Kolonien anzugehören, die sich mit anderen Kolonien verbündeten. Die Idee einer vereinten Nation unter einer einzigen Regierung stand in Konflikt mit der geografischen Realität in weiten Teilen des Südens. Das galt nicht für New England, wo die Entfernungen kürzer waren, die Bevölkerungsdichte höher und die Unterschiede geringer. Die Idee einer mächtigen Nationalregierung war im Norden leichter zu akzeptieren. Das grundlegende Problem war damals nicht die Beziehung zwischen Norden und Süden, sondern die Beziehung der Kolonien zu England.

Die Ursprünge der Vereinigten Staaten

1754 brach der Siebenjährige Krieg aus. Nahezu alle europäischen Mächte waren daran beteiligt und er erstreckte sich über die ganze Welt. Im Krieg standen sich zwei Allianzen gegenüber, eine angeführt von den Briten, die andere von den Franzosen, und der Auslöser war der Status Schlesiens. Ein weiterer Konfliktherd waren die britischen Kolonien in Nordamerika. Die Franzosen befürchteten, von den Briten aus Nordamerika vertrieben zu werden, und die Briten hatten Angst, dass die Franzosen und ihre indianischen Verbündeten die britischen Kolonien annektieren würden. Der wahre Konflikt bestand jedoch darin, ob England oder Frankreich die dominierende Macht in Europa und auf der Welt war.

In Nordamerika war eine strategische Kernfrage die Kontrolle des Territoriums um den Ohio, eine Region westlich der Appalachen, deren Herz der Fluss Ohio war. Die Franzosen wollten sich der britischen Herrschaft entledigen – ihr eigener Herrschaftsbereich erstreckte sich westlich der Appalachen. Aber der Machtbereich der Briten lag östlich der Appalachen. Daher mussten die Franzosen die Appalachen überqueren, die Kolonien überwältigen und damit die Briten aus Nordamerika vertreiben. Die Appalachen wurden zur Frontlinie.

Für die Briten war das ein kleiner Teil eines globalen Kriegs. Für die Kolonisten stand alles auf dem Spiel. Die Kolonisten stellten

Milizen zusammen, um die Franzosen und die Indianer aufzuhalten. Eine dieser Milizen wurde von Colonel George Washington angeführt, damals 22 Jahre alt. Die Kolonisten folgten der englischen Tradition, dass die Klasse wichtiger war als die Erfahrung. Washington war nicht der schlechteste Kommandant, den die Kolonisten hatten, aber mit 22 kam ihm die Tatsache zu Hilfe, dass die Appalachen nahezu unpassierbar waren. Die Kolonisten verteidigten die Appalachenfront ganz allein. Die Briten hatten Wichtigeres mit ihren Truppen zu tun.

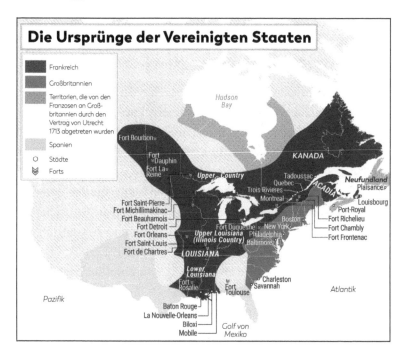

Nach einer Weile schickten die Briten Truppen, die von General Edward Braddock kommandiert wurden. Braddock hatte keine Ahnung von den Appalachen. Die Engländer hatten ihre Kriege auf den Ebenen von Europa ausgefochten, einer eher flachen Gegend. Dort kämpften und manövrierten gleichmäßige gerade Reihen und Kolonnen von Soldaten in großen Formationen. So kämpfte ein Gentleman.

Wie ein Gentleman zu kämpfen war in den Appalachen mit ihren felsigen Hügeln und dichten Wäldern unmöglich. Hier kämpften Männer allein oder in kleinen Gruppen, versteckten sich hinter Felsen und Bäumen und stellten Hinterhalte. Unbemerkt und initiativ zuzuschlagen war der Schlüssel zum Erfolg. Maß und Ordnung waren nicht aufrechtzuerhalten. Die Indianer wussten das natürlich nur zu gut, genauso wie die Franzosen, die von den Indianern gelernt hatten. Das Wissen der Kolonisten verteilte sich auf die Oberschicht, die den Engländern nacheiferten, und auf die ärmeren Leute, die in den Bergen gejagt hatten und die Oberschicht für verrückt hielten. Washington war schlau genug, die Realität des Schlachtfelds zu erfassen.

Für Braddock und seine Offiziere war die Kampfweise der Kolonisten unehrenhaft. Bei Kriegen ging es nicht nur darum, zu gewinnen, sondern mit Eleganz und gutem Stil zu gewinnen. Daher behandelten die Briten die amerikanischen Truppen mit Verachtung. Die Amerikaner kämpften wie Barbaren. Für Männer wie Washington, die sich selbst als Engländer sahen, als Offizier und Gentleman, war die Verachtung unerträglich. Es erinnerte sie daran, dass sie in den Augen der Aristokraten überhaupt nicht dazugehörten. Das war der Moment, in dem sich der Graben zwischen England und den Kolonien auftat. Braddock erwies sich in Nordamerika als katastrophaler General und führte seine Männer in den Untergang. Aber trotz der Niederlage der Briten wurden die Kolonisten immer noch mit Geringschätzung betrachtet.

Der Krieg entzündete den Zorn der Kolonisten auf die Briten, besonders unter den einflussreicheren Klassen. Aus diesem Ärger erwuchs eine bedeutende Erkenntnis. In diesem Moment wurde den Kolonisten klar, dass sie keine Engländer waren, sondern Amerikaner. Ein neues Nationalgefühl entstand aus diesem Krieg und es nahm seinen Ausgang in den Appalachen.

Der Kampf um die Appalachen veränderte den amerikanischen Charakter und begann die Nation zu verändern. So gerne die Kolonisten auch der britischen Aristokratie nacheiferten, glaubten sie jedoch nicht, dass ihr Recht zu herrschen, nichts mit ihrer Kompetenz oder ihren Leistungen zu tun hatte. Für die Amerikaner, die um alles kämpfen mussten, was sie hatten, bedeutete es alles, etwas zu erringen. Selbst ein Aristokrat der dritten Einwanderergeneration wie Washington wusste das. Er war auf sehr amerikanische Weise Aristokrat. Die britische Verachtung formte das Amerika der Kolonien. Was die Kolonisten bei den britischen Offizieren während der Kämpfe in den Appalachen beobachteten, überzeugte sie, dass ein Sieg in einem Revolutionskrieg möglich war. Die Briten sollten sich letztlich den Kolonisten in Yorktown ergeben, aber sie verloren die Kolonien im Grunde schon Jahre vorher bei Fort Duquesne in Pennsylvania, wo Braddock eine vernichtende Niederlage erlitt. Sie wurden in einer Schlacht besiegt, die sie hätten gewinnen sollen. Es war eine Lektion, die die Amerikaner nicht vergaßen.

Braddocks Niederlage riss einen kulturellen Graben zwischen die Kolonien und die Briten. Den Amerikanern wurde klar, dass die Briten Amerika nicht verstanden. Ihnen wurde klar, dass Amerika grundverschieden war. Auf gewisse Weise war der Schock für die Südstaaten, die sich die britische Sozialordnung zum Vorbild genommen hatten, sogar noch größer als für New England, aber allen wurde klar, dass der britische Weg der Geschichte nicht der amerikanische sein würde. Das stieß die Tür auf zu einem grundlegend neuen Verständnis dessen, was Amerika war.

Die Männer, die die Unabhängigkeitserklärung unterschrieben, waren ein Teil der Generation, die den Siebenjährigen Krieg erlebt hatte. Beinahe alle Unterzeichner waren zwischen 1720 und 1740 geboren und die Vereinigten Staaten hatten sich während ihrer Lebenszeit dramatisch verändert. 1720 lebten etwa 466.000 Europäer in den Kolonien. Bis 1740 war diese Zahl auf etwa 900.000 gestiegen und 1776 waren es etwa 2,5 Millionen. Die Kolonien hatte etwa so viel Einwohner wie Portugal, eine ausgewachsene Kontinentalmacht. Diese Generation hatte stets ein Auge auf den Atlantik und eines auf die Berge gerichtet. Und einige, wie Thomas Jefferson, ließen den Blick über die Appalachen hinaus schweifen.

Amerikanische Flüsse

Amerika konnte als langer und schmaler Landstreifen entlang der Ostküste nicht überleben. Die Briten hatten die Kolonien, die sie verloren hatten, nicht vergessen und die Vereinigten Staaten konnten sich nicht leicht verteidigen. Sie hatten eine kleine Marine und konnten ihre Streitkräfte nicht einfach von A nach B bewegen. Das Problem waren die Flüsse. Sie verliefen größtenteils von Westen nach Osten, von den Bergen zum Ozean. Daher war es schwierig, Truppen schnell in Richtung Norden oder Süden zu verlegen. Die Fließrichtung der Flüsse machte die Vereinigten Staaten schwach. Der Mangel an strategischer „Tiefe" war enorm. Aber auf der anderen Seite der Appalachen gab es nicht nur strategische Tiefe, sondern auch ein außergewöhnliches Flusssystem. Die Tiefe sollte manches Problem lösen.

Der Motor, der die amerikanische Expansion antrieb, startet in Lake Itasca, einem kleinen See im Norden von Minnesota, etwa 160 Kilometer von Kanada entfernt. Es ist ein wunderschöner und isolierter Landstrich und die Größe des Sees bemisst sich auf etwa fünf Quadratkilometer. Ein sechs Meter breiter Strom entspringt dort in Richtung Süden. Die Chippewa-Indianer haben den Strom Mississippi genannt, auf Deutsch „großer Fluss". Während der Mississippi gen Süden fließt, nimmt er 13 große und 77 kleinere Flüsse in sich auf. Die meisten dieser Flüsse lassen sich befahren und sie fließen alle südlich an der Stadt New Orleans (gegründet 1718) vorbei, in den Golf von Mexiko und damit in die Weltmeere.

Jefferson hatte geschrieben, dass „Frankreich, dabei sich Lousianas zu entledigen ... der Embryo eines Tornados ist, der die Länder auf beiden Seiten des Atlantiks aufwirbeln wird und Auswirkungen auf ihr höchstes Schicksal hat". Jefferson sah vorher, wer immer Louisiana kontrollierte, würde wohl die mächtigste Nation der Welt sein. Er sollte recht behalten. Napoleons verzweifelte Versuche, Geld aufzutreiben, und Jeffersons Sehnen nach Louisiana gaben den Vereinigten Staaten den Schlüssel zur Weltmacht für 15 Millionen Dollar, ein lächerlich geringer Betrag, selbst nach damaligen Maßstäben. Napoleon war ein großartiger Soldat. Jefferson verstand sich großartig auf Strategie.

Für Thomas Jefferson würde diese Region nicht nur den Vereinigten Staaten strategische Tiefe und Sicherheit bieten, sie bot auch Siedlern die Möglichkeit, ihr eigenes Land zu besitzen und zu bewirtschaften. Aber am wichtigsten war, dass der erzielte Überschuss, den sie produzierten, auf Lastkähnen bis nach New Orleans transportiert, auf Ozeanfrachter verladen und an Europa verkauft werden konnte. Und dieser Verkauf würde ein reiches Amerika schaffen, dessen Reichtum auf erfolgreichen Farmern basierte, frei und mit gleichen Rechten. Das war östlich der Appalachen und westlich davon, in den Northwest Territories, wo die europäische Bedrohung immer noch bestand, nicht möglich. Wenn die Vereinigten Staaten das Land westlich der Rocky Mountains einnehmen konnten, dann wären die Vereinigten Staaten sicher und würden zu einer Großmacht aufsteigen.

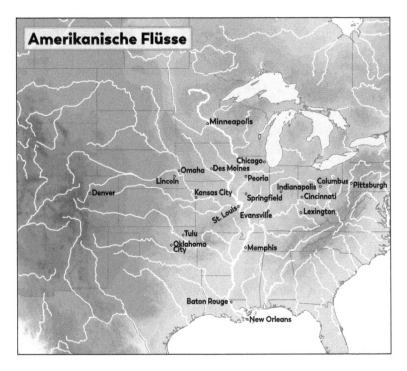

Amerikanische Flüsse

Um zu verstehen, was Jefferson geschaffen hat, ist es wichtig, ein Gesetz in seiner Bedeutung zu erfassen, das vom Kongress 1787 verabschiedet wurde: die Nordwest-Verordnung (Northwest Ordinance). Das Nordwest-Territorium war eine Region zwischen den Appalachen und dem Mississippi, das die Vereinigten Staaten in der Revolution England abgenommen hatten. Die Verordnung schuf den legalen Rahmen für die Neuordnung des Westens. Die Verordnung legte fest, dass das Nordwest-Territorium, wenn seine Bevölkerung wuchs, in neue Staaten aufgeteilt werden würde, und es sich nicht nur um Kolonien handelte. Sie legte außerdem fest, dass das Territorium und die Staaten, die geschaffen wurden, die Sklaverei verbieten würden. Sie gestattete den Veteranen des Revolutionskriegs, Land zu besitzen, das sie nahezu umsonst bekamen und das ihnen ganz gehörte. Sie konnten es verkaufen oder tauschen. Sie sollten keine Fronarbeiter sein. Und schließlich und vielleicht am außergewöhnlichsten, würde jeder Staat, der aus dem Territorium entstand, verpflichtet, eine staatliche Universität zu gründen, indem er zur Unterstützung Land verkauft. 1804 wurde die erste Universität, die Ohio University, gegründet. All das würde auch für das Louisiana-Territorium gelten und ein Land voller Freibauern und verbindlicher Universitäten erschaffen. Und diese Universitäten sollten Amerika revolutionieren.

Jefferson hatte auch einen politischen Grund für eine Expansion nach Westen:

> Je größer unser Bund, desto weniger wird er von hiesigen Leidenschaften erschüttert, und egal wie man es sieht, ist es nicht besser, dass das gegenüberliegende Ufer des Mississippi von unseren eigenen Angehörigen und Kindern besiedelt wird, als von Fremden einer anderen Familie?

Laut Jefferson gab es einen strategischen Grund für den Kauf, aber auch einen bedeutenden politischen: je größer das Land, desto größer die Stabilität, denn lokale Leidenschaften wirkten in einem kleinen

Land spaltender als in einem großen. Es gab auch einen wirtschaftlichen Grund. Das Louisiana-Territorium umfasste einen Teil des fruchtbarsten Farmlands der Welt. Es konnte die amerikanische Wirtschaft voranbringen, während es die zentrifugalen Kräfte in Schach hielt, die vom wirtschaftlichen Wachstum entfesselt werden. Jefferson versuchte, der Bedrohung der Fragmentierung etwas zu entgegnen und auch eine wirtschaftliche Basis zu schaffen, die die Zyklen abfederte, mit denen sich die Vereinigten Staaten konfrontiert sehen würden.

Der Kauf von Louisiana sollte sich als der Motor erweisen, der die Vereinigten Staaten ein Jahrhundert später zur Weltmacht trieb. Er schuf auch die Kraft, die den ersten Zyklus in der amerikanischen Geschichte dadurch beenden sollte, dass die westlichen Siedler die Macht der östlichen Banker und der Plantagenbesitzer auf die Probe stellten. Sofern das Staatssystem die moralische und politische Basis der amerikanischen Macht bildete, trieb der Kauf von Louisiana die wirtschaftlichen Kräfte an, die systematisch über mehr als zwei Jahrhunderte die Vereinigten Staaten in einer Abfolge von Zyklen umformen sollten.

Der Krieg mit den Indianern

Es wurde viel darüber debattiert, wie man die Nationen nennen sollte, die in Nordamerika angesiedelt waren. Offensichtlich wären die besten Namen diejenigen, die von den Ureinwohnern selbst benutzt wurden und die Namen ihrer eigenen Stämme waren. Aber es ist auch notwendig, einen Begriff zu haben, der von diesen Menschen als einer Gesamtheit spricht. Der Begriff „Indianer" entstammt einem Navigationsfehler von Kolumbus. Der Begriff „Native American" würde sie nach einem Italiener benennen. Der Begriff, den die Kanadier bevorzugen, ist „First Nation" (Erste Nation), aber er hat den Mangel, dass er nicht zutrifft. Sie bewohnten seit Jahrtausenden die westliche Hemisphäre und hatten, wie Menschen überall, sich gegenseitig bekriegt und ihr Land besetzt. Die Nationen, die vorherrschend waren, als die Europäer kamen, waren kaum die ersten Nationen. Das Problem der Namensgebung verdeutlicht die Komplexität dieses moralischen Dilemmas. Ich verwende den Namen Indianer, denn er ist nicht weniger angemessen als die anderen und wird allgemein gebraucht.

Nordamerika wurde von indianischen Nationen bevölkert und die Frühgeschichte der Vereinigten Staaten war untrennbar mit der Geschichte der Indianer verwoben. In Mexiko und Peru waren die Azteken und Inkas von den spanischen Konquistadoren besiegt und ihr politisches System rasch zerstört worden. In Nordamerika war es anders. Zuerst waren dort mehrere Nationen und der Zusammenbruch von einer bedeutete nicht den Zusammenbruch anderer. Es gab viele Nationen mit verschiedenen Sprachen und Kulturen. Diese Nationen waren von Fremden umgeben, lange bevor die Europäer kamen, so wie die Tolteken oder die Apachen. Sie kannten sich mit Kriegführung und Diplomatie aus und bekämpften beispielsweise die Comanchen oder schlossen sich dem Verband der Irokesen an.

Fremde Mächte waren ein Teil der nordamerikanischen Kultur und die Ankunft einiger neuer, selbst angesichts des komischen Erscheinungsbilds und der neuen Technologien der Europäer, verursachte keinen psychologischen Zusammenbruch. Die Irokesen zum Beispiel führten einen komplexen Zusammenschluss von Nationen an sowie auch Nationen, die unterworfen worden waren. Technologien wie Eisen und Schießpulver waren vielleicht ein Novum, aber angesichts der Zahl der Europäer und ihrer Unfähigkeit, sich in dem Terrain zurechtzufinden, war es nicht überraschend, dass die Irokesen und andere Nationen nicht sofort zusammenbrachen, sondern eher dazu neigten, die Europäer bei den meisten frühen feindlichen Begegnungen zu besiegen.

Die Hauptgruppierungen sahen 1800 folgendermaßen aus:

Die Karte des indianischen Nordamerika sah aus wie eine Karte irgendeiner Region in der östlichen Hemisphäre. Der Kontinent war zwischen Gruppen aufgeteilt, die einander fremd und häufig feindlich gesinnt waren. Es gab Untergruppen, die der Herausbildung einer mächtigen Zentralregierung widerstanden. Die Indianer als Ganzes waren nicht friedlicher oder kriegslüsterner als irgendeine andere Gruppe von Menschen. Ein Sicherheitsventil, das dafür sorgte, dass im Land nicht überall Krieg ausbrach, war ein riesiger und nicht komplett besiedelter Kontinent, der es den schwächeren Gruppen erlaubte, sich zurückzuziehen und als Nomaden zu überleben. Damit kann es mit Zentralasien und anderen Teilen Eurasiens verglichen werden. Der Punkt ist, dass es zwar einerseits zulässig ist, radikale Unterschiede zwischen der indianischen und europäischen Kultur zu sehen. Aber in einer breiteren Perspektive, in der sich die Indianer selbst als getrennte Nationen sahen, die sich mit Diplomatie oder Krieg gegen ihre Nachbarstaaten beschäftigten, verwischen die Unterschiede. Und wie in Europa, wurden diese nationalen Gruppierungen häufig durch Uneinigkeit gespalten. Aber es ist wesentlich, zu verstehen, dass die indianischen Nationen sich selbst nicht als ein Volk gesehen haben. Sie haben sich gegenseitig als Fremde gesehen und die Europäer zwar als exotische, aber letztlich verstehbare Wesen.

Das Eindringen der Europäer führte zu einer komplexen geopolitischen Situation, wobei sich indianische Nationen mit europäischen Nationen verbündeten, manchmal mit anderen europäischen Nationen kämpften und manchmal mit anderen indianischen Nationen im Krieg lagen. Gelegentlich hielten die Allianzen lange; manchmal wurden sie schnell hintergangen. Die Europäer und dann die Amerikaner hatten drei Vorteile. Zum einen konnten sie, solange sie sich auf dem Kontinent etablieren konnten, im Lauf der Zeit überwältigende Zahlen an Menschen ins Land bringen. Zweitens war ihre Technologie im Allgemeinen der der Indianer überlegen. Doch der wichtigste Faktor war, dass die Indianer untereinander zutiefst verfeindet waren, und wenn sie sich mit einer europäischen Streitmacht verbündeten, konnten sie ihre Feinde unterwerfen. Ein weiterer Vorteil, der vernichtender war als Waffen, waren die Krankheiten, die die Europäer mit sich brachten und gegen die die Indianer keine Abwehrkräfte hatten.

Die Geschichte der Comanchen ist essenziell, um die nordamerikanische Geschichte zu verstehen. Pekka Hämäläinen hat in seinem preisgekrönten Buch *The Comanche Empire* den Aufstieg, die Herrschaft und den Sturz eines aggressiven indianischen Imperiums nachgezeichnet, das zur selben Zeit existierte, als Amerika sich nach Westen ausbreitete. Bis 1700 waren die Comanchen eine kleine Nation, die in den von Canyons durchzogenen Landstrichen New Mexicos lebte. Einst hatten sie auf den großen Ebenen des Central Valley gelebt, aber sie waren von stärkeren Nationen vertrieben worden und hatten sich in das unwirtliche Land der Canyons zurückgezogen, wo sie sich sicher fühlten, denn keine andere Nation neidete ihnen ihr trostloses Stammesgebiet. Wie Hämäläinen schrieb:

Trotz seiner bescheidenen Anfänge war der Exodus der Comanchen in die südlichen Ebenen der Wendepunkt der

frühen amerikanischen Geschichte. Es war eine normale Migration, die zu einem umfänglichen Kolonisationsprojekt mit weitreichenden geopolitischen, wirtschaftlichen und kulturellen Folgen wurde. Sie löste einen Krieg mit den Apachen aus, der ein halbes Jahrhundert andauerte, und resultierte in der Umsiedlung der Apachen – selbst eine gewaltige geopolitische Einheit – aus den Grasländern südlich des Rio Grande im Herzen des nördlichen Neuspaniens. Die Invasion der südlichen Ebenen durch die Comanchen war, einfach gesagt, die längste und blutigste Eroberungskampagne, die der amerikanische Westen je erlebt hatte – oder erleben sollte –, bis sich die Vereinigten Staaten eineinhalb Jahrhunderte später dort ausbreiteten.

Die Spanier waren zu dieser Zeit bereits in Mexiko und die Comanchen stahlen die Pferde, die die Spanier aus Europa mitgebracht hatten, oder tauschten Waren dagegen ein. Die Comanchen übernahmen diese neue „Technologie", eine neue Art der Fortbewegung, und meisterten sie auf brillante Weise. Die Krieger der Comanchen wurden zu unglaublich geschickten Reitern, weit mehr als die Krieger anderer indianischer Nationen oder selbst als die Europäer, die schon seit Jahrtausenden Pferde besessen hatten. Pferde und historische Feindseligkeiten über Pferdediebstähle führten zum Aufstieg der Comanchen.

Im Verlauf des nächsten Jahrhunderts verließen die Comanchen die armseligen Landstriche der Canyons und zogen in die Ebenen östlich der Rocky Mountains. Bis Ende des 18. Jahrhunderts hatten sie ein großes Reich errichtet und andere Nationen aus ihren Heimatländern vertrieben. Ihr Einfluss erstreckte sich noch weiter als nur auf die Gebiete, die sie direkt kontrollierten. Die Angriffstrupps der Comanchen durchstreiften weite Areale um ihr Herrschaftsgebiet, also war ihr Einflussbereich sogar noch größer, als die Karte darstellt. Indem sie die Technik der Eroberer meisterten, wurden sie selbst zu Eroberern.

Im 19. Jahrhundert waren die Comanchen in der Lage, die Bewegung der europäischen Mächte zu blockieren. Hämäläinen beschreibt die Realität in Nordamerika zu einer Zeit, als die Ausbreitung westlich der Appalachen bereits fortschritt. Er erklärt seine Sicht auf die Dinge folgendermaßen:

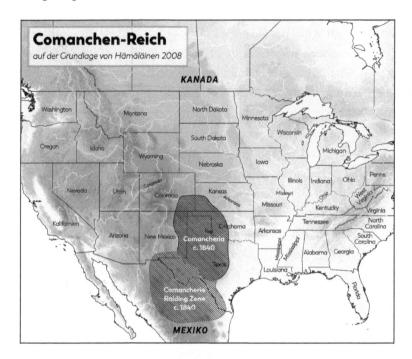

Statt die Politik der Ureinwohner gegenüber den Kolonialmächten nur als Überlebensstrategie zu sehen, setzt sie voraus, dass Indianer genauso Kriege führten, Handel trieben, Verträge schlossen und Besitz von anderen Völkern ergriffen, um sich auszubreiten, andere auszupressen, zu manipulieren und zu dominieren ... [Das] Schicksal der indigenen Kulturen war nicht notwendigerweise ein unumkehrbares Abrutschen in Richtung Enteignung, Entvölkerung und kulturellen Niedergang.

Die Comanchen waren genauso völkermörderisch wie die Europäer, wenn auch weniger effizient. Sie vernichteten andere Nationen, ermordeten und versklavten sie. Ihre Skrupellosigkeit war bei den anderen Stämmen ebenso wie bei den europäischen Siedlern gefürchtet. Aber sie schufen auch eine komplexe Kultur und waren innerhalb ihrer Nation zutiefst zivilisiert.

Die Wahrnehmung, dass die Europäer nur hilflose und spirituelle Völker überwältigten oder schwache Wilde einfach verdrängt wurden, ist falsch. Tatsächlich besiegten die Europäer fähige und geschickte Schöpfer von Imperien genauso wie schwächere Nationen. Die Comanchen und die Irokesen, genauso wie die Azteken und die Inkas, hatten sich bedeutende Reiche aufgebaut und andere Nationen ihrer Macht unterworfen. Sie verstanden ebenso den Gebrauch von Gewalt. Die Indianer waren genauso wie die Europäer zu sämtlichen menschlichen Tugenden und Lastern fähig.

Indianernationen bevölkerten Nordamerika, was bedeutete, dass in jedem Stadium der Entwicklung der Vereinigten Staaten Indianer gegenwärtig waren, als Opfer, Verbündete, Feinde und Eroberer. Letztlich verloren sie, zum Teil aufgrund der Technologie und zum Teil aufgrund politischer Gründe. Bis zum bitteren Ende in den 1880er-Jahren hatten sie nie eine umfassende Allianz miteinander gebildet. Einige indianische Nationen fanden es nützlich, sich mit den Amerikanern zu verbünden, um ihre gefährlicheren Feinde zu besiegen. Die Feindschaft zwischen den Apachen und den Comanchen reichte tiefer als der Hass auf die Amerikaner, besonders zu Beginn des europäischen Zustroms. Wie alle erfolgreichen Eroberer, inklusive der Römer und Briten, nutzten die Amerikaner diese Spaltungen zu ihrem Vorteil.

Es wäre interessant, sich das Ergebnis auszumalen, wenn alle Indianer kooperiert und sich gegen die Europäer verbündet hätten. Aber das war unmöglich. Der Kontinent war riesig und die Indianer kannten den Ort, an dem sie lebten, und die unmittelbar angrenzenden Nationen, aber sie hatten keine Ahnung von Gegenden, die weiter weg waren. Sie sprachen nicht alle dieselbe Sprache oder verehrten dieselben Götter. Und wie Menschen überall, fürchteten sie sich gegenseitig mehr, als sie die neuen Fremden fürchteten. Mit dem Aufstieg der Vereinigten Staaten besiegten die Amerikaner die Briten, warfen die Franzosen aus dem Land, zwangen die Mexikaner in den Süden, vernichteten die indianischen Nationen und Reiche und kämpften vereint gegen einen Feind, der sich nicht gegen sie vereinigen konnte. Das Ergebnis war unvermeidlich.

Das Great Valley

Ich stelle mir das Land zwischen den Appalachen und den Rocky Mountains als Teil eines einzigen, gigantischen, quadratischen Tals vor. Es misst knapp über 1.600 Kilometer von Osten nach Westen und Norden nach Süden – 2,5 Millionen Quadratkilometer. Das Tal wellt sich an manchen Stellen und ist an anderen komplett flach. Aber es gibt kaum eine Stelle, wo man die Erde nicht umpflügen und Samen pflanzen kann.

Damit das Tal das leistet, was Amerika von ihm braucht, muss es Wasser haben. Das Tal ist hinsichtlich der Wasserversorgung in zwei Teile aufgeteilt und das schafft zwei sehr verschiedene Regionen. Im östlichen Teil fällt das Wasser als Regen. Im westlichen Teil kommt es von wasserführenden Schichten unter der Erde.

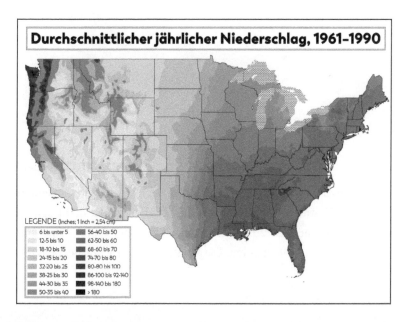

Durchschnittlicher jährlicher Niederschlag, 1961–1990

LEGENDE (Inches; 1 Inch = 2,54 cm)

6 bis unter 5	56-40 bis 50
12-5 bis 10	62-50 bis 60
18-10 bis 15	68-60 bis 70
24-15 bis 20	74-70 bis 80
32-20 bis 25	80-80 bis 100
38-25 bis 30	86-100 bis 92-140
44-30 bis 35	98-140 bis 180
50-35 bis 40	>180

Es gibt eine Stelle, an der die Regenmenge dramatisch abnimmt. Das ist eine Linie, die von Minnesota nach Zentraltexas verläuft. Es ist der 100. Längengrad und dieser trennt den Kontinent deutlich in zwei unterschiedliche Bereiche.

Östlich dieser Linie waren dichte Wälder. Als die Siedler ankamen, fällten sie die Bäume, um Farmland zu schaffen, und sie benutzten das Holz, um Blockhütten zu bauen, die einen tiefen Symbolismus vermitteln, wenn wir an die Generation denken, die die Appalachen überquert hat, und uns an Abraham Lincoln erinnern. Der Regen und der Wald sorgten für eine viel dichtere Besiedlung im Osten, eine Dichte, die bis heute vorherrscht. Man kann eine Linie von Norden nach Süden durch die Vereinigten Staaten ziehen, an der der Regen nachlässt, sich die Wälder lichten und der Bevölkerungsanteil geringer wird.

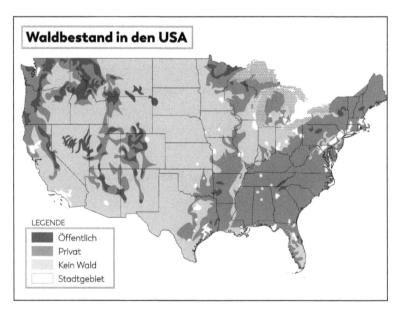

Waldbestand in den USA

LEGENDE
- Öffentlich
- Privat
- Kein Wald
- Stadtgebiet

Es fällt auch westlich dieser Linie Regen, in den meisten Gegenden zwischen 38 und 50 Zentimeter im Jahr. Aber das ist nicht genug, um Wälder wachsen zu lassen. Hier ist die menschenverlassene Prärie der Cowboy-Legenden. Die Siedler, die hierherkamen, bauten ihre Häuser nicht aus Holz, sondern aus Soden, jahrhundertealte und nahezu steinharte Überbleibsel der Wurzeln des Grases, das diese Region bedeckte. Und sie konnten Ackerbau betreiben, denn man fand heraus – sehr zur Überraschung der früheren Entdecker –, dass es große Wasservorräte unter dem Boden gab, die man mit Brunnen anzapfen konnte.

Der Mangel an Holz und der zusätzliche Aufwand, Brunnen zu graben, führten dazu, dass in dieser Gegend weniger Menschen lebten (das gilt auch heute noch). Dies hat zwei unterschiedliche amerikanische Lebensstile geschaffen. Im Osten entstanden dicht besiedelte Ackerbaugemeinden und die kleinen Städte, die eine so große Rolle in der kollektiven amerikanischen Erinnerung spielen. Im Westen musste sich die Bevölkerung weiter verteilen, damit die wasserführenden Schichten in einem bestimmten Bereich nicht zu intensiv angezapft wurden, und man musste die Brunnen tiefer und aufwendiger bohren. Je weiter man nach Westen ging, desto unwahrscheinlicher wurde Ackerbau und desto eher betrieb man Viehwirtschaft – Vieh, das die Grasländer beweidete. Im Westen waren die Gemeinden kleiner und weiter verteilt. Die Siedler konnten sich weniger auf Nachbarn verlassen und mussten sich um sich selbst kümmern. Daraus entstanden zwei sehr unterschiedliche ethische Richtungen. Im Osten gab es Gemeinden. Im Westen lebte man eher allein. Das schuf eine ganz andere politische Sensibilität. Im Osten musste man zusammenarbeiten. Im Westen war eine solche Zusammenarbeit unnütz schwer.

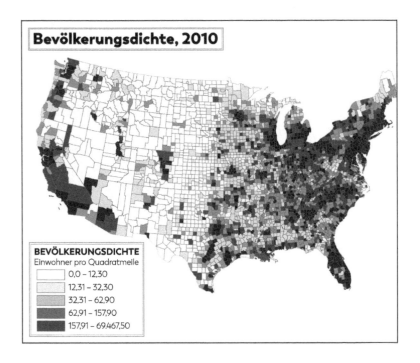

Bevölkerungsdichte, 2010

BEVÖLKERUNGSDICHTE
Einwohner pro Quadratmeile

0,0 – 12,30
12,31 – 32,30
32,31 – 62,90
62,91 – 157,90
157,91 – 69.467,50

New Orleans schützen

Die Flüsse machten die Vereinigten Staaten möglich. New Orleans sorgte für den praktischen Nutzen der Flüsse. Ohne New Orleans war das große Tal nutzlos.

Jefferson verstand, wie zentral New Orleans für das amerikanische Überleben war:

> Es gibt auf der Welt einen einzigen Ort, dessen Besitzer unser natürlicher und althergebrachter Feind ist. Es ist New Orleans, durch das die Erzeugnisse von drei Achtel unseres Territoriums hindurchmüssen, um auf den Markt zu gelangen, und aufgrund der Fruchtbarkeit wird es bald mehr als die Hälfte unserer Ackerfrüchte hervorbringen und mehr als die Hälfte der Bevölkerung beherbergen. Der Tag, an dem Frankreich New Orleans besitzt, legt die Strafe fest, die es auf immer am Boden halten wird.

Es besiegelt die Verbindung zweier Nationen, die gemeinsam den Ozean allein beherrschen können. Von diesem Moment an müssen wir uns selbst an die britische Flotte und Nation binden.

Jefferson wusste, dass der Verlust von New Orleans an Frankreich oder an irgendeine andere Macht, inklusive der Spanier oder Briten, den Traum der amerikanischen Unabhängigkeit begraben würde. Wer New Orleans kontrollierte, kontrollierte auch das große Tal. Wer das Tal kontrollierte, kontrollierte das Schicksal der Vereinigten Staaten. Die Vereinigten Staaten mussten New Orleans kontrollieren und bekämpften die Briten, als diese es am Ende des Kriegs von 1812 zu erobern versuchten. Wenn sie New Orleans einnehmen konnten, dann waren sie in der Lage, die Vereinigten Staaten wieder östlich hinter die Appalachen zurückzudrängen. Und das würde bedeuten, dass sie früher oder später das Ergebnis der Revolution umkehren konnten. Andrew Jackson kommandierte amerikanische Truppen, die die Briten bei New Orleans schlugen. Jackson wurde amerikanischer Präsident, der erste, der westlich der Appalachen gewählt wurde. Er verstand, wie wichtig die Flüsse waren, denn der Cumberland River in der Nähe seiner Heimatstadt floss in das Flusssystem des Mississippi. Jackson verstand, was auf dem Spiel stand und was sein Sieg bedeutete.

Die Briten zu besiegen machte New Orleans und den Mississippi nicht weniger verwundbar, zumindest nicht in Andrew Jacksons Vorstellung. Die Ostgrenze von Mexiko war am Sabine River, etwa 160 Kilometer vom Mississippi und 320 Kilometer von New Orleans entfernt. Eine mexikanische Streitmacht, die sich am Sabine konzentrierte (der heutigen Grenze zwischen Texas und Louisiana) konnte nach Osten drängen, den Mississippi als Wasserweg abschneiden und New Orleans einnehmen. Mexiko vermehrte seine Bevölkerung in Texas, indem es angelsächsische Siedler einbezog, die zu mexikanischen Bürgern wurden.

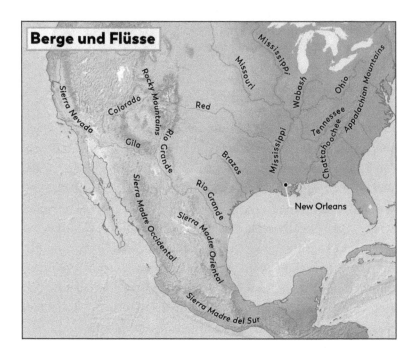

Berge und Flüsse

Andrew Jackson wurde 1828 zum Präsidenten gewählt und er blieb von New Orleans besessen. Er wollte einen Staat als Pufferzone zu Mexiko schaffen. Er hatte Erfolg und im Endergebnis entsandten die Mexikaner eine große Streitmacht, um die Rebellion umzukehren. Das war das Gegenteil von dem, was Jackson wollte, denn es brachte eine große militärische Streitmacht nach Texas, eine, die den Sabine River überqueren konnte. Die Vereinigten Staaten waren nicht bereit für einen Krieg mit Mexiko, also schritten sie nicht militärisch ein. Sie platzierten eine Blockade östlich des Sabine und überließen es den Texanern, die Mexikaner zurückzuschlagen.

Der Weg nach Texas führte nach San Antonio, wo das Fort Alamo stand. General Santa Anna, der die Mexikaner befehligte, besiegte die Texaner im Fort Alamo im Jahr 1836 und marschierte dann Richtung Osten auf den Fluss Sabine zu. Ob er vorhatte, ihn zu überqueren, ist unbekannt. Sam Houston, der die Texaner kommandierte, blockierte den Vormarsch der Mexikaner bei San Jacinto, im heutigen Stadtgebiet von Houston. Die Texaner besiegten die Mexikaner und Texas wurde ein unabhängiges Land. Sieben Jahre später war es der einzige Staat, der durch einen Vertrag zwischen zwei gleichberechtigten Nationen ein Teil der Vereinigten Staaten wurde – ein kulturelles Erbe, das bis heute Texas ein einzigartiges Gefühl von Souveränität verleiht. Aber 1845, als Texas ein Staat wurde, schien die Bedrohung von New Orleans eliminiert zu sein.

Die Besessenheit von Mexiko hielt noch bis in die späten 1840er-Jahre an, als Präsident Polk einen Krieg gegen Mexiko begann, der die Mexikaner zwang, die Gegend, die heute der amerikanische Südwesten ist, aufzugeben. Dieser Krieg komplettierte die Erschaffung der kontinentalen Vereinigten Staaten. Die Pyramide der Gründerväter hatte fast ihre geografische Vollendung erreicht. Polk, dessen Andenken nicht angemessen gewürdigt wird, kritisierte die Ausdehnung der Vereinigten Staaten zu ihrer vollen Größe und die Schaffung der Grundlagen für die US-mexikanischen Beziehungen, wie sie sich heute darstellen.

Der Sieg über Mexiko integrierte den amerikanischen Südwesten auf einer Linie westlich von Denver bis an den Pazifik. Er vollendete die amerikanische Herrschaft über die Rocky Mountains und übertrug den Vereinigten Staaten die Kontrolle über den schmalen Bereich westlich der Rocky Mountains. Dazu gehörten die Häfen in San Diego und San Francisco, die den Vereinigten Staaten die Möglichkeit eröffneten, am Pazifik ebenfalls zu einer bedeutenden Macht zu werden.

An diesem Punkt war der erste Entwurf der Vereinigten Staaten vollständig. Sie bestanden aus dem Gebiet östlich der Appalachen, an der Grenze von Maryland-Pennsylvania in Nord und Süd geteilt. Es gab das Tal zwischen den Appalachen und den Rocky Mountains, das entlang der Baumlinie geteilt war, die von Nord nach Süd verlief. Es gab die Gebiete, die von Mexiko erobert wurden, aufgeteilt in Pazifikküste und Wüste. Alle diese Gebiete haben eine eigene Kultur entwickelt. Die Grasländer sind anders als die nordöstliche Küste. Die mexikanischen Regionen unterschieden sich von den Waldgebieten im Osten. Jedes Gebiet hatte weiter seinen eigenen Lebensstil, aber nur einmal – während des Bürgerkriegs – führten diese Differenzen zu Blutvergießen.

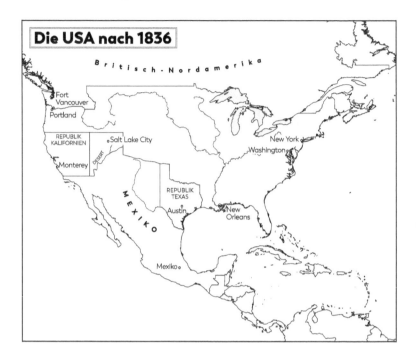

Die Amerikaner nutzten alle Mittel, die der Menschheit seit Anbeginn zu eigen waren, unter anderem Geschicklichkeit, Kreativität und Brutalität. Bemerkenswert ist die Gründlichkeit ihrer Anstrengungen. Was 1776 seinen Anfang nahm, war im Grunde knapp über 70 Jahre später vollendet: Es war eine produktive Kontinentalmacht entstanden, die sich vom Atlantik zum Pazifik erstreckte.

Keine nordamerikanische Macht hatte das zuvor geschafft. Die indianischen Nationen hatten eine andere Vorstellung von Geografie. Sie fürchteten einander, aber sie hatten noch nicht gelernt, globale Mächte zu fürchten, bis es zu spät war. Die spanischen Eroberer suchten nicht nach fruchtbarem Land, das man bebauen konnte. Ihre Landkarte zeigte nur Gold- und Silberminen und mythische Städte, die aus Gold errichtet worden waren. Die Franzosen sahen die Reichtümer des Kontinents nicht, abgesehen von dem Geld, das sich mit den Pelzen verdienen ließ, die die Trapper heranschafften. Die Briten waren zufrieden, wenn sie ausreichend mit Baumwolle und Tabak versorgt wurden.

Die meisten Amerikaner hätten sich nicht einmal erträumen können, was folgen sollte. Thomas Jefferson tat es, genau wie Andrew Jackson. Beide wussten, indem sie zu einer Nation wurden, die den ganzen Kontinent dominierte, würden die Vereinigten Staaten außergewöhnlichen Wohlstand und eine stabile demokratische Ordnung schaffen. Sie glaubten auch, dass ohne diese kontinentale Dominanz die Vereinigten Staaten zerstört werden würden, so wie viele Nationen und Ansiedlungen, die vorher in Nordamerika existiert hatten. Wenn die Vereinigten Staaten nur einen Landstrich oder einen Teil des Kontinents besiedelten, dann konnten sie nicht überleben. Ein Kontinent, der voll von vielen unabhängigen Nationen war, so wie Europa, würde sich – ebenso wie Europa – selbst zerfleischen.

Daher taten Jefferson und Jackson das, was getan werden musste, um eine vereinigte Kontinentalmacht zu schaffen. Sie verstanden die Geografie Amerikas, und die Geografie, die sie in 70 Jahren schufen, würde die Welt beherrschen.

Die Vollendung des Ganzen

George Washington wusste, welche Kräfte die Vereinigten Staaten auseinanderreißen konnten, und er benannte sie in seiner Abschiedsrede 1796:

> **Der Norden hat im ungehinderten Austausch mit dem Süden, geschützt durch die gleichen Gesetze einer gemeinsamen Regierung, durch die Produktivität des Letzteren enorme zusätzliche Ressourcen für maritime und gewerbliche Unternehmungen erhalten und wertvolle Materialien für die produzierende Industrie. Der Süden hat im selben Austausch durch die Vermittlung des Nordens gesehen, wie seine Landwirtschaft wuchs und sein**

Handel sich ausweitete. Indem er zum Teil auf seinen eigenen Wasserwegen die Seemänner des Nordens befördert, wird auch die eigene Seemacht gekräftigt; und während er auf verschiedene Weise dazu beiträgt, die nationale Seestreitmacht zu nähren und zu vermehren, kann er sich gleichzeitig auf den Schutz durch eine maritime Macht freuen, auf die er selbst nur ungenügend vorbereitet ist. Der Osten hat in einem ähnlichen Austausch mit dem Westen bereits einen Absatzmarkt gefunden, der durch eine Verbesserung des internen Austauschs über Land und Wasser noch wertvoller werden wird, um Produkte abzusetzen, die er aus Übersee bezieht oder selbst produziert. Der Westen erhält vom Osten Güter, die er für Wachstum und Komfort braucht, und muss, was wohl noch größere Auswirkungen hat, aus Notwendigkeit sichere und unerlässliche Absatzmärkte für seine eigenen Produkte haben, entsprechend dem Gewicht, Einfluss und der künftigen maritimen Stärke der atlantischen Seite der Union, gesteuert von einer unauflöslichen Mischung an Interessen als eine Nation. Jedes andere Verhältnis, durch das der Westen diesen wesentlichen Vorteil besitzen kann, sei es aufgrund eigener Macht oder durch eine abtrünnige und unnatürliche Verbindung zu einer ausländischen Macht, muss von Natur aus bedenklich sein ... In diesem Sinne sollte eure Union als Hauptstütze eurer Freiheit gelten und die Liebe zum einen euch auch die Erhaltung des anderen ans Herz legen.

Washington teilte das Land in drei Teile: Norden, Süden und Westen. Heute könnten wir noch den äußersten Westen hinzufügen. Er wollte diese Regionen mit zwei Dingen verbinden. Zum einen versuchte er, die sich ergänzenden ökonomischen Interessen aufzuzeigen, die sie aneinanderbanden. Zweitens argumentierte er, dass sie sich nur zusammen eine effiziente nationale Verteidigungsstreitmacht gegen die Mächte der östlichen Hemisphäre leisten konnten. Diese Verteidigung machte eine starke Marine notwendig. Für sich allein würde eine Region unter die Oberherrschaft einer fremden Macht gelangen, was das gesamte Gefüge zum Einsturz bringen konnte. Für Washington garantierten die wirtschaftlichen Bande, die das Land zusammenhielten, auch die nationale Einheit, die nötig war, um sich zu verteidigen.

Washington verstand die Differenzen, die das Land trennten, und er fürchtete sie. Der Süden und der Norden hatten verschiedene Ökonomien und unterschiedliche moralische Prinzipien. Der Westen bestand aus eingewanderten Siedlern – Ulster-Schotten, Deutschen und anderen, die für die Engländer im Osten, die auf sie herabsahen, nur Verachtung übrighatten. Während die Geografie des Landes neu geordnet wurde, geschah dasselbe mit den Spannungen, die das Land zu zerreißen drohten.

Das Problem basierte auf zwei Ursachen. Institutionell sind die Vereinigten Staaten ein Land. Aber die Empfindlichkeiten der verschiedenen Regionen reichten tief und verursachten konstante Uneinigkeit. Heute haben die Küstenregionen, getrieben von Technologie und Finanzen, einen gemeinsamen Sinn von Selbstwert, Gerechtigkeit und Verachtung für diejenigen, die davon abweichen. Im industriell geprägten mittleren Westen, einst das boomende Herz Amerikas, herrscht eine gewisse Wut über die Bedingungen, in denen sie sich wiederfinden, und die Respektlosigkeit, mit der ihre Werte behandelt werden. Es hat immer eine politische Teilung im Land gegeben, die natürlich auch zum Bürgerkrieg führte. Aber selbst in Zeiten, in denen weniger Anspannung herrscht, wie heute, ist der Blick auf Donald Trump im Nordosten und an der Pazifikküste ganz anders als im Süden oder im Westen, fern der Küste. Und die Spaltung war in den 1960er-Jahren ähnlich. In Zeiten von Stress und zyklischen Veränderungen tritt die Geografie wieder zutage, auf die George Washington sich bezogen hat.

Es herrscht eine grimmige Einigkeit in Amerika, aber gleichzeitig bestehen tiefe Differenzen, die sich in belastenden Zeiten zu gegenseitigem Hass steigern können. Diese Spannung beherbergt jedoch auch etwas Positives. Die Spannung innerhalb des Landes – die radikalen Differenzen in Kultur und Perspektiven – kann zu einem Motor werden, der das Land nach vorne treibt, dabei aber einige auf der Strecke zurücklässt. 35 Jahre nach dem Bürgerkrieg, als der Süden weiter in der Armut versank, die durch seine Niederlage ausgelöst worden war, stellten die Vereinigten Staaten die Hälfte aller produzierten Güter der Welt her. Der Bürgerkrieg war der extremste Fall, aber es gab immer Gewinner und Verlierer in Amerika. Detroit verfällt und Atlanta steigt auf. Die Geografie verändert sich, Menschen ziehen um und die Vereinigten Staaten bestehen weiter. In Washingtons Abschiedsrede hat er die Verletzlichkeit der Vereinigten Staaten beim Namen genannt und auch den grundlegenden Zusammenhalt und den Einfallsreichtum, der sie leiten würde.

KAPITEL

DAS
AMERIKANISCHE VOLK

Die meisten Nationen definieren Nationalität in Begriffen einer gemeinsamen Geschichte, Kultur und gemeinsamen Werten. Das amerikanische Volk hatte nichts von alledem. Sie hatten nicht einmal eine gemeinsame Sprache. Stattdessen kamen sie als Fremde, die nichts gemeinsam hatten. Aber eine merkwürdige Revolution fand statt. Die Immigranten kamen und bildeten zwei Kulturen aus. Eine war die Kultur der Familien, die sich ihrer Vergangenheit erinnerten. Die andere war die Kultur einer Nation, in der sie aufgingen, ohne aber zu verschwinden. Die amerikanische Kultur wurde von dieser Gegensätzlichkeit bestimmt, daher ist das „amerikanische Volk" ein sehr reales – wenn auch künstliches – Konstrukt.

Es war nicht nur die Immigration, die das amerikanische Volk „erfand". Das amerikanische Volk erfand sich selbst. Sie hatten eine noch nie da gewesene Regierungsform und ein außergewöhnliches

Land, und sie kamen hierher, um etwas zu finden, das sie zu Hause nicht finden konnten. Sobald sie einmal hier waren, mussten sie sich überlegen, wie sie leben wollten. Es ging nicht nur darum, unter den vielen Möglichkeiten auszuwählen. Es ging auch darum, Möglichkeiten zu erfinden, die man noch nicht gesehen hatte. Die Idee des Erfinders, von Benjamin Franklin bis zu Steve Jobs, war eine Metapher für das, woraus das amerikanische Leben bestand. Das erfundene Volk erfand Dinge und erfand sich selbst. Und damit das passierte, musste der Amerikaner herausfinden, dass er sich auf sich selbst verlassen konnte, und das zu dem Mut hinzufügen, den er schon einfach dadurch bewiesen hatte, dass er hierhergekommen war. Es wurden den Amerikanern viele Laster zugeschrieben, so wie allen Völkern, aber dieses waren seine Werte, eine Kombination, die ein einzigartiges Volk erschuf.

Es ist unmöglich, ein Volk umfassend zu beschreiben, aber es ist noch schwerer, ein Volk zu beschreiben, das vor ein paar Jahrhunderten noch gar nicht bestanden hat. Die Amerikaner sind ein Volk, dessen Existenz sich mit der Zeit entfaltete, sowohl durch Immigration als auch durch Transformation. Immigranten veränderten die Dynamik des amerikanischen Volks, aber es war die konstante Transformation des alltäglichen Lebens durch eine sich ändernde Geografie, Technologie und durch Kriege, die konstant änderte, was es bedeutete, ein Amerikaner zu sein. Es gab eines, das allen Amerikanern gemeinsam war: Sie verließen, in was sie hineingeboren worden waren, und hatten das Verlangen, nach Amerika zu kommen. Mit jeder Generation kamen mehr und in jeder Generation verblasste die Erinnerung an die eigene Familie, auch wenn sie selten völlig verschwand. Diejenigen, deren Wurzeln in England lagen oder die aus Irland oder Polen kamen, wussten, dass diese Wurzeln sie auf eine gewisse Art und Weise immer noch gefangen hielten. Selbst diejenigen, die aus Afrika kamen, erinnerten sich daran, wer sie einst gewesen waren. Vielleicht hingen sie noch mehr als andere an ihrer Vergangenheit, weil sie gegen ihren Willen kamen und im Elend lebten.

Diese Dualität ist die essenzielle Natur der Vereinigten Staaten, angefangen mit den englischen Siedlern. Ihre Vergangenheit lag in ihrer Familie, ihre Zukunft in den Vereinigten Staaten. Und mit der Zeit verschwammen das Familiäre und das Nationale ineinander. All das war in der Geopolitik verwurzelt. Die englische Bevölkerung, die zuerst die Ostküste bevölkerte, war nicht in der Lage, den ganzen Kontinent zu kontrollieren. Selbst mit den afroamerikanischen Sklaven war die Bevölkerung einfach zu klein. Die Verfassung, Artikel 1, Sektion 8, hatte das erkannt und eine Methode beschrieben, durch die Immigranten eingebürgert werden konnten. Die Gründerväter hatten dieses Problem verstanden und das Staatssystem darauf vorbereitet. Die erste Welle der Migranten waren Ulster-Schotten – schottische Presbyter, die sich in Irland angesiedelt hatten. Sie sehnten sich nach Land und nach der Freiheit von den Eliten. Sie waren ein wilder Haufen, von vielen mit englischer Abstammung als nicht assimilierbar angesehen. Sie waren nicht die Letzten, die dieses Etikett umgehängt bekamen.

Die erste Kernkultur der Vereinigten Staaten war die Kultur der ersten englischen Siedler. Das bedeutete ursprünglich, englisch und Protestant zu sein. Der weiße, angelsächsische Protestant blieb das definierende Zentrum der amerikanischen Kultur bis nach dem Zweiten Weltkrieg, als eine große Zahl anderer Nationalitäten und Religionen zusammen mit den WASPs zum Militär eingezogen wurde. Damit verlor die Idee, die WASPs definierten die amerikanische Kultur, ihre Strahlkraft, abgesehen von einem: der englischen Sprache, die immer im Zentrum der amerikanischen Erfahrung stand. Man konnte sich entscheiden, kein Englisch zu lernen, aber dann war man vom ökonomischen und sozialen Leben in Amerika ausgeschlossen. Weil die Immigranten wegen ebendieser sozialen und wirtschaftlichen Vorteile herkamen, war es kontraproduktiv, kein Englisch zu lernen.

Es gibt drei Symbole, die uns ein Gefühl für das Amerikanische geben. Eines ist der Cowboy und seine komplexe Beziehung zur Pflichterfüllung, dem Bösen und den Frauen. Das zweite ist der

Erfinder, der sich die außergewöhnlichen Dinge ausmalt und erschafft, die Amerika voranbringen. Schließlich gibt es noch den Krieger. Die Vereinigten Staaten sind ein Paradoxon. Sie haben sich dem Streben nach Glück verschrieben, wurden aber im Kampf geboren und haben seitdem zahlreiche Kriege geführt. Der Krieger lebt für die Pflichterfüllung, nicht für das Glück, ist aber wesentlich für die amerikanische Kultur. Der Cowboy, der Erfinder und der Krieger spielen alle eine Rolle, wenn es um die Dynamik geht, die die Vereinigten Staaten zu Stürmen zwingt, aus denen der Fortschritt entsteht.

Es gibt natürlich etwas, das über diese Stereotypen hinausreicht. Wenn ich an einen Amerikaner denke, dann denke ich an Subtilität. Mir ist bewusst, dass Subtilität normalerweise nicht damit in Verbindung gebracht wird, Amerikaner zu sein. Amerikaner werden als ungehobelt und unkultiviert angesehen. Daran ist etwas Wahres, aber die Fähigkeit, in ein fremdes Land zu kommen und seinen Lebensunterhalt zu bestreiten, die Fähigkeit, mit einer sich ständig ändernden Technologie und Bräuchen zu leben, die Fähigkeit in einem Land, das ständig neu definiert wird, die Orientierung zu behalten, erfordert ein großes Maß an Subtilität und Tiefe. Daher stammt die amerikanische Widerstandskraft und nirgends ist die Widerstandskraft deutlicher erkennbar als im Mythos des Cowboys.

Der Cowboy

Lassen Sie uns mit dem exemplarischen amerikanischen Bild beginnen: dem Cowboy, der in der essenziellen amerikanischen Kunstform, dem Film, dargestellt wird. Cowboys zu sein ist das, was die Europäer den Amerikanern vorwerfen und was Männlichkeit für amerikanische Männer und Frauen definiert. Ein Cowboy ist stark, lakonisch, furchtlos und hat den unerschütterlichen Willen, das Richtige zu tun. Seine Tugend liegt nicht in seinem Tiefgang, sondern in seinen Handlungen.

Die Realität der Cowboys war anders als im Film dargestellt. Sie waren nur etwa 20 Jahre lang von Bedeutung, bis sich die Eisenbahn weiter ausbreitete. Viele waren Afroamerikaner, Mexikaner und Indianer, denen sich verarmte Weiße anschlossen, viele von ihnen waren erst kurz vorher als Immigranten ins Land gekommen. Die Filme porträtierten sie als Weiße, mit vielleicht einem mexikanischen Koch. Und die meisten Filme zeigten Revolverhelden und Sheriffs, ohne auch nur eine Kuh in Sichtweite. Die meisten dieser Filme waren schlicht Unterhaltung. Aber die besten davon porträtierten den mythischen Cowboy mit einer tieferen Subtilität, in der sich das, was er zu sein scheint, und das, worum es in seinem Leben wirklich geht, zutiefst unterscheiden.

Der Film *Zwölf Uhr mittags*, der als einer der besten Vertreter des Genres gilt, zeigt die überraschende Subtilität des Lebens eines Revolverhelden. Gary Cooper spielt Will Kane, einen Mann des Gesetzes in einer Stadt in New Mexico, der gerade Amy geheiratet hat, gespielt von Grace Kelly. Sie wollen zu ihrer Hochzeitsreise aufbrechen. Aber bevor sie die Stadt verlassen können, taucht eine Bande von vier Outlaws auf, die es darauf abgesehen haben, Kane umzubringen.

Amy wurde Pazifistin und Quäkerin, nachdem ihr Vater und ihr Bruder erschossen worden waren. Sie will, dass Kane mit ihr flieht, um einem Kampf und dem wahrscheinlichen Tod zu entgehen. Kane ist hin- und hergerissen zwischen dem Wunsch seiner neuen Braut und dem Wunsch, seine Stadt gegen die Banditen zu verteidigen. Wir stellen jedoch fest, dass es um mehr als nur die Entscheidung zwischen Ehefrau oder Stadt geht. Der Kampf findet zwischen zwei Aspekten des amerikanischen Charakters statt. Einer ist das Ideal des männlichen Muts im Angesicht des drohenden Bösen. Der andere ist die abweichlerische Tradition des englischen Protestantismus. Der Mann verkörpert die Tradition des Muts. Die Frau verkörpert die Tradition des christlichen Sanftmuts.

Kane sieht sich selbst in der Pflicht, als Mann des Gesetzes die Stadt zu verteidigen. Aber er stellt fest, dass die Stadt, die er beschützt, ihn nicht unterstützt. Manche Menschen haben Angst; andere sympathisieren mit den Outlaws; manche haben etwas gegen Kane. Es gibt unzählige Gründe für sie, Kane im bevorstehenden Kampf gegen die Gesetzlosen nicht zu unterstützen. Kane steht daher allein gegen das Böse.

Kane dient nicht der Stadt, sondern tut, was er für seine Pflicht hält. Im Lied, das für den Film geschrieben wurde, gibt es eine Warnung davor, als „feiger Schwächling" ins Grab zu gehen. Für Kane geht es nicht wirklich um die Stadt oder seinen Eid als Town Marshal. Es geht um seine Pflicht gegenüber sich selbst. Statt auf Hochzeitsreise zu gehen, steckt er sich seinen Stern an und legt den Pistolengürtel um. Er wird ein Mann sein bis zum Grab. Und als er es tut, öffnet sich der Graben zwischen ihm und seiner Frau, zwischen der Tradition des Kriegers und dem Christentum.

Aber die Geschichte nimmt eine Wendung. Die vier Outlaws liefern sich mit Kane ein wildes Feuergefecht. Kane tötet zwei, und als ein anderer ihm einen Hinterhalt stellt, nimmt Kanes Frau eine Schrotflinte und schießt dem Revolvermann in den Rücken. Sie konnte ihren Ehemann nicht aufgeben und rettet ihn, indem sie ihre Moralprinzipien aufgibt und skrupellos einen Mann tötet. Dann steht der letzte Desperado Kane gegenüber, schnappt sich Amy und hält sie als Geisel. Er befiehlt Kane, seine Waffe fallen zu lassen. Kane will es gerade tun, als Amy hochlangt und dem Desperado die Augen zerkratzt. Sie befreit sich von ihm und Kane erschießt ihn. Dann umarmt Kane seine Frau, lässt seinen Stern in den Staub fallen und verlässt mir ihr die Stadt.

Zwölf Uhr mittags zeigt Kane als ruhig, entschlossen und emotional unbeteiligt. Aber nicht Kane ist der Held des Films. Es ist seine Frau. Sie lässt ihren Glauben hinter sich und bricht ihren Schwur gegenüber sich selbst, um das Leben ihres Mannes zu retten. Anders als Kane, der keinem Mann ohne Vorwarnung in den Rücken schießen würde, hat Amy keine solchen Hemmungen. Und sie schreckt auch nicht davor zurück, „schmutzig zu kämpfen", wie es ein Mann ausdrücken würde, als sie dem letzten Pistolero die Augen zerkratzt und Kane die Möglichkeit zum Schuss gibt. Sie ist dem verpflichtet, was sie liebt, und alles andere ist zweitrangig. Hätte Kanes Frau ihre Moral so aufrechterhalten, wie es ihr Mann getan hat, dann wäre

Kane tot. Er konnte nicht aus seiner Haut, Sie schon. Ihre Liebe für ihn transzendierte ihre Religion und die Regeln des Kriegs. Kane wurde zum Handeln gezwungen, weil er kein Feigling sein wollte. Amy traf eine Entscheidung für die Zukunft. Kane ist einfach gestrickt, was seine Moral angeht. Amy muss sich mit der Komplexität des Christentums einer Stadt in New England auseinandersetzen, in der sie geboren wurde. Es ist die Frau, nicht der Mann, die die Last der moralischen Ambivalenz trägt, und ihre Bereitschaft dazu rettet Kane vor sich selbst.

Der Film zeigt auch das Gefühl der Angst, das den amerikanischen Charakter heimsucht. Die Revolvermänner, die gekommen sind, um Kane zu töten, wirken bedrohlich und selbstsicher. Ihnen fehlt jede menschliche Emotion, abgesehen von Boshaftigkeit. Ihr Ziel ist, zu töten, und sie wissen, dass sie Erfolg haben werden. Wir wissen, dass einer von ihnen im Gefängnis war und dann, aus einem ungenannten Grund (der Zuschauer fragt sich nervös, warum) begnadigt wurde. Wer diese Männer waren, woher sie kamen und was ihr letztendliches Ziel war, abgesehen davon, Kane zu töten, ist unbekannt. Es gibt kein Anzeichen für eine Familie, für Mitleid, Angst oder irgendetwas, das sie mit jemand anderem, außer ihnen selbst, verbindet. Und das Einzige, was sie verbindet, ist der Wille, Böses zu tun. Sie sind eine beängstigende Macht, die aus der endlosen Prärie in eine kleine Stadt kommt.

Wie die meisten kleinen Städte der damaligen Zeit ist sie isoliert und mit der Welt nur durch einen Zug verbunden, der ab und an fährt. Die Einwohner wissen nicht, was draußen in der Prärie lauert. Sie wissen nur, dass sie in der endlosen Einöde allein sind, und das ist ein beängstigender Gedanke. Aber in einer großen Stadt ist es nicht anders. Die Einsamkeit in einer Stadt voller Menschen ist real und das Gefühl der Isolation mächtig. Die Angst vor Gefahr oder dem Bösen ist in einer Großstadt genauso real wie in einem kleinen Ort draußen im Westen.

Es gibt eine Wurzellosigkeit in Amerika, die zum Teil seine Stärke ausmacht. Menschen bewegen sich frei durchs Land, ohne die

Fesseln von Familie oder Tradition. Die Menschen, die in Kanes Stadt gezogen sind, hatten keine generationenalte Gemeinde, auf die sie zurückgreifen konnten, genauso wenig wie jemand, der nach Chicago kam. Die Wurzellosigkeit Amerikas ist gleichzeitig befreiend und beängstigend und sie beinhaltet auch die Angst vor einem unbekannten Bösen, das in der Dunkelheit lauert. Die Polizei ist weit weg und die Nachbarn haben ebenso Angst wie man selbst.

Die Subtilität von *Zwölf Uhr mittags* ist, dass der Film dem Zuschauer erlaubt, den Mann des Gesetzes im Westen als Klischee zu sehen. Er ist ein harter Mann, der seine Ansichten über das, was richtig ist, nicht ändert und der keine Angst hat, selbst wenn die Chancen schlecht für ihn stehen. Außerdem wäre er ein toter Mann, wenn das schon alles wäre. Häufig wird nicht erkannt, dass Kanes Frau, die im Widerspruch zu ihren moralischen Werten handelt, die maßgebliche Rolle hat. Moral fängt als einfaches Konzept an und wird kompliziert. Die Beziehung zwischen einem Mann und einer Frau fängt als einfaches Konzept an und wird enorm komplex.

Der Film, ein Western zudem, weist auf die komplexe Entwicklung hin, die in der amerikanischen Gesellschaft stattfand. *Zwölf Uhr mittags* wurde 1952 gedreht, sieben Jahre nach dem Ende des Zweiten Weltkriegs. Der Zweite Weltkrieg brauchte Männer wie Kane, die mehr Angst vor Feigheit als vor dem Tod hatten. *Zwölf Uhr mittags* drehte sich um den Westen, aber auch um den Zweiten Weltkrieg und die Art, wie sich Männer verhalten mussten, um nicht verrückt zu werden. Die Männer fochten den Krieg aus, aber die Frauen gewannen ihn.

Frauen gewannen den Krieg in einem sehr traditionellen Sinn. Männer führen Krieg für ihre Überzeugungen, für ihr Land und für ihre Familien. Im Krieg gibt es eine uralte Dynamik und viele Stereotype sind damit verbunden. In der Vorstellung der Männer können Frauen alles vergeben, außer Schwäche. Im Krieg wird Stärke ultimativ auf die Probe gestellt und Soldaten halten ihn den Frauen als Beweis der Stärke vor. Frauen trösten die Männer, wenn sie aus dem Krieg nach Hause kommen und zeitweilig geschwächt sind, und geben ihnen ihre Stärke zurück. Das sind Stereotypen, aber auch uralte Wahrheiten, und es gab eine Empathie zwischen Männern und Frauen, die den Schmerz des Kriegs erträglich machte.

Frauen gewannen den Zweiten Weltkrieg auf eine radikal neue Art und Weise. Es war ein industrieller Krieg. Der Erfolg der USA hatte mit der Produktion zu tun. 65 Prozent der Arbeiter in der US-Luftfahrtindustrie waren Frauen. 25 Prozent der verheirateten Frauen arbeiteten und 37 Prozent der gesamten Arbeiterschaft während des Kriegs waren Frauen. Insgesamt dienten 350.000 Frauen in den Streitkräften. Die Piloten, die die Bomber von den Waffenfabriken zum Schlachtfeld flogen, waren Frauen. Die Vereinigten Staaten hätten die Deutschen und Japaner nicht ohne Frauen besiegen können. Die Sowjetunion und Großbritannien konnten den Deutschen nur aufgrund des Materials widerstehen, das ihnen die Vereinigten Staaten gaben. Die Sowjetarmee hat der Wehrmacht das Kreuz gebrochen und die Eroberung Frankreichs möglich gemacht. Das geschah nur aufgrund des Kriegsgeräts, das von amerikanischen Frauen produziert wurde.

Der Kern aller Kulturen ist die Beziehung zwischen Männern und Frauen. Für einen Großteil der menschlichen Geschichte war diese Beziehung definiert und eingeschränkt durch die biologische und demografische Realität. Damit die Bevölkerung stabil blieb, mussten Frauen so viele Kinder wie möglich gebären, bevor sie starben, was häufig im Kindbett geschah. Männer arbeiteten und hatten oft mehrere Frauen gleichzeitig oder nacheinander. In der Ehe ging es um soziale und persönliche Notwendigkeit. Frauen waren essenziell und doch brachte sie die Schlüsselrolle, die sie bei der menschlichen Reproduktion spielten, in große Gefahr. Die Entwicklung der modernen Medizin und Hygiene veränderte dies alles. Frauen lebten viel länger, vielleicht 80 Jahre statt 40, und hatten ein oder zwei Kinder statt acht. Dadurch wurde ein produktives Leben außerhalb des Haushalts möglich.

1963 veröffentlichte Betty Friedan *The Feminine Mystique* (dt. *Der Weiblichkeitswahn*), das viele als den Beginn des zeitgenössischen

Feminismus sehen. Bis Ende des Jahrhunderts hatte sich die Rolle der Frau in den Vereinigten Staaten verändert. Der Feminismus hatte auch eine Dimension unseres zyklischen Prozesses geschaffen, die man genauer verstehen sollte. Feminismus hat viele Dimensionen. Intellektuell hat er die sich verändernde biologische Realität des Lebens der Frauen anerkannt und die radikalen Möglichkeiten, die sich durch die Veränderung auftun. Er führte zum Ende der erzwungenen Unterschiede zwischen Mann und Frau und zur Veränderung der Beziehung zwischen beiden. Die Entwicklung verlief vom unausweichlichen und verzweifelten Kampf, sich zu reproduzieren … zur Ehe als dem Ergebnis romantischer Anziehung und freier Wahl … bis zum buchstäblichen Kollaps des Brautwerbungsrituals.

Die tiefere Bedeutung ist die Geschwindigkeit, mit der sich uralte Normen in den Vereinigten Staaten verändert haben. Wir reden von sozialer und wirtschaftlicher Mobilität. Aber die Wurzeln Amerikas liegen in der kulturellen Mobilität. Es gibt viele erstaunliche Dinge im amerikanischen Leben, aber keines ist erstaunlicher als die unvorhergesehene Geschwindigkeit, mit der sich die Rolle der Frau veränderte, und die Geschwindigkeit, mit der sich die sexuellen Beziehungen wandelten. Die Verschiebung hat eine große Unsicherheit ausgelöst.

Wie mutig auch Kanes Frau in *Zwölf Uhr mittags* ist – nachdem alles vorbei ist, wird sie mit Kane heimgehen und ihm Kinder gebären. Angesichts ihres zugrunde liegenden christlichen Glaubens wäre sie sicher schockiert darüber, wie sich das Leben in den nächsten hundert Jahren verändern sollte. Die Verbindung von Sex und Reproduktion innerhalb der Ehe definierte die Rolle der Frau. Grace Kelly als Amy in *Zwölf Uhr mittags* und „Rosie, die Nieterin" haben ungewollt offenbart, dass die Rolle der Frau, wie sie traditionell ausgefüllt und für moralisch notwendig gehalten wurde, plötzlich eine von vielen Optionen beim Streben nach Glück war.

Der Erfinder

Zwölf Uhr mittags war ein Film und Filme kann man nicht ohne Filmkameras machen. Der Mann, der die Filmkamera erfunden hat, war Thomas Alva Edison. Edison hat sein Vermögen gemacht, indem er elektrische Geräte erfand. Er hat nicht die Elektrizität entdeckt und er war auch nicht der Erste, der verstanden hat, wie wichtig sie ist. Benjamin Franklin hatte ihre Komplexität ausgelotet. Edison schuf allerdings eine Organisation, die Anwendungen für Elektrizität finden sollte, und gründete ein Unternehmen, um diese Anwendungen zu Geld zu machen, manchmal, indem man die Produkte herstellte und verkaufte, aber weit häufiger, indem man die Anwendungen an andere Unternehmen verkaufte, die die Aufgabe übernahmen, das Produkt auf dem Markt zu bringen und zu verkaufen.

Es gab noch genug andere Erfinder, wie Nikola Tesla, der eine Menge Arbeit im Bereich Elektrizität geleistet hatte, aber nie ein wirklich erfolgreiches Unternehmen gründete. Edison kombinierte die Kunst der Erfindung mit einem Verständnis fürs Geschäft. Er erfasste, was andere übersehen hatten. Technologie ist dazu da, Produkte zu kreieren, und Produkte müssen verkauft werden. Er verstand die Subtilität der Erfindung, die weder darin bestand, die Wissenschaft bis ins Letzte zu beherrschen, noch das Produkt herzustellen. Die Subtilität bestand darin, zu verstehen, was die Gesellschaft brauchte und der Kunde kaufen würde. Es reichte nicht, Wissenschaftler oder Ingenieur zu sein, man musste auch Soziologe sein. Thomas Edison wurde das Vorbild für Henry Ford, Bill Gates, Elon Musk und all die anderen, die verstanden, dass der Erfinder auch einen Kunden brauchte und das Business die Brücke zwischen den beiden bildete.

Edison wurde in Ohio geboren und wuchs in Michigan auf. Er wurde zu Hause von seiner Mutter unterrichtet. Abgesehen von einem Interesse an Büchern über die Natur gab es nichts in seiner Kindheit, das darauf hingewiesen hätte, was er erreichen sollte. Es gibt ein Sprichwort, das ihm zugeschrieben wird und das hilft, sein Denken zu verstehen: „Die meisten Menschen übersehen eine gute Gelegenheit, weil sie einen Overall trägt und nach Arbeit aussieht." Ein weiteres lautet: „Genie ist ein Teil Inspiration und 99 Teile Transpiration." Was er sagte, war einfach. Aber die dahinterstehende Einsicht ist alles andere als offensichtlich.

Edisons wichtigste Leistung war die Erschaffung einer Struktur zur Erfindung von Dingen. Er schuf das erste industrielle Forschungslabor in Menlo Park, New Jersey, indem er eine Methode des Erfindens mithilfe von Teams entwarf. Er entwickelte auch Prinzipien für die Erfindung von Dingen und sagte, dass Erfindungen von dem getrieben sein sollten, was der Markt forderte. Er wurde der erste Vermarkter von Technologie, formte seinen Namen zur Marke und wurde selbst zu einer Berühmtheit. Er verwandelte Erfindergeist in Teamarbeit, von ihm gemanagt und angetrieben von den Möglichkeiten des Marktes, und baute das Marketing rund um seine eigene Person auf.

Wenn wir an andere Technologen denken, die Produkte an Konsumenten verkauften, von Henry Ford bis zu Steve Jobs, dann sehen wir das Modell, das sich ausgebildet hat. Das Ziel ist nicht, grundlegende wissenschaftliche Entdeckungen zu machen, sondern die Wissenschaft auf Produkte anzuwenden. Die Bemühungen zielten auf den Markt, und je breiter der Markt, desto besser. Einer träumte davon, die Nacht zum Tage zu machen, ein anderer davon, den Transport zu verbilligen, und der letzte davon, einen Computer mit unzähligen Anwendungsmöglichkeiten zum Haushaltsgerät zu machen. Für alle drei bestand der Zweck darin, eine Menge Geld zu machen, aber gleichzeitig gab es ein unbeabsichtigtes politisches Ziel, das darin bestand, das demokratische Leben zu stärken, indem man das Glück der Menschen mehrt. Und diese Männer verband die grundlegende Idee, dass eine Filmkamera, ein Automobil und ein Computer beides bewerkstelligen konnten. Wie sich die Technologie ändert, verändert sich auch das Geschäftsmodell, aber der Kern, die Idee, ein Geschäft zu machen, bleibt eine Konstante und der Erfinder als Geschäftsmann essenziell für das amerikanische Leben.

Die Wirtschaft bildete ein Gegengewicht zum Staat. Die Gründerväter misstrauten dem Staat, aber er war die Quelle militärischer Macht. Die Unternehmenswelt, selbst fragmentiert, war die Quelle des Reichtums. Einer blockierte die Fähigkeit des anderen, absolut zu herrschen, und beide kooperierten, wenn es um gemeinsame Interessen ging. Die Gründerväter verstanden, dass der private Sektor ohne Macht den Staat nie kontrollieren konnte, wie zersplittert er auch war. Aber die Gründerväter waren auch Privatunternehmer, Geschäftsleute. Und sie wussten, dass die Existenz von Geschäftsinteressen den Staat korrumpieren und untergraben konnte, während gleichzeitig der Staat die Wirtschaft behindern konnte.

Indem das Große Siegel geschaffen wurde, wurde auch ein unausgesprochener Deal vereinbart, der seit der Staatsgründung existierte: der Deal zwischen der politischen und der wirtschaftlichen Macht. Es ist ein Deal, der seit Beginn der Republik verdammt wurde, aber es ist ein Deal, der nie verschwinden wird. Schließlich musste jemand den Bauvertrag für die Pyramide haben, die die Gründerväter errichten wollten. Von Beginn an standen die Vereinigten Staaten im Spannungsfeld der Konfrontation und Kooperation von Geld und Politik und beides wurde in Kriegen eingesetzt.

Der Krieger

Amerika ist eine Kriegerkultur. Das scheint dem Gedanken von Thomas Edison zu widersprechen, nicht, weil er ein Pazifist, sondern, weil er ein Technologe und Geschäftsmann war. Technologie und Business widmen sich der Aufgabe, die Kunden zufriedenzustellen und Geld zu machen, um nach dem Glück zu streben. Im Krieg geht es um Opfer und Pflichterfüllung. Man kann mit Fug und Recht behaupten, dass sich in Amerika alles ums Business dreht. Doch ebenso viel Bedeutung hat in Amerika der Krieg. Der Widerspruch ist real und lässt sich schwer auflösen. Aber wenn wir von der Subtilität des amerikanischen Volks reden, dann behaupte ich, dass die beiden von Beginn an Seite an Seite gelebt haben.

Wie ich bereits sagte, wurden die Vereinigten Staaten im Kampf geboren, acht brutale Jahre gnadenloser Kriegsführung, in der 25.000 amerikanische Soldaten starben. Weil zur Zeit des Kriegs etwa 2,5 Millionen Amerikaner lebten, bedeutet das, ein Prozent der Bevölkerung ist gestorben, eine höhere Prozentzahl als in jedem anderen Krieg. Buchstäblich jede Generation hat ihre Kriege gehabt. Viele, mit wenigen Kriegern, waren geringfügig, einige waren gewaltig.

Man muss sich folgende Zahl vor Augen führen. Aktuell dienen etwa 25 Millionen Männer und Frauen in den US-Streitkräften oder sind Veteranen. Das ist eine atemberaubende Zahl, aber sie gibt nicht das ganze Bild wieder. Ein Soldat ist im Krieg nicht allein. Es gibt Eltern, Ehepartner, Kinder und andere Verwandte, die alle den Krieg durch die Soldaten miterleben, manchmal, während sie ihren Dienst leisten, und manchmal hinterher, durch ihre Erinnerungen. Sie werden durch den Krieg fast genauso sehr beeinflusst wie die Krieger. Angenommen, dass es etwa vier Menschen gibt, deren Leben geformt oder umgeformt wird, weil jemand Kriegsdienst leistet, bedeutet das, die Leben von etwa hundert Millionen Amerikanern werden durch einen Krieg oder die Möglichkeit eines Kriegs beeinflusst. Das ist fast ein Drittel des Landes.

30 Jahre nach der Revolution kämpften die Vereinigten Staaten im Krieg von 1812. Etwa 34 Jahre später gab es einen Krieg mit Mexiko und dann brach etwa 13 Jahre später der Bürgerkrieg aus. 600.000 Amerikaner starben. Danach gab es den langen letzten Kampf mit den indianischen Nationen, dann den Spanisch-Amerikanischen Krieg 1898. 16 Jahre danach der Erste Weltkrieg und 23 Jahre später der Zweite Weltkrieg. Dann kamen Korea und Vietnam und seit Beginn des 21. Jahrhunderts die Kriege gegen die Dschihadisten.

Wie wir sehen werden, gibt es geopolitische Gründe für die zunehmende Häufigkeit von Kriegen. Aber die kulturelle Frage ist noch rätselhafter. Wie kann eine Kultur des Kriegs zusammen mit einer Kultur des Glücks bestehen? Eine einfache Antwort ist, dass Krieger immer einen einzigartigen Platz in einer Gesellschaft haben. Sich selbst zwischen die Heime geliebter Menschen und die Zerstörung des Kriegs zu stellen, wurde immer als das nobelste Unterfangen gesehen. Der Krieg war traditionell ein Test der Männlichkeit, des Muts, der Pflichterfüllung und der Stärke.

Die Anziehungskraft des Kriegs lässt sich vielleicht allein dadurch schon erklären. Die Vereinigten Staaten sind eine Nation, alle Nationen führen Kriege und der Krieger nimmt einen speziellen Platz ein, nach dem sich Männer – und heute auch Frauen – sehnen. Aber die Vereinigten Staaten unterscheiden sich von anderen Nationen, weil sie eine andere Klasse von Helden haben: diejenigen, die sich aus dem Nichts zu großem Reichtum aufschwingen. Beide fechten Kämpfe aus und beide können beanspruchen, für sich selbst und für ihr Land zu kämpfen. In Amerika können einige Menschen beides tun und diese werden am meisten bewundert.

Aber es gibt noch eine tiefergehende Synergie. Ich habe über den Fortschritt, die Technologie und die Unternehmenswelt gesprochen. Wir müssen diesen Prozess ein wenig in seine Einzelteile zerlegen, um zu verstehen, wie alles zusammenpasst, durch die Kultur auf eine Linie gebracht wird, und welche Spannungen dabei entstehen. Dabei gibt es drei Aspekte. Der erste ist grundlegende Wissenschaft, das Verstehen der Realität der dahinterstehenden Natur. Der zweite ist die Technologie, die Transformation der grundlegenden Wissenschaft in Werkzeuge, um die Natur zu nutzen. Der dritte ist das Produkt, etwas, das verwendet werden kann, um bestimmte Ziele zu erreichen.

Der Kampf in *Zwölf Uhr mittags* fand in New Mexico statt, das auch der Ort einer der größten wissenschaftlichen Anstrengungen war, der Entwicklung der Atombombe. Die einsamen Wüsten und Städte New Mexicos waren die Orte, an denen die Atombombe entwickelt, zusammengebaut und getestet wurde. Es war der Ort, an dem sich Universität und Militär trafen. Die Wissenschaftler gaben wie Kane alles, um das Böse, das auf der Welt existiert, zu stellen und zu bekämpfen. Seitdem das Manhattan-Projekt die Bombe in New Mexico gebaut hat, war das Militär besessen von Grundlagenwissenschaft und von Wissenschaftlern. Mit ihrer Arbeit haben die Wissenschaftler den Boden für die Besiegung des Feinds bereitet und den Amerikanern eine Macht verliehen, die alles überragte, was man sich erträumen konnte. New Mexico war ein weitläufiger und leerer Ort in dem Teil des amerikanischen Westens, wo Holz, Wasser und Menschen selten waren. Es war ein Ort, wo man Sachen einfach unter freiem Himmel verstecken konnte.

Die Atombombe führte zu einem moralischen Dilemma. So wie Grace Kellys Figur in *Zwölf Uhr mittags* wählten die Amerikaner Sieg und Überleben statt die Absolutheit der Moral. Amerika wurde von den Gründervätern als ein moralisches Unterfangen entworfen. Daher war es empört über das, was notwendig für die Nation war. Der Streit begann mit der Staatsgründung. Er wurde an den einsamen Orten in Amerika entschieden, wo wenige Menschen lebten.

Ob es die .45-Colt-Patrone oder die Bombe mit dem Namen Little Boy war – Moral und Waffen sind in der amerikanischen Kultur miteinander verbunden. Nach dem Zweiten Weltkrieg schuf die innige Verbindung zwischen Krieg als einem moralischen Projekt und der Technologie eine neue Basis für die amerikanische Gesellschaft. Zum Beispiel brauchte das Department of Defense (DOD) einen sehr leichten Computer für das Minuteman-Raketenleitsystem. Das DOD wandte sich zur Herstellung an zivile Wissenschaftler und Ingenieure. 1956 erfand Jack Kilby, der für Texas Instruments arbeitete, den integrierten Schaltkreis, den Mikrochip. Er wurde 1962 in die Minuteman-Rakete eingebaut. Der Prototyp eines mikrochipbasierten Computers wurde geschaffen, um Interkontinentalraketen zu steuern. In den 1970er-Jahren wurde er in Systeme integriert, die von Steve Jobs und Bill Gates geschaffen wurden, und der Homecomputer war erfunden.

Das NAVSTAR-System wurde vom Department of Defense 1973 eingeführt. Der Zweck war die präzise Navigation für das amerikanische Militär. Die Technologie, die von NAVSTAR genutzt wurde, hatten Physiker entwickelt, die Einsteins Relativitätstheorie studierten. Das Department of Defense schuf mithilfe der Arbeit der Physiker eine Konstellation an Satelliten, die eine präzise Navigation und ein Leitsystem für Waffen möglich machte. Der allgemein gebräuchliche Name war GPS und es wurde zu einem normalen Bestandteil des Alltagslebens.

Während der 1960er-Jahre brauchten geheime Forschungseinrichtungen in den USA eine sichere Methode, um schnell Daten auszutauschen. Die *Advanced Research Projects Agency of the Department of Defense* wendete als erste die gut erforschte Theorie der Bewegung von Daten über Telefonleitungen an. Das System, das aus dieser Anwendung entwickelt wurde, nannte man ARPANET und es entwickelte sich zum heutigen Internet. Das Ausmaß, in dem das Department of Defense das Alltagsleben neu gestaltete, wird selten umfassend gewürdigt.

Das Manhattan-Projekt hat den amerikanischen Charakter auf diese Weise verändert. Die Atombombe erweiterte das Problem nur auf eine extremere Ebene. Aber die Grundspannung zwischen Mut, der Waffe, Gerechtigkeit und Moral blieb so, wie sie immer gewesen war. Was sich veränderte, war das dramatisch gestiegene Vernichtungspotenzial der Waffen und die Art, wie Technologie die Gesellschaft als Ganzes verwandelte. Die Trennungslinie zwischen Krieg und Frieden, zwischen dem Krieger, dem Zivilisten, dem Wissenschaftler und dem Geschäftsmann wurde zunehmend schwerer zu erkennen. Edisons Stolz darauf, niemals eine Waffe produziert zu haben, entsprach schon damals nicht der ganzen Wahrheit und ist heute unmöglich geworden.

Es gibt Technologie, es gibt die Wirtschaft und es gibt den Krieg. Sie scheinen getrennt zu sein, aber im amerikanischen Leben sind der Wissenschaftler, der Cowboy und der Krieger – man kann noch den Geschäftsmann hinzufügen – ein Teil einer einzigen Kultur. Die Kultur ist eine des Widerspruchs, aber auch der Versöhnung. Es handelt sich um zutiefst verschiedene Menschentypen und man sollte annehmen, dass sie wenig miteinander zu tun haben. Und auf einer persönlichen Ebene mag das stimmen. Aber sie bilden ein einheitliches Gefüge der amerikanischen Gesellschaft. Myriaden andere werden hier nicht erwähnt, aber diese drei geben einem ein

Gespür für die Komplexität und die Subtilität Amerikas. Dies macht es zu einem Ort, an dem sich nicht leicht leben lässt und an dem Spannungen herrschen. Es ist nicht einfach, Amerikaner zu sein. Europäer sehen den Cowboy als simple Figur. Die Amerikaner leben jedoch ein Leben der Komplexität und der Spannungen.

Diese Gegensätze innerhalb des amerikanischen Volks treiben die sich schnell entwickelnden Zyklen seiner Geschichte an. Die Einheit des Grundverschiedenen – der Cowboy, der Wissenschaftler, der Erfinder-Geschäftsmann, der Krieger – erfindet Amerika in einem endlosen Zyklus von Aufstieg und Niedergang stets neu. Es ist die Spannung zwischen verschiedenen amerikanischen Typen (und ich habe nur einen Teil davon hervorgehoben), die es unmöglich macht, den amerikanischen Charakter präzise festzulegen. Der Charakter ist zusammengesetzt aus Widersprüchen, die weit größer sind als in den Nationen, die sich nicht erst vor Kurzem erfunden haben und sich nicht in dem Prozess befinden, sich stets neu zu erfinden. Europäer und Asiaten haben Jahrtausende an Geschichte und Kultur, auf die sie zurückblicken können. Amerikaner können nur die Zukunft betrachten und die Zukunft muss immer wieder erfunden werden. Das Regierungssystem wurde erfunden. Die Nutzung des Kontinents wurde erfunden und die Nation wurde erfunden. Und diese Erfindung hält an und schafft den konstanten Druck, das hinter sich zu lassen, was die Amerikaner waren, zugunsten dessen, was sie einst sein werden. Es ist ein einsames Unterfangen, in dem jede Generation ihre Vergangenheit hinter sich lässt, und dieser Prozess schafft den ruhelosen Zyklus des amerikanischen Lebens und die Widerstandskraft, sich von unvermeidlichen Stürmen zu erholen.

Verbrechen der Nation: Sklaverei und Indianer

Keine Auseinandersetzung mit der Erfindung der Vereinigten Staaten ist statthaft, ohne die augenfälligen moralischen Verbrechen der Nation zur Sprache zu bringen. Es gibt einen Ausspruch, der Balzac zugeschrieben wird, dass hinter jedem großen Vermögen ein großes

Verbrechen steht, und im Fall des großen amerikanischen Vermögens sind es zwei, die dabei bedacht werden müssen. Eines ist die Versklavung der Afrikaner und das andere ist der Genozid an den Indianern. Diese beiden Anklagen werden von einigen als Untergrabung jeder moralischen Autorität gesehen, die die Vereinigten Staaten vielleicht haben. Angesichts dessen, dass die Vereinigten Staaten, wie ich ausgeführt habe, ein moralisches Projekt sind, müssen die Anklagen mit größtem Ernst betrachtet werden und man kann sie nicht kleinreden. Die Vereinigten Staaten tragen eine enorme nationale Schuld für diese beiden Verfehlungen, aber wie bei den meisten Angelegenheiten ist die Geschichte sowohl moralisch als auch historisch komplexer als normalerweise angesprochen und daher unvollständig. Die Schuld ist real. Und gleichzeitig gibt es dafür eine Erklärung, wenn auch sicher keine Rechtfertigung.

Die Sklaverei wurde in der westlichen Hemisphäre eingeführt, lange bevor es die Vereinigten Staaten oder überhaupt eine Besiedlung Nordamerikas gab. Die Portugiesen und Spanier haben beide die amerikanischen Indianer versklavt und die Portugiesen haben Afrikaner nach Brasilien gebracht. Brasilien hatte die meisten versklavten Afrikaner. Die Spanier, die Holländer und die Engländer haben die Sklaverei in Nordamerika im frühen 17. Jahrhundert eingeführt, zu einer Zeit, als es keine Amerikaner gab, sondern nur europäische Siedler.

In diesem Sinne war die Sklaverei ein Verbrechen, an dem viele beteiligt waren, aber die Vereinigten Staaten haben etwas getan, das ich als monströs ansehen würde. Die Vereinigten Staaten haben nicht nur die Praxis der Sklaverei weitergeführt, sondern auch die Afrikaner formell und legal zu Untermenschen erklärt. Die Unabhängigkeitserklärung besagt, dass alle Menschen gleich geschaffen sind. Die Gründerväter glaubten das, wollten aber dennoch die Praxis der Versklavung der Afrikaner fortführen. Sie wussten, dass sie die Vereinigten Staaten nicht erschaffen konnten, ohne zu gestatten, dass die Sklaverei im Süden fortgeführt wurde, denn der Süden hätte sich der Union sonst nicht angeschlossen. Die Gründerväter lösten daher das Problem mit etwas, das man nur als moralisches Verbrechen bezeichnen kann. Weil alle Menschen gleich geschaffen waren, wurden die Afrikaner für weniger menschlich erklärt, und die Verfassung bemaß deren moralischen Wert mit drei Fünftel des moralischen Werts eines Weißen.

Das war eine unverzeihliche Sünde der Vereinigten Staaten. Männer wie Jefferson und Adams wussten sicher, dass Afroamerikaner ebenso gleich geschaffen waren, aber aus wirtschaftlicher und politischer Bequemlichkeit stimmten sie überein, die Doktrin zu akzeptieren, dass sie es nicht waren.

Die Unabhängigkeitserklärung sollte ein Leuchtfeuer für die Welt sein. Die Sklaverei ging der Entdeckung der Vereinigten Staaten voraus und wurde weithin praktiziert, anderswo auch noch nach 1865, aber indem das Gründungsdokument der Nation pervertiert wurde, haben die Gründerväter eine anhaltende Ungerechtigkeit gegenüber den Afroamerikanern geschaffen. Das Dokument verankerte die Untermenschlichkeit der Afroamerikaner in der amerikanischen Kultur auf eine Weise, die ihre Opfer herabwürdigte und einen Hass hervorrief, der noch immer die Nation korrumpiert und die Opfer weiter stigmatisiert, die befreit werden sollten. Das Gesetz beeinflusst die Kultur und die Abschaffung eines Gesetzes allein verändert die Kultur nicht.

Das zweite Verbrechen, mit dem sich die Vereinigten Staaten belastet haben, ist der Genozid an den Indianern. Das ist eine komplexe Angelegenheit. Jüngste Studien der Dezimierung der Ureinwohner der westlichen Hemisphäre machen deutlich, dass es Krankheiten waren, nicht Gewaltakte, die nicht nur nordamerikanische Indianer, sondern Indianer in der gesamten Hemisphäre töteten. Masern, Pocken und andere Krankheiten löschten bis zu 90 Prozent einiger indianischer Nationen aus. Die Europäer brachten Krankheiten mit, die ihnen gar nicht bewusst waren. Sie hatten kein Wissen über den Ursprung von Krankheiten und dezimierten eine Bevölkerung, die keine natürlichen Abwehrkräfte dagegen hatte. Das Buch *1491* von Charles C. Mann beschreibt den Prozess der Entvölkerung im Detail.

Viele der indianischen Nationen, die von den Amerikanern angetroffen wurden, als sie sich westwärts bewegten, bestanden nur noch als zerfallene und zerstreute Überreste einst großer Nationen. Die Amerikaner fällten ihr Urteil über die Indianer anhand dieser Überreste. Aber nicht alle indianischen Nationen waren fragmentiert. Eine im Besonderen, die Comanchen, hatte ein riesiges Imperium geschaffen, das von den Rocky Mountains bis nach Texas und Kansas reichte. Vom 18. Jahrhundert an hatten sie andere indianische Nationen terrorisiert, besonders die Indianer der Great Plains. Diese Nationen und Stämme wurden daher auf dreierlei Weise attackiert. Einmal durch die Krankheiten, die die Europäer mitgebracht hatten. Zweitens durch das Imperium der Comanchen, das ebenso die europäischen Siedler terrorisierte. Und drittens durch die Europäer, die sich die Destabilisierung der Indianer der Plains zunutze machten, um die verbliebenen Indianer zu töten oder sie an Orten wie Reservaten in Oklahoma zusammenzutreiben.

Die Geschichte der Vernichtung der indianischen Nationen ist eng verflochten mit dem Entstehen der Vereinigten Staaten, aber sie ist weit komplexer, als eine alleinige Betrachtung der Handlungen der Vereinigten Staaten nahelegt. Ohne die Krankheiten und die Kriegszüge der Comanchen hätten die Amerikaner den Westen vielleicht nicht besiedeln können. Es gab vor den Seuchen sehr viel mehr Indianer und sie waren listig und kriegerisch. Die Siedler hatten Pistolen, aber Pfeile waren ebenso gefährlich.

Außerdem muss man immer bedenken, dass jede indianische Nation und jeder Stamm die anderen als Fremde betrachteten. Sie sahen sich selbst nicht als ein kontinentales Volk, sondern als separate Nationen mit eigenen Sprachen und Glaubenssätzen. Wie Nationen überall sonst auf der Welt führten sie ständig Krieg und schlossen Allianzen miteinander. In vielen Fällen sahen die indianischen Nationen die sich ausbreitenden Amerikaner als Alliierte gegen historische Feinde. Während der amerikanischen Ausbreitung im Westen fanden die Amerikaner nicht nur Nationen vor, die durch Krankheiten dezimiert waren oder von den Comanchen niedergeschlagen worden waren, sondern auch Verbündete, die sich freuten, dass die Amerikaner kamen und ihnen im Krieg gegen ihre Feinde beistanden. In gewisser Weise sahen sie die Amerikaner einfach als einen weiteren fremden Stamm. Daher muss der moralische Standard, der bei der Beurteilung der Amerikaner angewandt wird, berücksichtigen, in welchem Ausmaß sie den Indianern die Vernichtung brachten und inwieweit Krankheiten und indianische Kollaboration damit verbunden waren. Wie bei der Geschichte eines jeden Kontinents ist die Geschichte der Kriegsführung in Nordamerika weit älter und komplexer, als dass nur einer Nation die Schuld anzulasten wäre. Wenn es ein Verbrechen gegen die Moral gab, dann war es weit komplexer, als es zumeist abgehandelt wurde.

Aber Krankheiten hatten die indianische Bevölkerung dramatisch reduziert und diejenigen, die den Vereinigten Staaten gegenüberstanden, waren häufig so verängstigt vor anderen Stämmen, dass sie zuerst Allianzen mit den Europäern und später mit den Amerikanern schmiedeten. Amerikaner machten sich all das zunutze, töteten weitere Indianer, eroberten ihre Länder und unterschrieben dann Verträge mit souveränen indianischen Nationen, genauso wie sie es mit anderen Nationen machten. Aber die Vereinigten Staaten brachen nahezu alle diese Verträge. Das war ein integraler Bestandteil des Verbrechens. Amerikaner waren nicht verantwortlich für die komplexe Politik und die Kriege, die indianische Nationen gegen andere indianische Nationen führten. Und die Amerikaner waren auch nicht für die Krankheiten verantwortlich, die sie mitbrachten. Aber sie machten sich schuldig, indem sie die indianischen Nationen angriffen, Kriege gegen sie führten und sie dann systematisch auf jede mögliche Weise betrogen, wenn sie Frieden schlossen. Indem sie das taten, verwandelten die Vereinigten Staaten eine erträgliche Niederlage in eine totale Enteignung der indianischen Bevölkerung.

TEIL 2

AMERIKANISCHE
ZYKLEN

4
KAPITEL

WIE SICH AMERIKA VERÄNDERT

Der Titel dieses Buches ist *Der Sturm vor der Ruhe*. Es dreht sich im Allgemeinen um die Vereinigten Staaten, aber im Besonderen um die spezifische Weise, wie sich das Land entwickelt. Die Vereinigten Staaten erreichen regelmäßig einen Punkt der Krise, an dem sie mit sich selbst im Krieg zu liegen scheinen, aber nach einer längeren Periode erfinden sie sich selbst neu, auf eine Art, die sowohl den Gründungswerten treu bleibt als auch radikal von dem abweicht, was sie vorher waren. In Teil 1 habe ich die Vereinigten Staaten von der Voraussetzung her erklärt, dass sie eine erfundene Nation sind, und geschildert, wie das Regierungssystem, das Volk und selbst das Land konstant neu erfunden werden. Das schafft Perioden tiefer Spannungen. In diesem Abschnitt will ich über die Zyklen an Krisen, Ordnung und Neuerfindung reden, die das Land geformt haben und auf Ereignisse weit in die 2020er-Jahre und darüber hinaus verweisen.

Wir neigen dazu, Amerika auf Basis täglich neuer Nachrichten-storys und aktueller Trends und Gefühle zu beurteilen, aber die größeren Räder Amerikas werden von zwei geordneten Zyklen angetrieben – dem institutionellen und dem sozioökonomischen. Der institutionelle Zyklus kontrolliert die Beziehung zwischen der Bundesregierung und dem Rest der amerikanischen Gesellschaft und dauert ungefähr 80 Jahre. Der sozioökonomische Zyklus verschiebt sich etwa alle 50 Jahre und ändert die Dynamik der amerikanischen Ökonomie und Gesellschaft. Jeder Zyklus durchläuft den gleichen Prozess. Die Charakteristika eines aktuellen Zyklus verlieren ihre Effektivität und das Modell beginnt zusammenzubrechen. Eine Periode der politischen Anspannung folgt, die letztlich zu einer Veränderung dessen führt, wie gewisse Sachen ablaufen. Neue Modelle entstehen und lösen die Probleme und das Land beginnt einen neuen Zyklus, der in Funktion bleibt, bis dieser Zyklus selbst vor Problemen steht. Wieso es 80 beziehungsweise 50 Jahre dauert, wird zusammen mit den anderen komplexen Eigenschaften der Zyklen erklärt werden.

Die Vereinigten Staaten wurden geschaffen, um sich auf diese Art zu entwickeln. Im Verlauf von beinahe 250 Jahren haben sie sich dramatisch verändert, von einem Drittweltland, das sich am Rand des Atlantiks festklammerte, wurden sie zur dominierenden Weltmacht. Vielleicht noch bemerkenswerter ist, dass die Vereinigten Staaten nicht durch die Geschwindigkeit und die Spannungen der Veränderung auseinandergerissen wurden. Selbst der Bürgerkrieg hat letztlich den Boden für eine friedliche und dramatische Weiterentwicklung der Nation bereitet. Die Grundfragen, die man beantworten muss, sind: Wieso haben sich die Vereinigten Staaten so dramatisch entwickelt, wieso wurden sie dabei nicht gespalten und wohin geht die Reise von hier?

Von Erfindungen abgesehen sollte es uns nicht wirklich überraschen, dass eine Nation von über 300 Millionen Menschen regelmäßige und vorhersagbare Zyklen hervorbringt. Die menschliche Existenz besteht aus Zyklen. Wir werden geboren, wir werden aufgezogen, wir haben eine Kindheit, werden erwachsen und dann erwarten uns hohes Alter und Tod. Die gesamte Natur ist auf Zyklen aufgebaut und daher wäre es sehr merkwürdig, wenn die menschliche Gesellschaft sich nicht auch zyklisch entwickeln würde. Die menschlichen Zyklen unterscheiden sich je nachdem, wo diese Menschen wohnen, wer ihre Nachbarn sind und wie ihre Nation ins Leben gerufen wurde. An verschiedenen Orten sind die Zyklen viel länger oder kürzer oder mehr oder weniger vorhersagbar. Der amerikanische Zyklus entspricht der amerikanischen Natur. Seit dem die ersten Immigranten beherrschenden, dringenden Gefühl, sich ihren Lebensunterhalt verdienen zu müssen, sind die Amerikaner von Natur aus ungeduldig. Diese Ungeduld führt zu Aktionen und diese Aktionen führen zu Zyklen, die sowohl geordnet als auch, am geschichtlichen Maßstab gemessen, schnell ablaufen.

Wir neigen dazu, uns unser Leben als eine Abfolge von Entscheidungen vorzustellen. Aber das ist nicht wahr. Es gibt Ausnahmen von der Regel und Sonderfälle, aber im Allgemeinen wird man ein anderes Leben haben, wenn man in Burundi geboren wurde, als wenn man in Kansas das Licht der Welt erblickte. Wo wir geboren sind, wer unsere Eltern waren und welche Ressourcen ihnen zur Verfügung standen, wie schlau und talentiert wir sind und all die anderen Variablen setzen dem Grenzen, was wir in unserem Leben tun können. Wir leben in einer Welt der Beschränkungen, wo uns vieles einfach unmöglich ist. Wir treffen Entscheidungen, aber diese Entscheidungen fallen innerhalb enger Grenzen. Während wir älter werden, verengen sich diese Beschränkungen. Es sind diese Einschränkungen, die es uns erlauben, den ungefähren Kurs eines Lebens einzuschätzen. In einem bestimmten Ausmaß treffen Menschen natürlich ihre Wahl frei, aber wie Adam Smith herausgestellt hat, führen all diese einzelnen Entscheidungen zu einer vorhersagbaren Nation. Es ist die Vorhersagbarkeit, die hinter der Ordnung der amerikanischen Zyklen steht.

Politische Führer bringen Jahre damit zu, nach der Macht zu streben. Der Kampf um die Spitze macht ihnen schmerzlich die

Kräfte bewusst, denen sie sich gegenübersehen und die sie überwinden müssen. Diese Kräfte beeinflussen weiterhin ihre Handlungen, während sie an der Spitze sind. Diejenigen, die es als Führungsperson ganz an die Spitze geschafft haben, haben einen harten Kampf hinter sich. Die Amerikaner stellen sich meist vor, dass ihre Führungspersönlichkeiten, besonders diejenigen, die sie nicht leiden können, einfach durch eine Laune des Schicksals dorthin gelangt sind. Aber meist steckt weit mehr dahinter.

Die Agenda des amerikanischen Präsidenten ist nicht durch seine Absichten festgelegt, sondern durch die Grenzen seiner Macht und den Druck, der ihm durch die sozialen und ökonomischen Bedingungen des Binnenmarktes und durch die widerstreitenden Interessen ausländischer Mächte auferlegt ist. Er kann nichts davon ignorieren. Präsidenten wissen oder lernen es sehr schnell, dass die Beschränkungen, die ihrer Handlungsfreiheit auferlegt werden, definieren, wie ihre Präsidentschaft gesehen wird. George W. Bush hat sich bei Amtsantritt nicht ausmalen können, dass seine Amtszeit durch 9/11 und die Folgen bestimmt werden würde. Barack Obama trat sein Amt in der Überzeugung an, er könne die amerikanischen Beziehungen zur islamischen Welt verändern. Trump übernahm das Amt im Glauben, er könne die amerikanische Industrie wiederaufbauen. Für sie alle zerschlugen sich die Illusionen über ihre Macht sehr schnell. Bei politischer Macht geht es nicht um Gutdünken. Man muss die politischen Wirklichkeiten verstehen.

Die Behauptung, ein Präsident sei das Produkt von Ereignissen und nicht ihr Schöpfer, widerspricht den intensiven Gefühlen, die wir für oder gegen einen bestimmten Präsidenten hegen. Aber die Idee, dass uns sachliche Kräfte bestimmen und wir nur in dem Maße gedeihen, in dem wir uns diesen Kräften beugen, ist Allgemeingut. So stellen wir uns auch den Markt vor. Wir verstehen, dass er aus Milliarden von Entscheidungen besteht, die von Milliarden Menschen getroffen werden, und dass das Verhalten all dieser Menschen, als Ganzes betrachtet, zu einem bestimmten Grad vorhersagbar ist. Der Präsident kann nicht einfach eingreifen und durch bloße Willenskraft dafür sorgen, dass sich der Markt anders verhält und eine Rezession endet. Er und die US-Notenbank Fed können nur in dem Maße einen Einfluss haben, in dem sie erkennen, was das Problem und was dessen Lösung ist.

Wenn die Geschichte einen regelmäßigen Ablauf hat und wenn Präsidenten nur in dem Maße überleben, in dem sie diese Einschränkungen erkennen und anerkennen, dann ist es möglich, zu eruieren, wo wir uns momentan befinden und vorherzusagen, wohin die Reise geht. Es ist möglich, festzustellen, an welcher Stelle Amerika sich in seinem Zyklus befindet. Wenn wir ungefähr wissen, wann die Krise, die durch ungelöste Probleme entsteht, den Siedepunkt erreicht, können wir zwei Dinge vorhersagen. Zuerst einmal können wir vorhersagen, wie das Problem gelöst wird, indem wir die einzigartige und erforderliche Lösung identifizieren. Und dann können wir die Erschütterungen des politischen Systems vorhersagen, die einen Präsidenten hervorbringen, der dem alten Zyklus widersteht und versucht, die Lösung zu implementieren. Er formt nicht die Geschichte. Die Geschichte formt ihn.

Es gibt noch eine tiefere, globale Strömung, die beeinflusst, wie Nationen vorgehen, und die eine Hierarchie der Dominanz etabliert. Nach dem Kollaps der Sowjetunion hat sich diese Strömung von Europa in Richtung der Vereinigten Staaten als dem Gravitationszentrum der Welt verlagert. Die Tatsache, dass die Vereinigten Staaten in dieser Position sind, bedeutet, dass ihre institutionellen, ökonomischen, kulturellen und technischen Kräfte einen tiefgreifenden Einfluss auf den Rest der Welt haben. Betrachten wir die Auswirkungen des Mikrochips oder einer amerikanischen Rezession auf Unternehmen, Jobs und das Leben der Menschen weltweit. Im selben Sinne wie Großbritannien und Rom ihre Welt auf der Höhe ihrer Macht beeinflusst haben, tun das auch die Vereinigten Staaten. Der interne Druck der amerikanischen Zyklen wird sich unweigerlich an anderen Orten der Welt als globaler Druck bemerkbar machen. Es sind diese internen Zyklen, kombiniert mit weltweiten Strömungen, die einen einzigartig unangenehmen Moment für die Vereinigten Staaten geschaffen haben.

5
KAPITEL

WIE GEOPOLITIK DIE 2020ER-JAHRE DEFINIERT

I n der Einleitung habe ich von der Krise in den 2020er-Jahren gesprochen, der Periode, in der sich zwei große Zyklen verbinden, um die Nation zu destabilisieren und um die Bühne für eine neue Phase des amerikanischen Lebens zu bereiten. Die Krise der 2020er-Jahre wird von der Norm abweichen, nicht nur, weil die beiden Krisen sich zu einer kombinieren, sondern weil die Vereinigten Staaten einen noch nie da gewesenen Punkt ihrer Geschichte erreicht haben. Sie wurden zur dominierenden Macht in der Welt und sie wissen nicht, ob sie diese Ehre überhaupt wollen oder wie sie damit umgehen sollen. Das umrahmt und verstärkt die kommende Krise in den 2020er-Jahren.

Die beiden bedeutenden zyklischen Kräfte werden sich während der 2020er-Jahre verschieben, das erste Mal, dass beide das im selben Jahrzehnt tun. Das wird zu Instabilität führen. Aber eine weitere

Kraft wird sie noch verschlimmern. Die Vereinigten Staaten wurden als ein randständiges Land gegründet, das sich an die Ostküste klammerte und von größeren Mächten bedroht war. Das hat die Vereinigten Staaten unter Druck gesetzt und die institutionellen, ökonomischen und sozialen Prozesse beschleunigt. Dieser neue Status wurde begleitet von über 18 Jahren kriegerischer Auseinandersetzung im Nahen Osten, der Bedrohung durch Terrorismus und von globalen Interessen und daraus entstehenden Spannungen. Während der 2020er-Jahre wird sich der Druck auf die Vereinigten Staaten und ihr Regierungssystem, der durch die neuen geopolitischen Realitäten verursacht wurde, noch erhöhen.

Institutionelle Zyklen wurden historisch gesehen durch Kriege angetrieben: den Revolutionskrieg, den Bürgerkrieg und den Zweiten Weltkrieg. Der nächste institutionelle Zyklus wird ebenfalls aus dem Krieg entstehen. Oberflächlich betrachtet ist das der Krieg, den die Vereinigten Staaten seit 2001 gegen die Dschihadisten führen. Aber es gibt eine tiefere Verschiebung, die diesen Krieg verursacht hat. Es ist die radikale Verschiebung der Position Amerikas im globalen System. Diese Verschiebung hat dazu beigetragen, islamistische Feindseligkeit gegenüber den Vereinigten Staaten nach der Operation Desert Storm zu erzeugen. Desert Storm wurde nicht nur durch die irakische Invasion von Kuwait ausgelöst, sondern durch die Tatsache, dass die Vereinigten Staaten, nun die einzige Weltmacht, eine Koalition schmieden und anführen mussten, um diesen Krieg zu führen. Der internationale Konflikt, der den Rahmen für einen neuen institutionellen Zyklus vorgab, ist nicht annähernd so blutig wie die anderen, aber er ist vielleicht bedeutender.

1991 brach die Sowjetunion zusammen und zum ersten Mal in 500 Jahren war kein europäisches Land mehr eine Weltmacht. Das Ende dieses 500 Jahre langen geopolitischen Zyklus ließ die Vereinigten Staaten als die dominierende und einzige Weltmacht zurück. Das veränderte nicht nur die Position der Vereinigten Staaten, sondern war auch eine Herausforderung für ihre institutionelle, soziale und ökonomische Konfiguration. Amerikas politisches System hatte nie diese Rolle in diesem Maßstab vorhergesehen und wusste nicht, wie man die Maschinerie der Vereinigten Staaten strukturieren sollte, um damit umzugehen. Daher ist die Krise der 2020er- und 2030er-Jahre in der Tat Teil eines anhaltenden Prozesses an Zyklen, die die amerikanische Geschichte bestimmen. Aber er findet auch in einem völlig neuen Kontext statt, einem, der die Spannungen anheizt, die dem Geschichtsprozess Amerikas inhärent sind.

Die Vereinigten Staaten sind zu einem Imperium geworden. Es ist ein Imperium der Macht und mit globaler Reichweite, aber natürlich kein formelles Imperium. Seine Macht entspringt der Größe seiner Wirtschaft, seines Militärs und der verführerischen Kraft seiner Kultur. Diese wiederum entstammen seinem Regierungssystem, seinem Land und seinen Menschen. Das ist umso beeindruckender, da es keine formelle Struktur hat. Es ist einfach nur die größte Wirkmacht fürs Gute oder Böse in der Welt. Es ist auch eine Nation, der es zutiefst unangenehm ist, ein Imperium zu sein. Die Vereinigten Staaten erlebten 1776 den ersten Aufstand der Moderne gegen ein bestehendes Imperium und als Nation heißt es die Gefahren und Schwierigkeiten globaler Verantwortung nicht gerade willkommen. Sie wurden weder freiwillig zu einem Imperium, noch können sie die Realität dessen abschütteln, was sie sind. Die Vereinigten Staaten sind ein junges Land und ein noch jüngeres Imperium. Seine große Macht lässt es selbst angesichts von Unfähigkeit oder weltweiter Verdammung überleben. Die Vereinigten Staaten lernen erst, was es heißt, ein Imperium zu sein. Das löst gewaltigen Druck auf den Rest der Welt und auf die amerikanischen Institutionen und die amerikanische Öffentlichkeit aus. Nirgends ist das offensichtlicher als bei der ungeschickten Führung des 18 Jahre dauernden Kriegs gegen die Dschihadisten.

Ein Imperium besteht dann, wenn seine Macht im Vergleich mit anderen Nationen so groß ist, dass es durch seine bloße Existenz die Form ihrer Beziehungen zueinander oder das Verhalten anderer Nationen ändert. Imperien wurden mit Absicht aufgebaut, so wie das von Hitler. Andere Imperien entwickeln sich unabsichtlich. Rom hatte nicht vor, zum Imperium zu werden. Die Unfähigkeit Europas, seine gewalttätigen Neigungen zu kontrollieren, sorgte dafür, dass es seine eigenen formalen Imperien verlor und ein Vakuum hinterließ, das die Vereinigten Staaten und die Sowjetunion schlossen. Mit dem Zusammenbruch der Sowjetunion blieben nur Regionalmächte, aber keine globalen, abgesehen von den Vereinigten Staaten.

Amerika existierte als eine Nation an einem besonderen Ort und mit einem besonderen Volk, aber anders als die meisten anderen Nationen wurde es als moralisches Projekt gegründet, ein Ort, an dem die Menschenrechte und das nationale Interesse gedeihen konnten. Die Vereinigten Staaten sind seit ihrer Gründung zwischen diesen beiden Prinzipien hin- und hergerissen. Heute, mit der enormen Macht der Vereinigten Staaten und ihrem weltweiten Einfluss, hat sich dieser Zwiespalt auf den Konflikt zwischen Werten zugespitzt: Moral und Nation. Entlang dieser Spannungslinie gibt es noch eine andere. Es gibt diejenigen, die das nachzuahmen versuchen, was die Gründerväter sich wünschten, wobei es darum ging, ausländische Verflechtungen zu vermeiden. Es gibt andere, die der Meinung sind, dass nur ein tiefgehendes und anhaltendes Engagement in der Welt die amerikanischen Bedürfnisse befriedigen kann. Diese beiden widerstreitenden Ansichten sind aufs Engste verknüpft und spielten in den Vereinigten Staaten seit ihrer Gründung eine Rolle, jedoch intensiviert sich dieser Konflikt derzeit zunehmend. Bei jedem NATO-Treffen, in jeder Diskussion mit China, kommt diese Spannung zum Tragen.

Auf der einen Seite gibt es das Argument, dass die Hauptmission der Vereinigten Staaten darin besteht, ein Beispiel für moralische Prinzipien abzugeben, und die amerikanische Macht genutzt werden sollte, um amerikanische Prinzipien zu schützen und zu verbreiten. Dieser Position liegt die Auffassung zugrunde, dass die Vereinigten Staaten eine Verpflichtung sich selbst und der Welt gegenüber haben, die moralischen Prinzipien zu verbreiten und zu verteidigen, auf denen sie gegründet wurden, und der Glaube, dass es der Mission Amerikas zuwiderläuft, wenn es sich wie alle anderen Länder verhält und seine ökonomischen Interessen schützt. Das Problem mit dieser Ansicht ist, dass die meisten Nationen die moralischen Standards Amerikas nicht teilen und die Macht der USA sehr begrenzt ist. Das ist ein Rezept für einen endlosen Krieg.

Auf der anderen Seite stehen diejenigen, die das Argument vorbringen, das primäre Interesse der Vereinigten Staaten bestünde darin, Amerika, sein Land und sein Volk zu schützen. Um das zu tun, müsse es sich in der Welt einbringen, so wie andere Nationen. Prinzipien können nicht ohne Macht überleben. Diese Position setzt voraus, dass amerikanische Werte nicht überleben können, wenn die Vereinigten Staaten nicht überleben, und diese Interessen können am besten durch die Macht Amerikas verbreitet werden. Das bedeutet, dass die Vereinigten Staaten manchmal etwas tun müssen, was den amerikanischen Prinzipien zuwiderzulaufen scheint. Die Vereinigten Staaten zu schwächen oder zu verlieren dient jedoch keinen Prinzipien. Die amerikanischen Werte zu verbreiten setzt manchmal voraus, dass man sie hinter sich lassen muss. Im Zweiten Weltkrieg verbündeten sich die Vereinigten Staaten mit der Sowjetunion unter Josef Stalin. Das war einerseits unerlässlich und andererseits furchterregend.

Das ist kein Wettstreit zwischen Ideologien. Heute wird sowohl von links wie von rechts propagiert, man solle amerikanische Werte verbreiten. Auf der linken Seite sprechen Menschenrechtler sich dafür aus, dass die Vereinigten Staaten ihre Macht und ihren Einfluss einsetzen müssen, um Regimes zu bestrafen, die gegen die Menschenrechte verstoßen, die als die liberalen demokratischen Prinzipien verstanden werden, auf denen die Vereinigten Staaten gegründet wurden. Auf der rechten Seite argumentieren die Neokonservativen, dass die Vereinigten Staaten ihre Macht einsetzen sollten, um mitzuhelfen, die Welt nach amerikanischen Prinzipien zu formen. Beide sind bereit, dafür militärische Mittel und wirtschaftlichen Druck einzusetzen, oder sie finanzieren politische Gruppen, um ihre Zwecke zu verfolgen. Die Neokonservativen bringen explizit das Argument vor, dass die Macht der USA und die militärische Stärke für moralische Zwecke gebraucht werden. Die Linke ist zurückhaltender, was das Plädieren für den Einsatz von Gewalt angeht, aber sie haben sich in Fällen wie Ruanda und Libyen dafür ausgesprochen, wo der Staat gegen seine eigene Bevölkerung vorging. Die Linke und die Rechte glauben gerne, dass sie sich diametral gegenüberstehen, aber abgesehen von Nuancen hängen sie beide der Idee an, die Macht der Vereinigten Staaten sei dafür da, amerikanische Prinzipien in die Welt hinauszutragen.

Dieser Streit wird ausgefochten, seitdem die Nation gegründet wurde. Die Französische Revolution fand kurz nach der Gründung der Vereinigten Staaten statt und nahm sich die meisten amerikanischen Prinzipien zum Vorbild. Gleichzeitig waren die Vereinigten Staaten beim Handel von England abhängig und England stand der Französischen Revolution ablehnend gegenüber. Auf der anderen Seite standen moralische Prinzipien. Washington wählte das Nationalinteresse und Jefferson, der Mann der Prinzipien, widersprach nicht.

Die Debatte zwischen Moral und nationaler Sicherheit berührt eine zweite Debatte, die sich leicht von der ersten unterscheidet. Das ist der Streit, ob man sich mit ausländischen Mächten einlassen sollte und das Nationalinteresse durch ein dauerhaftes Engagement in der Welt gefördert werden sollte. Auch wenn diese Verwicklung nie aufgehört hat, sprechen viele heute positiv von einer Zeit, bevor sie geboren wurden, in der die Vereinigten Staaten sich um ihre eigenen Angelegenheiten kümmerten. Sie baten nicht um Hilfe und boten sie nicht an. Sie waren von der Welt durch zwei riesige Ozeane getrennt.

Tatsächlich hat eine solche Zeit niemals existiert. Die Vereinigten Staaten wurden aus einem europäischen Krieg geboren, dem Kampf zwischen England und Frankreich. Hätten diese beiden Weltmächte sich nicht bekämpft, wären die Vereinigten Staaten nicht entstanden. Die Vereinigten Staaten waren viel zu schwach und unorganisiert, um England zu besiegen, aber die englische Army und Navy konnten sich nicht mit voller Aufmerksamkeit um den Aufstand der nordamerikanischen Kolonien kümmern, sondern mussten sich auf einen viel bedrohlicheren Feind konzentrieren – Frankreich. Die Gründerväter wussten, dass sie nicht gewinnen konnten, wenn sie diesen Krieg nicht für sich nutzten. Sie schickten Benjamin Franklin als Vertreter der Kolonien nach Paris, um die Franzosen zu bitten, in Nordamerika zu intervenieren. Frankreich hatte alle Hände voll mit England zu tun und konnte nur minimale Hilfe leisten. Sie schickten Militärberater wie Lafayette, um dem amerikanischen Militär bei der Organisation zu helfen.

Die Franzosen versprachen viel, konnten aber wenig liefern. Die Gründerväter, die in ausländischen Beziehungen erfahren waren, versuchten, die Franzosen hinzuhalten, während die Franzosen die Kolonisten hinhielten. Die Franzosen machten Versprechungen, um das Selbstvertrauen der Amerikaner zu erhalten und dafür zu sorgen, dass sie weiterkämpften und einen Teil der englischen Truppen beschäftigten. Die Amerikaner, besonders Franklin, wussten, dass die Franzosen ihre Kräfte nicht abziehen konnten, um den Vereinigten Staaten zu helfen, aber er sorgte dafür, dass seine Kollegen in Amerika weiter die französische Strategie unterstützten. Die Franzosen unterstützten die amerikanische Strategie. Am Ende konnten die Franzosen genug Seestreitkräfte entbehren, um es Washington zu ermöglichen, General Cornwallis und die Briten bei Yorktown zu besiegen, während diese gleichzeitig von einer französischen Flotte bombardiert wurden. Seit Beginn ihrer Existenz waren die Vereinigten Staaten in Diplomatie, Machtpolitik und Kriege verstrickt und hatten diverse Verflechtungen mit dem Ausland. Das war unvermeidlich. Nationen haben selten lange Bestand, wenn ihnen die ausländischen Bedrohungen und Chancen der Außenpolitik nicht bewusst sind. Dennoch gibt es trotz dieser Realität ein Sehnen in der amerikanischen Kultur nach einer Zeit, die nie existierte.

Die Debatte über Machtpolitik und amerikanische Ideen und der Zwiespalt zwischen amerikanischer Isolation und Engagement in der Welt haben die amerikanische Außenpolitik historisch definiert. Es war ein wiederkehrendes Thema, auf das es meistens nur wenige

Antworten gab. Gleichzeitig machten diese Antworten die Vereinigten Staaten nervös. Diese Nervosität war vor allem präsent beim Übergang der Vereinigten Staaten von einer Nation unter vielen zur vorherrschenden Macht in der Welt, einem Imperium. Zu dieser Tradition gehörte auch eine fundamentale Verschiebung der Perspektive der Vereinigten Staaten auf die Welt.

Pearl Harbor hat alles verändert. Die Vereinigten Staaten erwarteten einen Krieg mit Japan, aber sie waren fest überzeugt, dass die Japaner keine wirkliche Bedrohung waren. Als Pearl Harbor angegriffen wurde, realisierten die Amerikaner, dass sie nicht nur die Gefahr durch Japan, sondern auch die Gefahren der Welt im Allgemeinen völlig falsch eingeschätzt hatten. Während die amerikanische Flotte in Pearl Harbor versank, besetzten die Japaner die Philippinen, fegten durch den westlichen Pazifik, und die Vereinigten Staaten sahen hilflos zu. Die Vereinigten Staaten realisierten, dass sie sich gewaltig verschätzt hatten, weil sie zu selbstsicher gewesen waren. Der Schock von Pearl Harbor brachte das Vertrauen der Vereinigten Staaten in ihre Macht und den Schutz der Distanz ins Wanken und machte sie zu einer Nation, die ständig in Alarmbereitschaft ist und nach dem nächsten Feind Ausschau hält, um nicht den Fehler von Pearl Harbor zu wiederholen.

Dadurch wurde die Sowjetunion zu mehr als nur einem Gegner. Sie wurde zu einer ständigen, existenziellen Bedrohung. Das war vielleicht keine inkorrekte Ansicht, aber diese Ansicht entstand nicht aus einer leidenschaftslosen Analyse der Realität. Die Vereinigten Staaten verspürten nun den Drang, immer vom Schlimmsten auszugehen, zu glauben, dass der Feind brillant und gefährlich sei und nur durch die konzentrierte Stärke einer ganzen Nation besiegt werden könnte. Die Vereinigten Staaten hatten recht damit, die Sowjetunion unter Stalin so zu behandeln, aber sie betrachteten nach Pearl Harbor jeden Gegner auf diese Weise.

Pearl Harbor schuf ein Gefühl des Schreckens angesichts der Gefahr, die überall in Erscheinung treten kann. Das legitimierte und verlangte den vollen Einsatz der USA, wenn es darum ging, immer auf einen Krieg vorbereitet zu sein. Der Zweite Weltkrieg hat nicht die außenpolitischen Verwicklungen geschaffen, in denen sich Amerika wiederfand. Was er schuf, war die Angst davor, nicht stets an allem beteiligt zu sein, damit Gefahren identifiziert und frühzeitig eliminiert werden konnten. In einigen Amerikanern wurde auch eine Angst vor der Regierung selbst ausgelöst, vor Verschwörungen und vor Gruppen, die angeblich die Regierung kontrollierten. Aus Pearl Harbor entstand die Verschwörungstheorie, Roosevelt hätte nicht nur gewusst, dass die Japaner angreifen würden, sondern auch sichergestellt, dass niemand den Angriff aufhielt, um den Eintritt in den Zweiten Weltkrieg zu rechtfertigen. Das Gefühl des Schreckens und die Angst vor Verschwörungen waren ein Teil derselben Veränderung.

Nach dem Zweiten Weltkrieg folgte dem Präsidenten stets ein Offizier, der die Atomwaffen-Codes bei sich trug, die der Präsident auf Basis eigener Entscheidung einsetzen konnte, wie er es für richtig hielt. Das symbolisierte den Wandel. Laut Verfassung musste der Kongress Kriege autorisieren, indem er eine Kriegserklärung abgab oder einen expliziten Beschluss fasste. Aber angesichts der Natur eines Atomkriegs war eine solche Autorisierung nicht praktikabel. Daher wurde im selben Maße, wie der Krieg apokalyptischer wurde, der Kongress zunehmend entmachtet. Der Präsident erhielt eine viel bedeutendere Rolle, als nur ein Zweig der Regierung unter drei anderen zu sein.

Dieser Wandel erstreckte sich auch auf die Gründung eines dauerhaft agierenden Geheimdienstes nach dem Zweiten Weltkrieg. Er war mehr als nur ein Geheimdienst, der Aufklärungsdaten sammelte und analysierte. Er war auch mit verdeckten Operationen unter Kontrolle des Präsidenten beschäftigt. Der Präsident hatte eine außergewöhnlich machtvolle Rolle angenommen. Während des Kalten Kriegs entwickelten die Vereinigten Staaten bis etwa 1970 ein gewaltiges Militär, indem sie eine Wehrpflicht einführten. Das hatte es in der amerikanischen Geschichte nie gegeben. Die industrielle Seite des industriell-militärischen Komplexes, vor dem Eisenhower gewarnt hatte, wurde ebenfalls zu einem Koloss und war praktisch der Kontrolle der Bundesregierung unterstellt. Während des Korea- kriegs zog Harry Truman ohne jede Autorisierung durch den Kon- gress in den Krieg. Während der Kubakrise traf allein der Präsident die Entscheidungen, genauso wie bei der Intervention 1998 im Ko- sovo. Die Rolle des Kongresses bei der Autorisierung eines Kriegs nahm zumindest ab und manchmal wurde der Kongress völlig übergangen.

Vom 7. Dezember 1941 bis zum 31. Dezember 1991, beinahe auf den Tag 50 Jahre lang, befanden sich die Vereinigten Staaten per- manent im Krieg oder standen kurz davor. Von diesen 50 Jahren waren etwa 14 tatsächlich Krieg (der Zweite Weltkrieg, Korea und Vietnam). Die anderen 36 Jahre verbrachte man mit einem Finger am Abzug, aufgrund eines möglichen Atomkriegs mit den Sowjets. Wenn ein Mensch ständig in einem Konflikt steht oder unter Alarm- bereitschaft, dann wird er durch das Adrenalin verändert. Im Fall der Vereinigten Staaten gab es zusätzlich zur permanenten Angst auch ein Verlangen nach Geheimhaltung und es wurden massive Institutionen geschaffen, um den riesigen Militär- und industriellen Verteidigungsapparat sowie die Institution des Militärdienstes als etwas ganz Normales im Alltagsleben darzustellen. Aber ständig unter Adrenalineinfluss zu stehen sorgt nicht nur dafür, dass man sich permanent aufplustert, es erschöpft einen auch.

Während dieser Periode entwickelten die Vereinigten Staaten einen gewaltigen Geheimdienstapparat, ein enormes stehendes Heer und einen großen industriellen Komplex, der beide unterstützte. An der Spitze stand ein Präsident, der größere Macht hatte, als es von den Gründervätern je vorgesehen war, und die Präsenz der Bundesregie- rung in der amerikanischen Gesellschaft war zwar geringer als während des Zweiten Weltkriegs, aber größer als vor dem Krieg. Das soll nicht besagen, dass das schlimm oder bedauerlich war. Angesichts der Natur des Zweiten Weltkriegs war die Entwicklung unausweich- lich. Angesichts der Natur des Kalten Kriegs musste eine Version des Modells des Zweiten Weltkriegs erhalten bleiben. Die Vereinigten

Staaten mussten stets auf den Krieg vorbereitet sein und das verlieh dem Präsidenten auf zweierlei Weise eine außergewöhnliche Macht. Erstens besaß er in der Praxis eine Autorität, die er vorher nicht hatte. Zweitens konnte er über Vermögenswerte verfügen wie niemals zuvor.

Unweigerlich hatten die Vereinigten Staaten einen Einfluss auf große Bereiche der Welt und dadurch schufen sie einerseits Feindseligkeit und andererseits das Verlangen, mit den Vereinigten Staaten zu koalieren. Aber es war kein Imperium, das absichtlich entstand; es gab keinen Plan, die Welt zu dominieren. Ganz im Gegenteil bestand der überwältigende Impuls darin, sich nicht zu weit hineinziehen zu lassen oder, wenn man schon beteiligt war, sich darauf zu konzentrieren, amerikanische Werte zu verbreiten, statt ein System der Ausbeutung zu etablieren.

Die Vereinigten Staaten haben wenig Anlass, aus ökonomischen Gründen ein Imperium aufzubauen oder Handel zu treiben. Sie exportieren nur 13 Prozent ihres Bruttoinlandsprodukts – im Vergleich dazu exportiert Deutschland beinahe 50 Prozent und China über 20 Prozent seines BIP. Gleichzeitig sind die Vereinigten Staaten der größte Importeur der Welt, auch wenn die Importe nur 15 Prozent des BIP ausmachen. Der Punkt ist, dass Außenhandel den Vereinigten Staaten nützt, aber nicht so viel Nutzen bringt, dass man ein Imperium etablieren müsste, um ihn zu sichern. Sie brauchen weder massive Importe, noch sind sie anfällig für Exportschwankungen. In der Tat, statt verbindliche Handelsabkommen zu schließen, versuchen die Vereinigten Staaten, diese Abkommen zu verlassen oder neu zu verhandeln, so wie wir es bei den Verhandlungen zum NAFTA und den Handelsgesprächen mit China gesehen haben.

Das ökonomische Motiv für ein Imperium ist einfach nicht vorhanden. Dennoch ist die amerikanische Wirtschaft unbeabsichtigt so groß und dynamisch geworden, dass sie ständig den Rest der Welt beeinflusst. Eine technische Weiterentwicklung bei einem amerikanischen Konsumentenprodukt sorgt dafür, dass die Produzenten auf der ganzen Welt ihre Fabriken mit neuen Werkzeugen und Maschinen ausstatten. Eine Änderung der amerikanischen Ernährungsgewohnheiten kann immense und weitreichende Konsequenzen haben. Sie kann massive Änderungen bei denjenigen verursachen, die Zuckerrohr oder Mais anbauen – oder den Anbau von Quinoa steigern.

In diesem Sinne beeinflussen die Vereinigten Staaten die Welt und rufen einigen Unmut hervor. Noch umfassender beeinflussen die Vereinigten Staaten die Welt mit ihrer Kultur und sorgen für Irritationen. Die amerikanische Kultur ist sowohl disruptiv als auch respektlos. Sie respektiert weder Vergangenheit noch Tradition. Aber sie ist auch zutiefst anziehend für andere. Traditionalisten auf der ganzen Welt – inklusive derjenigen in den Vereinigten Staaten – lehnen sie daher ab. Die Tradition in weiten Teilen der Welt dreht sich um Religion und Familie und die Kultur der Vereinigten Staaten bringt beides durcheinander. In der islamischen Welt, aber auch an vielen anderen Orten, wird die amerikanische Kultur als Absicht wahrgenommen, Traditionen, die Familie und damit die Gesellschaft als Ganzes zu untergraben.

Die Vereinigten Staaten sehen, dass dies geschieht, und heißen es in gewissem Sinne gut. Sie sehen, wie junge Menschen auf der Welt in Diktaturen leben und amerikanische Rapmusik auf dem iPhone hören, und die Vereinigten Staaten nehmen an, dass Tyrannei durch liberale Demokratie ersetzt wird. Die Verbreitung von Technologie und Musik untergräbt die Kultur und man geht davon aus, dass andere amerikanische Werte gemeinsam damit transportiert werden. Das passiert selten, aber es zeigt, wie hartnäckig sich der Glaube hält, ein Wandel und die Übernahme amerikanischer Werte seien erstrebenswert. Es ist keine Überraschung, dass die Vereinigten Staaten verhasst sind. Es ist auch keine Überraschung, dass in einer Umfrage nach der anderen die Vereinigten Staaten immer die überwältigende Wahl sind, wenn man Bürger anderer Länder fragt, wo sie leben wollten, sollten sie ihr eigenes Land verlassen.

Imperien werden verachtet und gehasst. Sie werden auch bewundert und beneidet. Sie definieren die Kultur der Welt. Nach dieser

Definition sind die Vereinigten Staaten ein Imperium. Englisch ist in Wirtschaft und Regierung zur Weltsprache geworden und es wird erwartet, dass gebildete Berufstätige auf dem gesamten Globus Englisch sprechen können. Ich war auf Meetings, auf denen die Vereinigten Staaten vehement von ausländischen Experten und Politikern, die Englisch sprachen, verdammt wurden. Die Briten haben die Tür zur Verwendung des Englischen aufgestoßen, aber die Amerikaner haben diese noch viel weiter geöffnet. Die Tatsache, dass amerikanische Macht ohne formelle Strukturen besteht, weist darauf hin, dass die Vereinigten Staaten mächtiger sind, als es die meisten Imperien historisch gesehen waren. Ihr Imperium ist nicht nur global, sondern auch ohne Methode. Es besitzt Macht auf beiläufige Weise und setzt sie ebenso ein und kontrolliert damit die Welt, ohne einen klaren Plan oder eine systematische Zielsetzung.

Die Vereinigten Staaten sind in eine paradoxe Zeitperiode eingetreten. Die grundlegenden Institutionen, die während des Zweiten Weltkriegs und des Kalten Kriegs geschaffen wurden, blieben, wo sie waren, wenn auch in leicht abgespeckter Form. Das Militär hat weiter ein großes stehendes Heer, die Geheimdienste verrichten weiter ihren Dienst, der Nationale Sicherheitsrat bleibt in Funktion und der Schatten des Präsidenten, der die Atomwaffen-Codes trägt, folgt ihm weiter überallhin. In den Cheyenne Mountains, in Colorado Springs, wird weiter der Himmel 24 Stunden, sieben Tage die Woche überwacht, um nach etwas Ausschau zu halten, wenn auch nicht ganz klar ist, wonach. Die Vereinigten Staaten hätten die Einrichtung in den Cheyenne Mountains schließen können. Das haben sie nicht getan. Ununterbrochen nach einem Angriff Ausschau zu halten wurde zu einer Institution.

Das Kernproblem war unvermeidlich. Die Vereinigten Staaten hatten das Ende des Kalten Kriegs nicht erwartet und auch nicht vorausgeplant. Sie blieben in einer immens machtvollen Position zurück und waren unsicher, was sie deswegen tun sollten. In den 1980er-Jahren stellte sich die Lage völlig anders dar als 1992. Es war leichter, sich vorzustellen, das Leben würde weitergehen wie bisher, die Institutionen würden sich nicht verändern und man könnte davon fantasieren, dass die Welt die Vereinigten Staaten, ihr Wirtschaftsmodell, ihre militärische Macht, ihre Technologie und ihre Kultur mit offenen Armen empfangen würde.

Es gab Hinweise darauf, dass genau das eintreten würde. Als die Sowjetunion kollabierte, marschierte Saddam Hussein in Kuwait ein und brachte sich in eine Position, in der er die saudischen Ölfelder bedrohen konnte. Die Amerikaner stellten Truppen ab, um Saudi-Arabien zu beschützen, und taten dann etwas Außergewöhnliches. Die Vereinigten Staaten scharten eine Koalition von 39 Ländern zusammen, von denen 28 militärische Kräfte abstellten, um den Irak aus Kuwait zu vertreiben. Dieser Moment erinnerte an die Vereinten Nationen oder den Völkerbund. Die Vereinigten Staaten riefen diese Koalition beinahe über Nacht ins Leben. Sie benahmen sich wie der Führer der Welt und waren es auch.

Am 11. September 2001 ging die Fantasie in Rauch auf. Der Angriff begann unsichtbar für die Vereinigten Staaten bei der amerikanischen Verteidigung von Saudi-Arabien im Irakkrieg. Islamische Fundamentalisten betrachteten die amerikanische Präsenz in dem Land, in dem Mekka und Medina liegen, als ein Sakrileg. Desert Storm war eine der Kräfte, die den dschihadistischen Zorn auf die Vereinigten Staaten hervorriefen. Statt ein Zeitalter des Weltfriedens einzuläuten, wurden sie erneut in einen Krieg verwickelt.

Psychologisch betrachtet hatte der 11. September dieselbe Größenordnung wie Pearl Harbor. Er kam aus dem Nichts und wurde von einer Gruppe organisiert, von der die meisten Amerikaner noch nie gehört hatten, was die Ängste wiederbelebte, die wir in *Zwölf Uhr mittags* gesehen hatten. Die amerikanische Antwort bestand darin, eine Streitmacht mit mehreren Divisionen nach Afghanistan zu entsenden, wo die Angriffe auf die Vereinigten Staaten vorbereitet worden waren. Dem folgte eine Invasion des Iraks mit mehreren Einheiten der Streitkräfte und kleinere Attacken in anderen Ländern. Mit anderen Worten, die Vereinigten Staaten setzten trotz ihrer

Vietnam-Lektion eine konventionelle Streitmacht ein, um einen Guerillakrieg auszufechten.

Ein Imperium zu führen bedeutet, möglichst ein Minimum an Gewalt einzusetzen, denn ein Imperium von Weltrang liegt ständig im Krieg, wenn seine erste Reaktion immer der Einsatz des Militärs ist. Die Primärstrategie für Imperien ist es, Diplomatie einzusetzen oder das Militär anderer Länder statt das eigene. Diese Kräfte zu bewaffnen und ihnen die politischen oder ökonomischen Anreize zu geben, um zu kämpfen, dämmt das Problem ein, ohne die Kräfte des Imperiums einzusetzen. Die Briten kontrollierten Indien mit nur wenigen britischen Soldaten, indem sie diese Taktik anwendeten. Im Verlauf eines Jahrhunderts setzten die Briten nur selten großflächig ihr Militär ein. Als sie es gegen Amerika taten, erlitten sie eine Niederlage. Als sie es später in den Burenkriegen einsetzten, hatten sie Mühe, die Oberhand zu behalten. Die Briten hielten ihre Truppen als letzte Möglichkeit zurück und setzten sie selten ein. Sie führten ein Imperium mit lokalen Kräften, die bereit waren, aus eigenen Gründen für die britischen Interessen zu kämpfen.

Die Vereinigten Staaten müssen mit feindlichen Angriffen rechnen. Ihre Macht generiert Hass und sie sollten weder Sympathie noch Dankbarkeit erwarten. Große Weltmächte bekommen keines von beiden. Die Erwartungen, dass die Vereinigten Staaten so geliebt werden, wie es nach dem Ersten Weltkrieg der Fall war, sind die Erwartungen einer Weltmacht im Entstehen. Diejenigen, die Bewunderung von der Welt erwarten, verstehen nicht, zu was die Vereinigten Staaten geworden sind, und dass es davor kein Entrinnen gibt.

Die amerikanische Neigung, das eigene Militär einzusetzen, um mit einer Organisation wie al-Qaida fertigzuwerden, ist irrational. Das liegt nicht daran, dass es ungerechtfertigt wäre, mit al-Qaida Krieg zu führen, sondern weil die Vereinigten Staaten nicht 18 Jahre lang Krieg führen und sich auf einen Bereich der Welt konzentrieren können, während sie andere Gebiete vernachlässigen, die genauso wichtig für sie sind – oder sogar wichtiger.

Die größte Gefahr für ein Imperium ist permanenter Krieg. Angesichts globaler Interessen brennt es immer irgendwo. Wenn die Primärreaktion Krieg ist, dann wird das Imperium andauernd im Krieg liegen. Und wenn es immer irgendwo Krieg führt, dann wird es immer verletzlich sein für jemanden, der sich zunutze macht, dass das Imperium seine Kräfte auf diese Weise bindet. Noch wichtiger ist, wenn das Imperium seinen Bürgern keinen Nutzen bringt, sondern sie stattdessen auslaugt und ihr Leben durch Krieg durcheinanderbringt, dann wird die politische Unterstützung für das Imperium schnell nachlassen. Sowohl Rom als auch Großbritannien überlebten, indem sie nur minimal direkte Gewalt einsetzten und andere Mittel und Wege fanden, ihre Reiche zu führen.

Das Problem ist, dass die Vereinigten Staaten seit Pearl Harbor emotional und institutionell darauf ausgerichtet sind, mit massiven Kräften anzugreifen (selbst wenn es für die Mission unangemessen oder ungenügend ist). Darüber hinaus sind sie derart organisiert, dass sie sich auf eine bestimmte Bedrohung konzentrieren, statt ihre Aufmerksamkeit breiter zu streuen. Im Zweiten Weltkrieg waren es Deutschland und Japan. Im Kalten Krieg waren es die Sowjetunion und China. In beiden Fällen wurde der Rest der Welt durch das Prisma einer Primärbedrohung gesehen. Wenn es also ein Problem in Afrika gab und die Sowjets nichts damit zu tun hatten, reagierten die Vereinigten Staaten nicht darauf. Wenn die Sowjets dort waren, waren die Vereinigten Staaten wie besessen davon. Das war normalerweise der Punkt, an dem sie unnötig gegen ihre moralischen Prinzipien verstießen und sich mit Regimen verbündeten, die den Vereinigten Staaten zuwider und von nur geringer Bedeutung waren. Mit dem alleinigen Fokus auf einen einzigen Feind wurden alle anderen Erwägungen, strategische oder moralische, höchstens sekundär.

Der Krieg in der islamischen Welt ist der erste Krieg, den die Vereinigten Staaten als ein Imperium geführt haben, aber sie haben ihn geführt, als wären sie eine einfache Großmacht. Sie führten ihn mit einer fokussierten Besessenheit, primär mit eigenen Truppen, vernachlässigten dabei ihre anderen globalen Interessen und ließen es an der nötigen Subtilität fehlen, Alternativen ausfindig zu machen. Die Vereinigten Staaten hatten noch nicht den Übergang vollzogen von einem Land, dass sich mit dem Zweiten Weltkrieg oder dem Kalten Krieg befasste, hin zu einem selbstbewussten Imperium. Sie hatten noch nicht den Übergang von einer Weltmacht mit nur begrenzten Interessen hin zum größten je existierenden Imperium vollzogen.

Institutionell wissen die Vereinigten Staaten nicht, wie sie sich einer militärischen Auseinandersetzung entziehen sollen. Militärische Gewaltanwendung wird zu häufig genutzt, um Probleme zu lösen, die nicht vom Militär gelöst werden können. Die Entscheidungsfindungsstrukturen in Washington sind zu komplex, diffus und gegensätzlich. Sie haben sich nicht auf Routineentscheidungen optimiert, sondern vor allem auf Krisen. Daher muss alles, womit man sich befassen muss, auf den Status einer Krise erhoben werden, oder das System blockiert. Effiziente Entscheidungsfindung unterhalb des Krisenzustands ist selten. Für ein Imperium kann nicht jede Herausforderung einen Krieg bedeuten und Probleme müssen effizient angegangen werden, auch wenn sie nicht den Status einer Krise erreicht haben.

Der Druck, der dadurch auf die Bundesregierung entsteht, ist enorm und dieser Druck wird eine Rolle bei den Problemen spielen, die derzeit entstehen und wird sich in den 2020er-Jahren noch intensivieren. Der gesamte Umfang des Budgets und des eingesetzten Personals wird daran angepasst, ein Imperium zu führen, das die Vereinigten Staaten gar nicht führen wollen. Der Druck macht die Regierung weniger effizient und hat einen Einfluss auf die soziale und ökonomische Dynamik. Es ist wenig überraschend, dass beinahe zwei Jahrzehnte Krieg und die veraltete Form einer Bundesregierung, die damit fertig werden musste, unausweichlich zu der zyklischen Krise beigetragen haben, der wir uns in den 2020er- und 2030er-Jahren gegenübersehen werden.

KAPITEL

DIE INSTITUTIONELLEN ZYKLEN UND KRIEG

Die Vereinigten Staaten sind im Kampf geboren. Ihre Institutionen wurden im Krieg geschmiedet. Ungefähr alle 80 Jahre ändern die Vereinigten Staaten die Funktionsweise ihrer politischen Institutionen. Der breitere Rahmen der Verfassung bleibt in Funktion, aber die föderalen und staatlichen Institutionen ändern ihre Beziehung zueinander und die Art, wie sie funktionieren. Bisher gab es drei solcher Verschiebungen. Jede wurde nötig, weil das bestehende Arrangement nicht länger funktionierte. Ausgelöst von den extremen Bedingungen des Kriegs offenbarte die institutionelle Struktur ihre Schwäche und machte es erforderlich, das alte durch ein neues institutionelles System zu ersetzen. Und wie ich aufzeigen werde, nähern wir uns einer weiteren institutionellen Verschiebung – erzwungen durch die Unfähigkeit des Systems, mit neuen Realitäten fertigzuwerden, und geschmiedet in den Konflikten und der

Unsicherheit, die dadurch entstand, dass die Vereinigten Staaten die einzige verbliebene Weltmacht sind.

Die drei vorherigen Zyklen waren klar abgegrenzt. Der erste begann mit dem Entwurf der Verfassung 1787 und entstand aus dem Revolutionskrieg und seinen Folgen. Dieser erste institutionelle Zyklus dauerte 78 Jahre bis zum Ende des Bürgerkriegs und den Zusätzen zur Verfassung 1865, die eine föderale Regierung etablierten, aber ihre Beziehung zu den Staaten unklar ließen. Der zweite institutionelle Zyklus ging 1865 aus dem Bürgerkrieg hervor und etablierte die Autorität der föderalen Regierung über die Bundesstaaten und dauerte bis zum Ende des Zweiten Weltkriegs. Der dritte institutionelle Zyklus begann 1945 und ging aus dem Zweiten Weltkrieg hervor. Er weitete die Macht der Bundesregierung dramatisch aus, nicht nur über die Bundesstaaten, sondern auch über die Wirtschaft und die Gesellschaft als Ganzes.

Wenn dieses Muster sich weiter fortsetzt wie bisher, dann wird der nächste institutionelle Zyklus ungefähr 2025 beginnen. Der kommende vierte Zyklus wird die Beziehung der Bundesregierung zu sich selbst neu definieren. Damit wir verstehen können, wie dieser nächste Zyklus aussehen wird, während er sich herausbildet und die nächsten 80 Jahre bestimmt, müssen wir die vorherigen Zyklen verstehen und die Art, wie amerikanische Erfindung und Neuerfindung in diesem Rahmen funktionieren.

80 Jahre sind tatsächlich eine sehr kurze Zeitperiode in der Geschichte eines Landes. Andere Länder haben sich auf langsamere und weniger geordnete und vorhersehbare Weise entwickelt. Wie wir gesehen haben, sind die Vereinigten Staaten anders, und der Kern dieser Andersartigkeit liegt darin, dass sie ein Artefakt sind, ein erfundenes Land. Erfindung ist in alle Teile der amerikanischen Kultur eingebettet, von der Technologie bis zur Gesellschaft. Andere Länder, wie Russland und Vietnam, sind nicht erfunden worden, oder wenn sie erfunden wurden, dann ist es so lange her, dass sie mittlerweile einen anderen Kern ihrer Identität entwickelt haben. Wenn diese Länder einen Punkt erreichen, an dem sie nicht mehr

wie üblich funktionieren, dann geraten sie vielleicht ins Wanken, sind wie gelähmt oder stürzen ins Chaos. Ihr Identitätskern wird unflexibel. Die Vereinigten Staaten verarbeiten eine Veränderung auf andere Weise. In amerikanischen Städten werden gigantische Gebäude innerhalb von Jahrzehnten gebaut und wieder abgerissen. Erfindung, nicht Tradition, wird wertgeschätzt. Die jeweils ungefähr 80 Jahre lange Periode zwischen der Amerikanischen Revolution und dem Bürgerkrieg und zwischen dem Bürgerkrieg und dem Zweiten Weltkrieg ist vielleicht reiner Zufall. Dennoch ist diese Zahl real und ich glaube, zu bemerkenswert, um ein Zufall zu sein. Zumindest teilweise liegt der Grund darin, dass die amerikanische Gesellschaft dafür entworfen wurde, sich mit großer Geschwindigkeit zu verändern und teilweise darin, dass die Bundesregierung in enger Beziehung zur Kriegsführung entstand.

Verfassungsgemäß lag die primäre Funktion der Bundesregierung darin, die nationale Sicherheit zu gewährleisten. Der Präsident ist auch der Oberbefehlshaber der Streitkräfte. Von Anfang an blieben viele Befugnisse bei den Bundesstaaten. Eine, die in den Bereich der Bundesregierung fiel, war es, Kriege zu führen. Unweigerlich mussten sich in dem Maße, in dem die politischen Kräfte, die zum Krieg führen, und die Art der Kriegführung sich veränderten, auch die Institutionen der Bundesregierung verändern. Viele andere Faktoren waren ein Treibmittel der Entwicklung der nationalen Institutionen und beeinflussten diese, aber der zentrale Antrieb war der Krieg.

Lassen Sie uns einen Blick darauf werfen und einen Vergleich anstellen, wie viel Zeit die Vereinigten Staaten in den letzten Jahrhunderten im Krieg verbrachten. Im 20. Jahrhundert waren sie 17 Prozent der Zeit an großen Kriegen wie dem Ersten und Zweiten Weltkrieg und dem Vietnamkrieg beteiligt. Im 19. Jahrhundert war der Prozentsatz noch höher. Konventionelle Kriege nahmen 21 Prozent des Jahrhunderts in Anspruch, inklusive des Kriegs von 1812, des Mexikanischen Kriegs, des Bürgerkriegs und des Spanisch-Amerikanischen Kriegs. Wenn wir jedoch den Krieg gegen die indianischen Nationen miteinberechnen, dann kommen wir eher auf 100

Prozent der Zeit. Und bis zu diesem Zeitpunkt lagen die Vereinigten Staaten beinahe 100 Prozent des 21. Jahrhunderts im Krieg. Aber es sind nicht alle Kriege gleich. Der Bürgerkrieg und der Zweite Weltkrieg waren eine einzigartige Belastung für die Nation, so wie auch der lange Krieg im Nahen Osten, gepaart mit dem Terrorismus und Amerikas neuer Rolle in der Welt.

Alle Kriege sind eine Belastung für die Institutionen der Nation, aber manche zerstören sie auch. Sie zerstören sie, weil etwa beim Bürgerkrieg der Krieg selbst sich um die Beziehung zwischen den Institutionen dreht, oder sie zerstören sie, weil der Krieg nicht ausgefochten werden kann, ohne die Institutionen der Nation zu verändern. Das war der Fall im Zweiten Weltkrieg. Es ist wenig überraschend, dass die Vereinigten Staaten permanent in Konflikte verwickelt sind. Allein ihre Entstehung war eine Herausforderung für das britische Imperium und das europäische System im Allgemeinen. Sie war ebenso eine Herausforderung für die nordamerikanischen Nationen, ob indianisch oder europäisch. Nicht alle Kriege veränderten die Institutionen, aber als sozialer und ökonomischer Stress mit den Belastungen des Kriegs zusammentraf, war das Ergebnis das Versagen der Institutionen – und letztlich eine Neuerfindung der Art, wie das Land funktionierte.

Aber ein weiteres, sogar noch bedeutenderes internationales Ereignis fand ebenfalls statt: Es war kein Krieg, sondern eine Neudefinition dessen, was es hieß, Amerikaner zu sein, und die Institutionalisierung einer konstanten globalen Präsenz. Amerikanische Macht bedeutete eine dauerhafte Verwicklung in Probleme auf der ganzen Welt, von denen jedes sich zum Krieg auswachsen konnte. Die einzige Weltmacht muss weltweite Präsenz zeigen, nicht, weil sie das so will, sondern, weil die schiere Größe ihrer Ökonomie und ihres Militärs es zu einer Realität macht. Das schafft eine ständige Interaktion mit den meisten Ländern der Welt und Konflikte mit einigen. Während des Kalten Kriegs wussten die Vereinigten Staaten, dass die Sowjetunion ein potenzieller Feind war. Heute mehren sich die potenziellen Feinde, nicht, weil die Vereinigten Staaten etwas Bestimmtes tun, sondern wegen dem, was die Vereinigten Staaten sind.

Dies verändert nicht nur die US-Außenpolitik, sondern auch die institutionelle Struktur der Vereinigten Staaten. Die gesamte Welt ist ein potenzieller Gegenspieler und erfordert permanentes Management. Die US-Institutionen und die öffentliche Wahrnehmung dessen, was es bedeutet, Amerikaner zu sein, müssen sich anpassen, was sowohl ein schwieriger als auch ein ausgedehnter Prozess ist. Wir haben jedoch bei allen Zyklen gesehen, dass Krieg und konstanter Druck den institutionellen Wandel vorantreiben. Was nun passieren muss, ist die Herausbildung eines gereiften und zurückhaltenden Verhaltensmusters in den amerikanischen Beziehungen zum Rest der Welt.

Weil ich glaube, dass wir uns dem Ende des aktuellen institutionellen Zyklus nähern und dem Beginn des vierten, kann es helfen, wenn wir im Detail zu verstehen versuchen, was zum Ende des zweiten Zyklus führte und wie der aktuelle dritte Zyklus entstand.

Das Ende des zweiten institutionellen Zyklus

Nach dem Bürgerkrieg wurde festgelegt, dass die Bundesregierung letztlich die Autorität über die Bundesstaaten hatte. Es war eine begrenzte Autorität, aber stark genug, um eine unteilbare Republik zu etablieren. Doch es war eine Republik der gewaltigen Entfernungen und großer Diversität. New Mexico unterschied sich stark von Maine und die Bundesregierung hatte mit begrenzten Ressourcen praktisch keine Möglichkeit, beide zu regieren. Die Macht der Bundesregierung bestand darin, die Verfassung durchzusetzen und die Souveränität der Staaten, sich selbst zu regieren, einzuschränken. Angesichts dessen, was die Konföderationsartikel besagten und was die Verfassung offenließ, schuf das eine neue institutionelle Periode, in der es ein unteilbares Land gab. Aber die Bundesregierung beschäftigte sich nicht mit dem Privatleben der Menschen oder, zumindest zum Großteil, mit der Verwendung privaten Besitzes, besonders von Unternehmen.

Während der zweite Zyklus voranschritt, begann die Trennung zu bröckeln, aber die Institutionen kollabierten aus zwei Gründen.

Zuerst begann die Weltwirtschaftskrise 1929 den institutionellen Rahmen des zweiten Zyklus auf eine Probe zu stellen. Die Weltwirtschaftskrise stellte die Vereinigten Staaten vor ein tiefgreifendes Problem. Solange man sie nicht in den Griff bekam, führte sie mit Sicherheit zu sozialen Unruhen oder sogar einem Aufstand. Viele Menschen waren verzweifelt und Verzweiflung kann Institutionen bedrohen. Die einzige Möglichkeit der Bundesregierung, dieses Problem zu lösen, bestand darin, aus dem bestehenden institutionellen Rahmen auszubrechen und in die Wirtschaft einzugreifen.

Als Franklin Roosevelt zum Präsidenten gewählt wurde, hatte er sich vorgenommen, das Problem zu lösen, deutete aber nicht an, wie er das tun wollte. Er schien weder eine klare Idee noch einen Plan zu haben. Von den Umständen gefangen begann er die Beziehung von Regierung und Gesellschaft zu verändern. Die Weltwirtschaftskrise führte zu einem wirtschaftlichen Versagen, das sich zu einer sozialen und politischen Krise auswuchs. Fabriken, die Produkte herstellten, sahen sich Kunden gegenüber, die diese Produkte nicht kaufen konnten, weil sie arbeitslos waren. Das führte dazu, dass noch mehr Fabriken schließen mussten, und kreierte eine Abwärtsspirale. Während vergangener Wirtschaftskrisen, von denen es einige gegeben hatte, hielt die Bundesregierung einen gewissen Abstand. Aber es gab zwei Faktoren, die bei dieser Krise anders waren.

Zuerst waren da die Intensität und die lange Dauer. Als Präsident Roosevelt 1933 sein Amt antrat, hatte die Weltwirtschaftskrise schon mehr als drei Jahre gewütet und es gab kein Anzeichen einer Abschwächung. Das zweite Problem war, die Gesellschaft wurde immer komplexer. Eine landwirtschaftlich geprägte Gesellschaft, in der die Menschen kleine Farmen besitzen, ist relativ simpel. Ökonomische Krisen wirbeln die Gesellschaft durcheinander, aber die Farmen produzieren Nahrung und mit dieser Nahrung kommt man über die Runden. Die Industriegesellschaft der 1930er-Jahre hing von den Städten ab, wo eine große Zahl an Arbeitern lebte und die Fabriken sich konzentrierten, um eine Lieferkette zu bilden. In den Städten wirkten sich Wirtschaftskrisen katastrophal aus. Der Hunger lauerte überall. Es war politisch geboten, den Menschen wieder Arbeit zu verschaffen oder zumindest Erleichterungen.

Die Bundesregierung hatte ein Problem. Die Anhänger des zweiten institutionellen Zyklus argumentierten, dass man die Wirtschaftskrise lösen könnte, indem die Regierung Steuern senkt und sich nicht zu sehr in Wirtschaft und Gesellschaft einmischt. Das war die Basis des zweiten Zyklus. Aber diese Situation, wenn sie auf lange Sicht funktionieren sollte, erhöhte den Druck auf die Wirtschaft, und selbst wenn diese Herangehensweise ihren Zweck erfüllte, war ihr Timing und das der politischen Uhr nicht im Einklang. Angesichts des Drucks auf die arbeitende Klasse und auf die Industrie war es nicht möglich, der Natur einfach ihren Lauf zu lassen. Radikale politische Bewegungen, wie „Share Our Wealth" von Huey Long oder die Kommunisten, waren nicht wirklich mächtig, aber mit genug Zeit und Entbehrungen würden sie es werden.

Wirtschaftliche und politische Überlegungen erforderten eine Lösung und die einzige mögliche Art, wie man das Problem lösen konnte, bestand in einem Eingriff in die Gesellschaft und die Wirtschaft. Auf der Suche nach Möglichkeiten, wenigstens einige der Arbeitslosen zu bezahlen, führte Roosevelt eine Gesetzgebung ein, die den Höchststeuersatz auf 75 Prozent anhob. Theoretisch hätte das funktionieren sollen. Das Problem war, die Vereinigten Staaten hatten eine industrielle Produktion, die zu wenige Abnehmer fand. Indem man die Steuern erhöhte, senkte man das Einkommen, das investiert werden konnte, und das bedeutete, dass Fabriken ihre Kapazitäten nicht ausbauten und mehr Geld in den Konsum fließen sollte. Es investierte jedoch niemand in die Industrie und nur ein kleiner Teil des Geldes, das durch die Steuern eingenommen wurde, landete in den Händen der Arbeitslosen. Der New Deal beendete die Wirtschaftskrise nicht, aber er etablierte das Prinzip, dass die Bundesregierung auf irgendeine Weise für die Wirtschaft verantwortlich war und auf legitime Weise in Wirtschaft und Gesellschaft eingreifen konnte.

Was das Problem löste, die Krise beendete und schließlich die Institutionen des zweiten Zyklus zum Einsturz brachte, war der Krieg. Die Essenz der amerikanischen Strategie im Zweiten Weltkrieg war die industrielle Produktion. 300.000 Flugzeuge, 6.000 Schiffe und fast 200.000 Panzer sollten den Krieg gewinnen. Die Vereinigten Staaten mobilisierten zwölf Millionen Männer und Frauen für den Militärdienst, die ernährt, eingekleidet und untergebracht werden mussten. Munition, Gegenstände wie Stacheldraht und medizinisches Equipment aller Art mussten produziert werden. Um all das herzustellen, wurde ein großer Teil der Ökonomie in den Dienst des Kriegs gestellt. Und während all diese Kriegsgüter produziert wurden, mussten Materialien wie Öl, Stahl und Kupfer rationiert werden, nicht nur für die Zivilbevölkerung, sondern auch für verschiedene Fabriken. Die Bundesregierung musste die Prioritäten setzen und Rohstoffe aufgrund dieser Prioritäten zuteilen.

Industrielle Produktion in solch massiven Mengen und mit solcher Geschwindigkeit löste das Problem der Arbeitslosigkeit. Der Krieg riss auch viele Barrieren zwischen dem öffentlichen und privaten Leben ein und veränderte das Privatleben ebenso. Frauen und Afroamerikaner wurden in Positionen zugelassen, die ihnen bisher verwehrt worden waren. Die größte Barriere, die niedergerissen wurde, war die Barriere zwischen der Bundesregierung und der Wirtschaft. Unternehmen gediehen aufgrund von Regierungsaufträgen, aber wurden im Gegenzug auch in außergewöhnlichem Ausmaß von der Bundesregierung gemanagt.

Die komplexe Aufgabe, einen Krieg zu führen und die Wirtschaft mit den Bedürfnissen des Militärs in Einklang zu bringen, erforderte ein Managementsystem, das groß genug war, um die Größe und Komplexität der Wirtschaft zu verwalten, sowie die Regierung, die sie kontrollierte. Viele dieser Manager waren im Militär und viele Offiziere wurden aus Unternehmen rekrutiert, um verschiedene Aspekte des Prozesses zu überwachen. Aber die Bundesregierung wuchs ebenso. Angetrieben von den Notwendigkeiten des Kriegs stieg die Einmischung der Bundesregierung in Wirtschaft und

Gesellschaft. Und wenn man darauf zurückblickt, dann wurde diese Periode relativ gut gemanagt, denn die Manager fanden kreative Lösungen und sahen sich selbst nur mit einer temporären Aufgabe betraut.

Nach dem Zweiten Weltkrieg zog sich die Bundesregierung wieder zurück. Rationierungen und ähnliche Maßnahmen wurden beendet und die Größe des Militärs schrumpfte. Die Regierungsverträge dominierten nicht länger die Wirtschaft. Aber die Verflechtung der Bundesregierung mit dem Privatleben verschwand nicht und ein großer Treiber dafür war zu Beginn das Militär. Ein Beispiel, wie sich das System des Kriegs in eine Realität des Friedens verwandelte, ist die Art, wie die militärischen Anforderungen die Technologie formten, Wissenschaftler und Unternehmen anzogen, die nicht nur die Technologien herstellten, sondern sie in Konsumentenprodukte und Produkte für das Militär umsetzten.

Die Weltwirtschaftskrise machte den zweiten institutionellen Zyklus obsolet. Die geltenden institutionellen Regeln lösten das Problem nicht, aber das Problem erforderte eine Lösung. Der Zweite Weltkrieg führte den New Deal zu seiner extremsten Konsequenz, zumal die Bundesregierung in Wirtschaft und Gesellschaft hineinreichte. Indem beide im Grunde während des Zweiten Weltkriegs verstaatlicht wurden, ließ man das ältere Modell hinter sich und etablierte die Grundlage eines neuen institutionellen Zyklus, der für die nächsten 80 Jahre in Kraft bleiben sollte.

Um ein Gespür dafür zu bekommen, wie weitreichend die Macht der Bundesregierung ist, lassen Sie uns betrachten, was im Zweiten Weltkrieg mit der Beziehung zwischen der Bundesregierung und der Wissenschaft passierte. Das dramatischste Beispiel dieser Allianz war das Manhattan-Projekt. Universitätswissenschaftler entdeckten die Grundprinzipien der Kernspaltung. Mit Ausbruch des Kriegs präsentierten sie dem Militär die Möglichkeit, eine Atombombe zu bauen. Das Militär organisierte die Wissenschaftler und band sie an die Unternehmen, deren industrielle Kapazität und andere Expertise gebraucht wurden, um die Bombe zu produzieren. Das Manhattan-

Projekt hatte Erfolg und das Ansehen der Wissenschaftler stieg in den Augen der Bürger, des Militärs und der Bundesregierung. Sie waren die Basis für den Sieg Amerikas.

Das Manhattan-Projekt war eines von vielen solcher Projekte, die im Zweiten Weltkrieg Erfolg hatten. Aber der Erfolg des Manhattan-Projekts faszinierte die Nation. Es war ein Projekt, das so erstaunlich und wegweisend war, dass es ein Modell für den nächsten Zyklus wurde. Das Manhattan-Projekt konnte nur mit Geld, Organisation und dem Einsatz der Bundesregierung realisiert werden. Es musste ein absolutes Geheimnis bleiben und die Bundesregierung kontrollierte das Leben der Arbeiter und verbarg das Projekt vor seinen Bürgern. All das war nötig, doch all das veränderte auch die Art, wie Amerika funktionierte. Die Bundesregierung konnte die Industrie formen, ohne der Gesellschaft Rechenschaft schuldig zu sein, aber die Technologie, die entwickelt wurde, sollte das alltägliche Leben der Menschen verändern.

Auf diese Weise gelangte das Militär an die Technologie, die es brauchte, um den Kalten Krieg zu führen. Wissenschaftler und andere Gelehrte hatten die Möglichkeit, Forschung zu betreiben, die ihnen sonst verwehrt geblieben wäre. Unternehmen erhielten Regierungsverträge und die Möglichkeit, Technologie für die Öffentlichkeit nutzbar zu machen. Aber es war die Regierung, die die Evolution von Wissenschaft und Technologie formte.

Im vorherigen institutionellen Zyklus waren Wissenschaft und Technologie Aufgabe von Universitäten und Unternehmen gewesen. Thomas Edison war die Verkörperung der unternehmerischen Nutzung der Wissenschaft, und wie wir gesehen haben, war er auf dramatische Weise erfolgreich. Er war auch ein engagierter Pazifist, der sich gegen die Nutzung seiner Arbeit durch das Militär wehrte. Diese Praxis funktionierte im Zweiten Weltkrieg nicht, denn sie war zu diffus und unvorhersehbar. In einem Krieg sind Fokus und Vorhersagbarkeit essenziell. Daher organisierten Einrichtungen der Bundesbehörden Universitäten und ihre Wissenschaftler sowie Unternehmen und ihre Ingenieure zu einem einzigen, durch

Bundesmittel finanziertem Unterfangen, und sie waren keine Pazifisten.

In gewissem Sinne haben die Gründerväter die Einmischung der Bundesregierung in die Wissenschaft vorausgesehen. Die von Thomas Jefferson entworfene Nordwest-Verordnung, die definierte, wie amerikanische Territorien zu Staaten werden konnten, schrieb vor, dass jeder neue Staat Land vorhalten musste, um eine Universität zu gründen. Das Prinzip galt von Anfang an, aber es entwickelte sich auf eine Art und Weise, die nicht vorhersehbar war. Universitäten, die Bundesregierung und die Privatindustrie wirkten während dieser Periode zusammen, um das Privatleben zu verändern.

Dieses Modell ist immer noch in Kraft. Sehen Sie sich das Smartphone an. Das Handy wurde das erste Mal von der US-Armee 1985 eingesetzt. Das National Reconnaissance Office (Nationales Aufklärungsamt) entwarf die Kamera in einem Smartphone, um sie in Spionagesatelliten einzusetzen. Die GPS-Funktion eines Handys wurde ursprünglich von der US Air Force entwickelt und eingesetzt, Lithiumionenbatterien wurden vom Energieministerium entwickelt und das Internet von der Defense Advanced Research Projects Agency (DARPA). In einem Smartphone steckt also ein Sammelsurium an militärischer Hardware, von der vieles an Universitäten erforscht und von Unternehmen in Waffen und Produkte verwandelt wurde. Weil Erfindungen der Regierung nicht patentiert werden können, haben Unternehmen wie Apple diese Technologie genommen und das Smartphone entwickelt. Wissenschaft, Industrie und die Bundesregierung, besonders das Militär, taten sich zusammen, um die amerikanische Wirtschaft anzutreiben. In der Beziehung zwischen der Bundesregierung und der Neudefinition der Institutionen können wir den Triumph und das Scheitern des Systems sehen.

Dieses Modell gewann den Zweiten Weltkrieg und machte die Vereinigten Staaten zu einer von zwei Weltmächten. Das Modell beendete auch die Wirtschaftskrise und ermöglichte das anhaltende und dramatische Wachstum des Landes. Die Beziehung der Bundesregierung zum Privatleben veränderte sich im Zweiten Weltkrieg. Das war zentral, um den Krieg zu gewinnen, denn der Zweite Weltkrieg wurde gewonnen oder verloren aufgrund der Fähigkeit, die industrielle Basis zu mobilisieren. Das bedeutete, die verschiedenen Elemente der industriellen Gesellschaft zu einem integrierten und zentral gemanagten Ganzen zu verbinden. Im Endeffekt übernahm die Bundesregierung die Kontrolle über die Wirtschaft, teilte die Rohstoffe zu und diktierte, was produziert werden durfte und was nicht, und wie es verteilt wurde.

Die amerikanischen Institutionen und die Gesellschaft hatten sich nach dem Zweiten Weltkrieg dramatisch verändert. Es war das Ende des zweiten institutionellen Zyklus und Amerika formte sich wieder einmal neu.

Der dritte institutionelle Zyklus

Die Idee, die aus dem New Deal und dem Zweiten Weltkrieg entstand, war, dass ein Staat, der von Experten geleitet wurde und ohne ideologische Scheuklappen Lösungen suchte, für das Land tun konnte, was er auch im Krieg getan hatte: es zum Erfolg führen. Aber natürlich wurde das zu einem Prinzip, das Prinzip zu einem Glauben und der Glaube zu einer Ideologie. Die Ideologie schuf eine Klasse, die glaubte, sie habe das Recht, zu regieren und andere glaubten, sie seien dazu geeignet.

Das brachte den Wissenschaftlern eine gewisse Machtposition, aber diese Klasse bestand nicht nur aus Regierungsexperten. Es waren Experten aus der Unternehmenswelt, der akademischen Welt, Graduierte von Journalistenschulen, Wirtschaftsunis und Jurahochschulen. Es war einst möglich gewesen, Richter am Supreme Court zu sein, ohne je ein Jurastudium absolviert zu haben. Nun waren die Richter am Supreme Court Rechtsexperten statt Menschen, die man wegen ihrer Weisheit ausgewählt hatte. Die Finanzgemeinde wurde von Experten kontrolliert. Technokratie ist das Konzept, das sich zu Beginn des 20. Jahrhunderts herausbildete und der Meinung ist, die

Regierung sollte in den Händen von unideologischen und unpolitischen Experten liegen, deren Macht sich aus ihrem Wissen speist. Bei Technokratie ging es nicht primär um Reichtum. Es ging um Ansehen, unabhängig von Belohnungen. Daher hatten Tech-Milliardäre und Assistenzprofessoren denselben Glauben an Expertise und Leistung und vor allem an die Bescheinigungen, die das belegten – Abschlüsse von den richtigen Universitäten. Wie wir noch sehen werden, spielt die Technokratie eine entscheidende Rolle bei unseren gegenwärtigen und künftigen Zyklen.

Der Fokus der Technokratie lag im Social Engineering, der Restrukturierung der Art, wie ökonomische und soziale Institutionen funktionieren, um das Leben der Bürger zu verbessern. Das war nicht ohne Beispiel. Das System der Landverteilung in den Westgebieten während des ersten institutionellen Zyklus hat sicherlich die Gesellschaft neu strukturiert. Was dieses Mal anders war, war die Konstruktion von hochorganisierten Systemen, die mit der Ökonomie und der Gesellschaft als Ganzem interagierten. Es gibt einen großen Unterschied dabei, einerseits Siedlern Land zu bewilligen und andererseits ein Finanzsystem zu schaffen, um den Eigenheimbesitz zu fördern – was wiederum die Landschaft Amerikas veränderte.

Veteranen kamen als privilegierte Klasse aus dem Zweiten Weltkrieg zurück. Viele heirateten und wollten ihre eigenen Häuser besitzen, aber ihnen fehlte das Geld für eine Anzahlung. Die Bundesregierung schaltete sich ein, garantierte für die Kredite und sie wurden ohne Anzahlung und zu niedrigen Zinsen gewährt. Das gab den Veteranen eine faire Belohnung und stimulierte die Ökonomie. Es war ein konzeptionell einfaches Programm, das beispiellos war, weil es in etwas eingriff, was vorher allein dem privaten Sektor überlassen war, eine Sache zwischen Kreditnehmern und Kreditgebern. Aber das Programm folgte den Prinzipien des neuen Zyklus und hatte weitreichende Effekte auf den Aufbau einer Mittelschicht nach dem Krieg. Indem wir diesen Kurs nachverfolgen, können wir auch sehen, wie er zur Krise von 2008 führte.

Die Hypotheken für die Veteranen bedeuteten, dass Häuser gebaut wurden, und diese Häuser erforderten Land. Sie konnten nicht in den bereits überfüllten Städten gebaut werden, die kein Bauland hatten. Und man konnte sie auch nicht zu weit von den Städten entfernt bauen, denn die Arbeiter mussten jeden Tag zu ihren Jobs in der Stadt pendeln. Das Ergebnis war die Errichtung von großen, die Städte umgebenden Vorstädten und diese Vorstädte brauchten natürlich Straßen, die sie mit der Stadt und untereinander verbanden. Und die Vorstädte brauchten Geschäfte, die all die Gegenstände verkauften, die von den Menschen gebraucht wurden, die dort lebten, und Parkplätze, auf denen man parken konnte. Neue Schulsysteme mussten geschaffen werden, genauso wie Gotteshäuser, Krankenhäuser und Dienstleistungsbetriebe.

Die Bundesregierung, die den heimkehrenden Veteranen Häuser zur Verfügung stellen wollte, veränderte den Wesenskern der amerikanischen Gesellschaft. Wir können darüber debattieren, ob das eine Verbesserung war, aber es ist passiert. Und während die Technokraten präzise und erfolgreich geplant hatten, um den Veteranen Häuser zur Verfügung zu stellen, waren es die unabsichtlichen Folgen, die ihre Bemühungen überschatteten. Das war ein Ausmaß des Social Engineering und der Expertise der Technokraten. Wenn Projekte scheiterten, waren die Ressourcen verschwendet. Wenn sie erfolgreich waren, fühlte man sich an Micky Maus als Zauberlehrling erinnert – es wurden unbeabsichtigt alle möglichen Kräfte freigesetzt. Die Ideologie der Expertise vergaß zu berücksichtigen, dass der begrenzte Fokus des Experten ihn – und andere Menschen – daran hinderte, vorherzusehen, wem sie da Tür und Tor geöffnet hatten.

In diesem Fall intensivierte sich das Wachstum der Vorstädte aufgrund ähnlicher Programme, die sich mit anderen amerikanischen Realitäten verflochten. Das Kreditprogramm für Veteranen wurde auf Hauskäufer mit geringem Einkommen ausgedehnt, die keine Veteranen gewesen waren. Es wurde von der Federal Housing Administration geleitet und gestattete es der unteren Mittelschicht,

Eigenheime zu kaufen. Das Programm war ein voller Erfolg und es wurde entschieden, dass die Banken, die die Kredite hielten, diese garantierten Hypotheken an Investoren verkaufen durften, um die Geldsummen zu vergrößern, die für Kredite zur Verfügung standen. Diese Zunahme verfügbaren Kapitals freute die Bauindustrie, die Hauskäufer und die Banken.

Das Instrument, das dafür verwendet wurde, war die Federal National Mortgage Association, Fannie Mae, eine Bank, die von der Regierung ins Leben gerufen wurde und während der Weltwirtschaftskrise die geplatzten Hypotheken verwaltete, um die Banken zu stabilisieren. Fannie Mae (und ein späterer Cousin, Freddie Mac) kaufte Hypotheken von Banken, um weiter Geld für Hypothekenkredite im Umlauf zu halten. Die Banken machten im Grunde ihr Geld, indem sie Hypotheken bearbeiteten. Die Hypotheken wurden verkauft und das Risiko auf diese miteinander verflochtenen, halb in Regierungs- und halb in Privatbesitz befindlichen Banken, Fannie Mae und Freddie Mac, übertragen. Weil es die ursprüngliche Aufgabe von Fannie Mae war, die geplatzten Kredite zu verwalten, und weil die FHA für die Kredite bürgte, die man den Hauskäufern gewährte und die Hypotheken an Fannie Mae verkauft wurden, waren alle zufrieden – Makler, Bauunternehmer, Hauskäufer und Banken.

Verfolgen wir die Angelegenheit weiter von den 1950er-Jahren in die 1970er-Jahre und bis 2008, dann stellen wir fest, dass es ein Problem gibt. Eine im Grunde gute Idee verwandelte sich in eine andere gute Idee, breitete sich über den Eigenheimsektor hinaus aus und kulminierte dann in unkontrolliertem Wahnsinn. 2008 hatte niemand, inklusive des Managements von Fannie Mae und Freddie Mac oder dem Department of Housing and Urban Development, auch nur einen blassen Schimmer, wie anfällig ihre Institutionen waren. Dieses Wissen hätte man sich beschaffen können, aber es wäre enorm schwierig gewesen. Die Zusicherung der Bundesregierung schuf die Illusion der Unverwundbarkeit und ein fähiges Managementsystem wurde nie etabliert. Die Bundesregierung schuf diese Einrichtungen und kein gewählter Amtsträger hatte die Möglichkeit, sie zu überwachen. Bis dahin war die Sache noch komplizierter geworden und private Institutionen kauften ebenso Hypotheken und verkauften Derivate, die die Hypotheken beinhalteten, wobei niemand sagen konnte, ob die Menschen, die sich Geld geliehen hatten, es zurückzahlen konnten.

Der Zweck dieser Ausführungen ist es, die Einzelheiten der Hypothekenkrise nachzuverfolgen. Es soll betont werden, dass es sich ursprünglich um ein sehr vernünftiges Programm handelte, um Veteranen zu helfen. Es verwandelte sich in ein Programm, um der unteren Mittelschicht zu helfen und gleichzeitig auch Unternehmen. Infolgedessen konnten die Banken Hypotheken verkaufen, was über die Jahrzehnte sowohl private Käufer von Hypotheken auf den Plan rief, als auch die Kreditgeber gleichgültig gegenüber der Kreditwürdigkeit der Kreditnehmer machte. Das endete auf absehbare Weise in der Katastrophe. Wie wir heute sehen, brauchten diese Katastrophen Jahrzehnte, um sich zu entwickeln.

Das institutionelle Problem war nicht, dass die Regierung zu groß geworden war. Im Verhältnis zur Bevölkerung konnte sie nicht einmal mithalten. Die Anzahl der Regierungsangestellten hat sich seit 1940 verdoppelt, aber die Bevölkerung sich von 139 Millionen auf 320 Millionen mehr als verdoppelt. Nicht die Bundesregierung hat dabei am meisten an Personal zugenommen, sondern die regionalen Verwaltungen und Regierungen der Bundesstaaten. Während der gleichen Periode blieb die Anzahl an Beschäftigten der Regierung, abgesehen vom Militär, relativ konstant. Einige Fakten sind dabei bemerkenswert. Der letzte Wachstumsschub der Bundesregierung fand während der Reagan-Administration statt.

Es gibt auch große Sorge, dass der Umfang der Staatsverschuldung (und der Verschuldung der Privathaushalte) einen desaströsen Effekt auf die Wirtschaft haben wird. Die Idee – nicht ganz unvernünftig – ist, dass die Schulden irgendwann einen Punkt erreichen, an dem sie nicht mehr zurückgezahlt werden können.

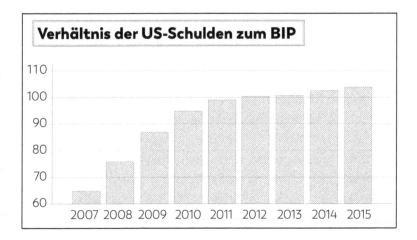

Verhältnis der US-Schulden zum BIP

Diese Angst ist gegenwärtig seit der Weltwirtschaftskrise, als die Öffentlichkeit lernte, die Unverantwortlichkeit sämtlicher Institutionen zu fürchten. Aber Tatsache ist, während die Schulden seit dem Zweiten Weltkrieg stiegen, während der 1980er-Jahre und darüber hinaus, haben sich die Ängste vor dem Kollaps, der Hyperinflation und allem anderen nicht bewahrheitet. Im Allgemeinen wird darauf geantwortet, dass es dennoch passieren wird. Das könnte stimmen, aber eine wahrscheinlichere Erklärung für die ausgebliebene Katastrophe steckt in der nächsten Grafik.

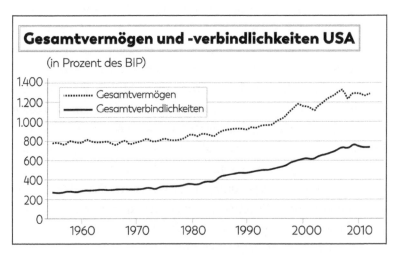

Gesamtvermögen und -verbindlichkeiten USA

(in Prozent des BIP)

Gesamtvermögen
Gesamtverbindlichkeiten

Wenn die Kreditwürdigkeit einer Einzelperson oder eines Unternehmens begutachtet wird, dann geht es vor allem um dreierlei: Schuldenstand, jährliches Einkommen und Gesamtvermögen. Aus schwer verständlichen Gründen wird bei der Begutachtung der Kreditwürdigkeit eines Landes nur das Einkommen (BIP) eines Jahres mit den Gesamtschulden verglichen. Das ist so, als würde die Gesamtheit der Schulden eines Individuums, von der Hypothek über den Autokredit bis zu den Studienschulden, mit dem Einkommen eines einzigen Jahres verrechnet. Das wäre ganz offensichtlich irrational.

Denken Sie an einen Milliardär, der 50 Millionen Dollar Einkommen im Jahr hat und 100 Millionen Dollar Schulden. Wenn man ignoriert, dass er ein Milliardär ist, dann wäre er in verzweifelter finanzieller Verfassung. Wenn man seine Assets aufaddiert, dann ist er in blendender Verfassung. Wenn man sich die Grafik ansieht, dann stellt man fest, dass die amerikanischen Assets, sehr konservativ berechnet, die Schulden bei Weitem übersteigen. Die Vereinigten Staaten sind wie der Milliardär, der Schulden hat, die sein Jahreseinkommen übersteigen, die aber eigentlich kein Problem darstellen. Offensichtlich hat das Verhältnis von BIP zu Schulden bei verschiedenen Ländern einen ganz anderen Wert. Manche Länder brechen unter dieser Schuldenlast zusammen, weil sie nur begrenzte Assets haben. Als Beispiel kann man an Island im Jahr 2008 denken, als die drei größten Banken – Glitnir, Landsbanki und Kaupthing – einen systemischen Kollaps erlitten, was für mehrere Jahre eine schwere Wirtschaftskrise in dem Land auslöste.

Das Problem der Bundesregierung ist nicht ihre Verschuldung oder ihre Größe. Das kann man an der Tatsache ablesen, dass keine der schon seit Langem gemachten Vorhersagen eingetroffen ist. Das Problem ist eher, dass das radikal zunehmende Ausmaß, in dem die Bundesregierung in die Gesellschaft verstrickt ist, ihr die institutionellen Möglichkeiten genommen hat. Das ist der Grund, wieso die Verschuldung nicht die Konsequenzen hatte, die von vielen seit den 1980er-Jahren vorhergesagt wurden. Das Problem der Bundesregierung ist nicht finanziell. Es ist institutionell.

Die institutionelle Krise hat ihre Wurzeln in zwei Dingen. Zuerst einmal häufen die Regierungsklasse und die Technokraten immer mehr Macht und Reichtum an und sie beginnen, die Institutionen so umzubilden, dass sie ihre eigenen Interessen schützen. Das zweite Problem ist, dass die Expertise, die den Zweiten Weltkrieg gewonnen hat und die Nachkriegswelt mit aufbaute, nun selbst Probleme mit der Ineffizienz bekommt – durch Diffusion.

Diffusion ist die Verteilung von Autorität zwischen mehreren Abteilungen oder Behörden. Auf einer niedrigeren Ebene ist es die Diffusion und Fragmentierung von Wissen zwischen einzelnen Experten. Das Wissen darüber, was passiert, wird verteilt statt integriert. Diffusion verbindet sich mit dem Problem der Expertise. Expertise wird gebraucht. Aber Experten sind Experten für verschiedene Dinge, und wenn Einheiten mit einer bestimmten Expertise gebildet werden, werden auch Barrieren zwischen Einheiten errichtet, die sich manchmal mit demselben Problem befassen. Statt eine Gesamtperspektive auf ein Problem einzunehmen, haben Experten eine Perspektive auf verschiedene Einzelaspekte eines Problems, und die Einheit, die sie repräsentieren, hat gleichzeitig mit anderen eine Verantwortung für einen Teilbereich eines Problems. Das schafft Diffusion mit der Bundesregierung und häufig gegensätzliche Stoßrichtungen einzelner Einrichtungen. Was im Zweiten Weltkrieg als Anstrengung begann, die sich vor allem auf den Krieg konzentrierte und streng kontrolliert wurde, hat nun kein Zentrum mehr, von dem aus es zu verstehen wäre. Das ist kein Alleinstellungsmerkmal der Bundesregierung. Es passiert in allen, besonders größeren Organisationen. Expertise hat diesen Defekt von Grund auf. Aber in der Bundesregierung ist das Problem die Größe dieses Defekts.

Das andere Problem ist die Verflechtung – mehrere Bundesbehörden, die Teile desselben Problems bearbeiten. Eine Form der Verflechtung ist es, dass verschiedene Behörden um Finanzierung und Zuständigkeiten kämpfen. Die Administrative Conference of the United States listet 115 Behörden der Bundesregierung auf und stellt fest:

**Es gibt keine verbindliche Liste der Bundesbehörden ...
Zum Beispiel listet FOIA.gov [unterhalten vom Justizministerium] 78 unabhängige Exekutivbehörden und 174 Komponenten dieser Exekutivbehörden als Einheiten auf, für die der Freedom of Information Act gilt, der für alle Bundesbehörden Gesetz ist. Das scheint eine konservative Schätzung anhand der möglichen Definitionen von Behörden zu sein. Das *United States Government Manual* listet 96 unabhängige Exekutiveinheiten und 220 Komponenten dieser Exekutivabteilungen auf. Eine noch umfassendere Liste stammt von USA.gov und nennt 137 unabhängige Exekutivbehörden und 268 Untereinheiten im Kabinett.**

Es gibt so viele Einheiten innerhalb von größeren Einheiten, dass es unmöglich ist, sie alle zu zählen.

Die Verflechtung von verschiedenen Behörden untereinander wird noch verkompliziert durch eine massive Verflechtung mit der Gesellschaft. Nachdem alle Hindernisse abgebaut worden sind, gibt es wenige Bereiche des Privatlebens, mit denen die Bundesregierung nicht auf die eine oder andere Weise zu tun hat. Gesundheitswesen, Bildungswesen auf allen Ebenen, Landwirtschaft, Transportwesen, das Management des internationalen Handels und buchstäblich jeder bedeutende Bereich des Privatlebens ist irgendwie mit der Bundesregierung verflochten, entweder als Regulativorgan oder als bedeutender Abnehmer. Und es gibt kaum einen Bereich, bei dem nur eine einzige Behörde involviert ist. Die Verflechtung zwischen den Behörden ist zu einem definierenden Charakteristikum des föderalen Systems geworden.

Da die Gesellschaft an sich immer komplexer wird und der föderale Imperativ, diese wachsende Komplexität zu managen, dabei Schritt zu halten versucht, wird das Management komplexer, Regulierungen werden geschaffen, die weniger verständlich sind, und Autorität wird weniger eindeutig definiert.

Die institutionelle Krise hat sich nach und nach aufgebaut, seitdem der dritte Zyklus seinen Reifepunkt erlebte. Wie bei den ersten beiden Zyklen hat sich eine gute Idee langsam abgenutzt, während die Gesellschaft sich verändert hat. Die Wurzel des Ganzen ist eine grundlegende Asymmetrie zwischen der Bundesregierung, wie sie 1945 gedacht worden war, und der Ökonomie und Gesellschaft von heute. Riesige Unternehmen und eine industrielle Arbeiterschaft haben damals die Landschaft bestimmt und das soziale Problem war, den Wohlstandsüberschuss zu nutzen, der durch den Zweiten Weltkrieg geschaffen wurde. Heute sehen wir uns einer ganz anderen sozialen und wirtschaftlichen Krise gegenüber, wie wir im nächsten Kapitel besprechen werden.

Ein weiterer wichtiger Aspekt des dritten institutionellen Zyklus ist, dass sich die Balance zwischen den drei föderalen Mächten verschoben hat. Am offensichtlichsten ist, dass sich die Macht des Präsidenten dramatisch vergrößert hat. Seine formelle Macht ist nicht gewachsen, aber sein Gewicht im Gesamtsystem. Zum Teil hat das mit inneren Angelegenheiten zu tun, ein Ergebnis seiner Befugnis, die Bedeutung von Gesetzen zu interpretieren, während er Regeln vorschreibt und das Gesetz anwendet. Der zweite Aspekt und wirkliche Impuls dieses Wandels war die Veränderung seiner Befugnisse in der Außenpolitik.

Atomwaffen und der Kalte Krieg haben ein technisches Problem geschaffen. Der Atomkrieg läuft mit einer Geschwindigkeit ab, die es verhindert, dass der Präsident sich erst mit dem Kongress beraten kann. Falls es zu einem Atomkrieg kommt, hat der Präsident die Macht, sofort den Mantel des Commanders in Chief umzulegen, ohne eine Kriegserklärung oder eine Resolution des Kongresses, wie es von der Verfassung gefordert wird. Er hat implizit die Befugnis, Krieg zu führen, wie es ihm beliebt. In der Tat besaß er nicht nur die Freiheit, auf eine sowjetische Attacke zu reagieren, sondern auch, einen Krieg zu beginnen.

Das wurde dann auf den konventionellen Krieg ausgeweitet. Kein Krieg seit dem Zweiten Weltkrieg wurde mit einer Kriegserklärung geführt und viele begannen ohne einen Beschluss des Kongresses. Der Koreakrieg wurde ohne Beteiligung des Kongresses geführt, denn Präsident Truman behauptete, da der UN-Sicherheitsrat einzugreifen beschlossen hatte und die Vereinigten Staaten ein Teil der UN sind, es keine Zustimmung des Kongresses bräuchte, um Krieg zu führen. Das war der erste Krieg beliebiger Größe ohne eine Zustimmung des Kongresses. Das Gleiche war bei Vietnam der Fall, als Präsident Lyndon Johnson beanspruchte, dass die Tonkin-Resolution – die nicht die Frage behandelte, ob ein langjähriger Krieg mit mehreren Heeresabteilungen geführt werden sollte – einen Krieg autorisierte, bei dem 50.000 Amerikaner starben. Während der Kubakrise wurde die Frage, was zu tun sei, vom Präsidenten und seinen Beratern entschieden, ohne eine formelle oder selbst informelle Zustimmung des Kongresses.

Die Zunahme präsidialer Macht hat während des 18-jährigen Kriegs gegen die Dschihadisten noch extremere Ausprägungen angenommen. Der Präsident beansprucht die Autorität, die Telefongespräche von Amerikanern und andere Kommunikationswege überwachen zu lassen. Viele Aspekte dieses Programms waren geheim und dem Kongress überhaupt nicht bekannt. Der Präsident beanspruchte in seiner Rolle als Oberbefehlshaber das Recht, einen Krieg zu beginnen und die Amerikaner nach Belieben ohne Zustimmung des Kongresses überwachen zu lassen. Die Balance zwischen den Mächten ist ins Kippen geraten.

Es war nicht nur die imperiale Präsidentschaft, eine Haltung, die bis auf die 1960er-Jahre zurückging. Es ging um die Realität eines zeitgenössischen Kriegs. Es bleiben nur Minuten, um zu entscheiden, wie man mit einer atomaren Attacke umgehen soll. Korea wurde an einem Wochenende angegriffen und die Entscheidung, in den Krieg zu ziehen, musste umgehend getroffen werden. Dschihadisten waren in den Vereinigten Staaten und planten Attacken und die Überwachung von Individuen war eine, wenn auch ineffiziente, Weise, sie aufzuhalten. Die Kubakrise und viele andere Krisen davor und danach konnten nicht erst im Kongress debattiert werden. Ein

Handeln musste potenziell im Geheimen erfolgen, um effektiv zu sein.

Und das verschob die Machtbalance noch weiter. Stabsmitglieder des Präsidenten und Experten in den Geheimdiensten, beim Verteidigungsministerium oder in außenpolitischen Ausschüssen konnten die Entscheidungen, die getroffen wurden, weit mehr beeinflussen als der Kongress. Der Kopf des Nationalen Sicherheitsrats oder der stellvertretende Direktor der CIA, der Einsätze kontrollierte, hatten mehr Kontrolle über das Handeln der USA und ihre Strategie als der Sprecher des Repräsentantenhauses, der manchmal darüber informiert wurde, was passierte, aber selten konsultiert wurde. Geheimhaltung hatte Priorität und der Apparat, der vom Präsidenten kontrolliert wird, hatte die Expertise und die Disziplin, um diese zu garantieren. Der Kongress hatte sie nicht. Daher sammelte der Präsident bei der Außen- und Sicherheitspolitik im dritten Zyklus immer mehr Macht an. Das führte jedoch nicht oft zum Erfolg.

Die Krise besteht in Folgendem: Institutionen, die auf Expertise aufbauen, funktionieren nicht mehr. Die Macht der Bundesregierung wird immer diffuser und sie verstrickt sich in alles Mögliche und kann nicht mehr rechtzeitig oder effizient handeln. Universitäten sind zunehmend ineffizient und Studiengebühren und Studienkredite in schwindelerregende Höhen geklettert, was es für einen Großteil der Bevölkerung in steigendem Maß unmöglich macht, universitäre Abschlüsse zu erwerben. Das Internet stellt immer weniger Zusammenhänge her und die Zeitungen können das benötigte Personal nicht mehr halten. Was die Technokraten bei Google und Goldman Sachs angeht, so wurde die gewaltige Anhäufung von Geld, das zunehmend nicht mehr effizient reinvestiert werden kann, aber dennoch einen riesigen Graben zwischen Arm und Reich schuf – der in gewissem Umfang nach dem Zweiten Weltkrieg geschlossen worden war –, zu einem definierenden Merkmal der Gesellschaft.

Die Anhäufung von Reichtum durch Experten, kombiniert mit der abnehmenden Effizienz der Technokratie, führt zu dieser dritten institutionellen Krise. Aber weil wir noch am Anfang der Krise stehen, haben diejenigen, die sie zum Teil erkennen, nicht die Macht, etwas daran zu ändern. Präsident Trump kam mit dem Versprechen ins Amt, den „Sumpf trockenzulegen", eine Metapher dafür, die Technokratie zu attackieren. Aber er hatte weder eine klare Vorstellung, wie man dabei vorgehen sollte, noch die politische Basis, von der aus man es tun konnte. Das Land war immer noch in der Mitte geteilt und die Technokraten verteidigten erfolgreich ihre Institutionen.

Die dritte institutionelle Krise ist in einem frühen Stadium, getrieben von der neuen und unbequemen Position der Vereinigten Staaten in der Welt und durch den langen Krieg gegen die Dschihadisten. Die Vereinigten Staaten suchen nach einem neuen Rahmenwerk, wie sie mit der Welt umgehen wollen, aber sie können es nicht im Rahmenwerk des dritten institutionellen Zyklus tun. In diesem Zyklus war die Regierung konstant in Außen- und Innenpolitik verstrickt. Diese konstante Verflechtung unter dem Deckmäntelchen des Managements kann nicht aufrechterhalten werden. Wir müssen uns der zweiten Art von Zyklen zuwenden, dem sozioökonomischen Zyklus, der einen ebenso großen Einfluss auf die Vereinigten Staaten hat, beinahe zur selben Zeit zu Ende geht und das Chaos verstärkt.

7
KAPITEL

DIE SOZIO-
ÖKONOMISCHEN ZYKLEN

Die amerikanische Geschichte und die amerikanische Wirtschaft haben einen Rhythmus. Ungefähr alle 50 Jahre durchlaufen sie eine schmerzliche und umwälzende Krise und in diesen Zeiten fühlt es sich oft so an, als würde die Wirtschaft kollabieren und die amerikanische Gesellschaft ebenso. Politik, die die letzten 50 Jahre funktioniert hat, tut dies nun nicht mehr und verursacht stattdessen bedeutenden Schaden. Eine politische und kulturelle Krise entsteht, und was als gesunder Menschenverstand betrachtet wurde, wird über Bord geworfen. Die politische Elite besteht darauf, dass alles, was schiefläuft, gelöst werden kann, wenn man weitermacht wie bisher, nur mit verstärkter Anstrengung. Ein großer Teil der Öffentlichkeit widerspricht, und zwar mit großen Schmerzen. Die alte politische Elite und ihre Sicht auf die Welt wird verworfen. Neue Werte, neue Politik und neue Führungsgestalten treten hervor. Die neue politische Kultur wird von der alten politischen Elite mit Abscheu betrachtet, die damit rechnet, bald wieder an die Macht zurückzukehren, sobald die Öffentlichkeit wieder zu Verstand gekommen ist. Aber nur ein radikal neuer Ansatz kann das zugrunde liegende ökonomische Problem lösen. Das Problem wird mit der Zeit gelöst, ein neuer gesunder Menschenverstand praktiziert und Amerika gedeiht – bis es Zeit für die nächste wirtschaftliche und soziale Krise und den nächsten Zyklus ist.

Es sind fast 40 Jahre vergangen, seitdem der letzte zyklische Übergang stattfand. 1981 wurde Ronald Reagan Präsident und löste Jimmy Carter ab. Er veränderte die Wirtschaftspolitik, die politischen Eliten und den Common Sense, der die Vereinigten Staaten seit den 50 Jahren bestimmt hatte, als Roosevelt Herbert Hoover ablöste. Wenn das Muster, das bis zur Staatsgründung zurückreicht, sich fortsetzt, dann ist die nächste sozioökonomische Verschiebung in den Vereinigten Staaten ungefähr 2030 fällig. Aber noch weit davor wird sich die zugrunde liegende Erschöpfung der alten Ära zeigen. Politische Instabilität wird noch ein Jahrzehnt oder länger vor der Verschiebung auftreten, begleitet von wachsenden wirtschaftlichen Problemen und sozialer Spaltung. Wenn die Krise reift, dann wird sie zu Ende gehen mit jemandem, der als gescheiterter Präsident betrachtet werden wird, und mit der Ankunft eines neuen Präsidenten, der nicht den neuen Zyklus schafft, sondern eher dafür sorgt, dass er stattfinden kann. Ungefähr das folgende Jahrzehnt lang werden sich die Vereinigten Staaten umgestalten und die neue Ära wird beginnen.

Man muss bedenken, dass der politische Zwist und der Lärm nur die äußere Verpackung tiefer sozialer und wirtschaftlicher Verwerfungen sind. Die Politik ist nicht der Motor, der das System antreibt. Das System treibt die Politik an. Roosevelt und Reagan haben ihre Ära nicht begründet. Die Ära war in einer Krise befangen und diese Krise konnte nicht auf konventionelle Weise gelöst werden. Ein Bruch mit der Vergangenheit war essenziell und Roosevelt und Reagan überwachten als Präsidenten das, was notwendig war.

Bisher gab es fünf dieser sozioökonomischen Zyklen. Der erste begann mit George Washington und endete mit John Quincy Adams. Der zweite begann mit Andrew Jackson und endete mit Ulysses S. Grant. Der dritte nahm mit Rutherford B. Hayes seinen Anfang und endete mit Herbert Hoover. Der vierte fing mit Franklin Roosevelt an und endete mit Jimmy Carter. Der fünfte begann mit Ronald Reagan und wird mit jemandem enden, dessen Namen wir noch nicht kennen, aber er oder sie wird vermutlich 2028 zum Präsidenten gewählt. Man darf nicht vergessen, dass Präsidenten einfach nur die Aushängeschilder sind. Der Zyklus spielt sich in den trüben Tiefen ab.

Der erste sozioökonomische Zyklus: Der Washington-Zyklus, 1783-1828

Lassen Sie uns die Geschichte der sozioökonomischen Zyklen betrachten. Die Gründung der Vereinigten Staaten fand zwischen 1783 mit dem Sieg bei der Revolution gegen England und 1789 mit der Ratifizierung der Verfassung und der Wahl von George Washington zum Präsidenten statt. Die Vereinigten Staaten waren nicht länger eine Gruppe von Staaten ohne gemeinsame Interessen. Die Revolution verwandelte die Struktur der amerikanischen Staatsführung. Zuerst warfen die Amerikaner die Briten aus dem Land und dann schufen sie das Rahmenwerk für diese Staatsführung. Aber die Revolution war in dem Sinne bemerkenswert, dass sie von der herrschenden Klasse geschürt und kontrolliert wurde, die nach der Revolution an ihrem Platz in der Gesellschaft blieb und diese weiter kontrollierte. Institutionell wurden die Vereinigten Staaten umgestaltet. Sozial und ökonomisch blieben sie intakt. Männer wie Washington, Adams und Jefferson, die ersten drei Präsidenten, repräsentierten die Aristokratie der Südstaaten und die Unternehmerklasse des Nordens, die die Kolonien beherrschte, die Revolution auslöste und hinterher regierte.

Nach einer Revolution ist Stabilität essenziell. Die Französische und Russische Revolution zeigten, was passieren kann, wenn eine Revolution zu sozialen Unruhen und wirtschaftlicher Unsicherheit führt. Der erste amerikanische Zyklus gab dem politischen System Zeit, sich zu etablieren, während die soziale Stabilität gewahrt wurde. Während des ersten sozioökonomischen Zyklus waren die Vereinigten Staaten zufrieden mit ihrer Geografie, zwischen dem Atlantik und den Appalachen, und sie waren zufrieden mit ihrer sozialen und ethnischen Struktur. Ihre Binnenwirtschaft war merkantil, aufgebaut auf Landwirtschaft und den Kernindustrien des internationalen Handels – Schiffbau und Finanzen. Das System war sowohl revolutionär als auch stabil. Es stürzte zwar um, was es vorher gab, aber die Stabilität folgte auf dem Fuß. Der Gegensatz von radikalem Wandel und stabilem Ergebnis war das Kennzeichen dieses ersten Zyklus.

Die industrielle Revolution war in England schon vorangeschritten, angeführt von einer Transformation der Textilindustrie. England war weiterhin eine Bedrohung für die neugebildete Nation, denn die Vereinigten Staaten blieben wirtschaftlich vom Handel mit England abhängig und Englands wachsender Reichtum erlaubte es ihm, eine Marine aufzubauen, die den Atlantik beherrschte. Die britischen Absichten wurden im Krieg von 1812 deutlich. Ein Handelskrieg mit den Briten hatte in Amerika von 1807 bis 1809 eine massive Wirtschaftskrise verursacht. Die Vereinigten Staaten als Ganzes blieben in der wirtschaftlichen Position, in der sie vorher waren, aber das bedeutete, dass die soziale Struktur, die auf dieser Position aufbaute, nicht aufrechterhalten werden konnte. Es ist interessant, dass zwar die zyklische Verschiebung noch 20 Jahre entfernt war, aber das Problem bereits sichtbar wurde, das die Krise auslösen sollte.

Die Förderung der Dynamik der amerikanischen Ökonomie in dieser Zeit erfolgte in zwei Stoßrichtungen. Die erste war eine zunehmende landwirtschaftliche Produktion. Die zweite war, das Land zu industrialisieren, um wirtschaftlich und militärisch mit den

Briten mithalten zu können. Die Industrialisierung erforderte jedoch eine größere Kapitalbasis und eine größere Bevölkerung; beides musste der Industrialisierung vorausgehen. Das konnte nur durch eine Nutzung des Landes westlich der Appalachen erreicht werden. Ein Teil davon, das Nordwestliche Territorium, war bereits amerikanisch. Ein weiterer Teil, Louisiana, wurde 1803 erworben. Aber keines von beiden konnte besiedelt werden, wenn man nicht ein Netzwerk an Straßen und Wegen durch die Appalachen aufbaute und Menschen fand, die dort siedeln wollten. Das erforderte Immigration.

Neue Siedler waren seit Ende der Revolution zunehmend in die Vereinigten Staaten gekommen, inklusive Deutschen, Schweden und, am wichtigsten, die Ulster-Schotten. Die Schotten hatten seit Jahrhunderten nach Land gesucht, um darauf Ackerbau zu betreiben. Sie hatten sich in Irland niedergelassen, waren seit 1790 in größerer Zahl in die Vereinigten Staaten gekommen und hatten sich mühsam als unabhängige Farmer etabliert. Sie unterschieden sich kulturell von den Engländern und waren ihnen feindlich gesinnt. Sie waren Individualisten, rauflustig, tranken gerne und arbeiteten hart. Die Engländer sahen auf sie hinab und betrachteten sie als eine Gefahr für die von den Engländern geschaffene Ordnung. James Logan, Sekretär der Penn-Familie aus Pennsylvania, sagte von den ersten Ulster-Schotten, die ankamen, dass „die Siedlungen von fünf Familien [der Ulster-Schotten] mehr Ärger machen, als fünfzig jeder anderen Nation". Sie wurden als Analphabeten angesehen, als gewalttätige Säufer, eine Ansicht, die zum Muster für ankommende Immigranten werden sollte. Die Deutschen schlossen sich bald den Ulster-Schotten an. Ben Franklin nannte die Deutschen „dumm und sonnenverbrannt".

Aber das Land musste besiedelt werden und das bedeutete, dass Amerika Immigranten brauchte. Unweigerlich stellten die neuen Immigranten eine Herausforderung für die Stabilität der Gesellschaft dar, weil ihre Ankunft das ökonomische System in gewissem und die Sozialstruktur in bedeutendem Ausmaß veränderte. Ihre Armut und ihre fremdartige Kultur machten sie zu Hassobjekten, was zu tiefen Spannungen führte. Während die Nation sie brauchte, konnte die bestehende Sozialordnung sie nicht tolerieren.

Als die Ulster-Schotten kamen, um sich jenseits der Appalachen anzusiedeln, war ihnen schnell die Art verhasst, wie das Land im Westen aufgeteilt und verkauft wurde. Sie verachteten die Vertreter der englischen Elite, genauso wie sie die Vertreter der englischen Verpächter in Schottland gehasst hatten. Sie verachteten auch, dass die politische Ordnung, die sich selbst als eine Regierung des Volkes präsentierte, tatsächlich von einer Pseudoaristokratie kontrolliert wurde. Neue Immigranten waren essenziell für die Entwicklung der Vereinigten Staaten, wurden von ihren demokratischen und sogar anarchischen Elementen angezogen und sahen diejenigen, die die 13 ursprünglichen Staaten regierten, mit derselben Verachtung, mit der die Elite sie betrachtete.

Der Kampf der Siedler um die Kontrolle ihres Landes begann mit einer Finanzkrise. Alexander Hamilton hatte die First Bank of the United States gegründet. Sie war in Privatbesitz, aber geschaffen worden, um eine stabile Währung zu verwalten. Die Belastungen der Gründungszeit, inklusive der Kriegsschulden aus der Revolution, veranlassten den Kongress, die Lizenz auslaufen zu lassen. Das verbesserte die Situation nicht gerade und 1816 wurde eine neue Bankenlizenz für die Second Bank of the United States geschaffen. Es handelte sich ebenfalls um eine Privatbank, im Besitz reicher Investoren. Ihre Aufgabe war, den Geldnachschub des Landes zu managen, indem sie die exzessive Kreditvergabe durch andere Banken einschränkte.

Eine Privatbank, aus Profitgründen betrieben und für ein vernünftiges Management der Geldmenge verantwortlich, war keine gute Idee und funktionierte wenig überraschend auch nicht besonders gut. Während Kredite einfach zu bekommen waren, stiegen die Grundstückspreise dramatisch. Der Reichtum der frühen Siedler wuchs, während neue Siedler aus dem Grundstücksmarkt gedrängt wurden. Mehrere Investoren der Bank wurden ebenfalls sehr reich. Die Spekulation mit Land im Westen überhitzte und die resultierende Inflation hatte auch auf den Rest des Landes Auswirkungen. Die Siedler hatten den Eindruck, dass die Bank nicht in ihrem Interesse gemanagt wurde, sondern zum Nutzen der Finanzwelt.

Dann vollzog sich 1819 eine Finanzkrise in Europa. Banken und Geschäfte hatten sich während der Napoleonischen Kriege viel Geld geliehen und es kam zu Zahlungsverzügen und Pleiten, die zu einer Wirtschaftskrise führten, die bis 1821 anhielt. Die Krise erreichte auch die Vereinigten Staaten, denn die Banker an der Ostküste in New York und Boston hatten in die europäischen Schulden investiert, daher traf der Zahlungsausfall den Bankensektor heftig. Die Krise machte die Gefahren von Beteiligungen am europäischen Finanzsektor deutlich und warf auch ein Schlaglicht auf die Fragilität des amerikanischen Finanzsystems und dadurch auch der Wirtschaft. Das Jahr 1819 weckte ernste Zweifel an der Besonnenheit der Klasse, die die Nation seit der Gründung dominiert hatte. Die Behauptung, der Geldadel sei besonders umsichtig, widersprach seiner offensichtlich riskanten Kreditvergabepraxis. Ein weiterer Stein des Anstoßes war, dass umfangreich in Europa investiert wurde, statt den neuen Siedlern in Amerika Kredite zugänglich zu machen. Eine massive soziale Spaltung trat auf, eine politische Krise braute sich zusammen und das kommende Jahrzehnt sollte Turbulenzen auf allen Ebenen erleben.

1822 drehte die Second Bank of the United States den Geldhahn zu, was zu einer zweifachen Krise führte. Der Wert des Landes im Westen stürzte ab. Viele der Siedler, die Farmer waren, hatten sich aufgrund des aufgeblasenen Wertes ihres Besitzes Geld geliehen und schuldeten nun mehr, als das Land wert war. Neue Siedler konnten keine Kredite von der Bank bekommen, um Land, Gerätschaften oder Betriebsmittel für Farmen zu kaufen. Der Grundstückspreis fiel, weil es keine Kredite gab, aber viele Siedler wurden immer noch vom Markt gedrängt. Das war eine Bedrohung für die geopolitische Strategie der Vereinigten Staaten, die darauf aufbaute, den Westen zu besiedeln und strategische Tiefe zu gewinnen.

Darüber hinaus stiegen die Lebensmittelpreise im Osten aufgrund der abnehmenden landwirtschaftlichen Produktion. Wenig überraschend kam es zu einer Wirtschaftskrise im Land, die unter anderem zu einer politischen Debatte über den Zweck der Second Bank führte.

Das Problem war, dass die Second Bank durch komplexe Beziehungen zu anderen Banken die Kontrolle über die Geldmenge hatte. Weil die Dollars, die im Umlauf waren, keine andere Deckung hatten als nur das Wort der Second Bank und die Verfügbarkeit von Geld weniger mit dem Lösen sozialer Probleme zu tun hatte als damit, die Interessen des Bankensystems zu schützen, dauerte die Wirtschaftskrise, die die Vereinigten Staaten traf, mehrere Jahre. Sie war besonders für die Siedler im Westen verheerend. Die Ulster-Schotten, die von den frühen englischen Siedlern sowieso als faul und träge angesehen wurden, machte man für ihre Situation selbst verantwortlich.

Die Vereinigten Staaten erreichten nun das Ende ihrer ersten Ära. Sie mussten sich westwärts ausbreiten. Sie brauchten eine höhere Lebensmittelproduktion. Die Siedler wurden von Hamiltons einst nützlicher und nun schädlicher Idee erdrückt, wie man Kredite managen sollte. Und weiterhin das zu tun, was in der ersten Ära so gut funktioniert hatte, würde die Krise nur intensivieren. Die zentrale Funktionsweise des Finanzsystems musste von Grund auf geändert werden. Aber viele glaubten, dieser radikalen Idee sollte widerstanden werden, denn die Idee, dass die Vergangenheit sich überlebt hat, ruft am Ende einer Ära immer Widerstand hervor. Und die nächste Wahl schuf unvermeidlich eine Präsidentschaft, die sich darauf verlegte, die Vergangenheit zu bewahren.

Die Wahl von 1824 war ein Wettstreit zwischen einem Mitglied der englischen Elite, John Quincy Adams, und einem Mitglied der Unterschicht der Ulster-Schotten, Andrew Jackson. Es war die perfekte Repräsentation der Spaltung der Vereinigten Staaten. Wenn sich Zyklen einer Übergangsphase nähern, dann ist politische Instabilität und Chaos bei der Wahl eine häufige Folge. Die Wahl

1824 war vielleicht die chaotischste in der amerikanischen Geschichte. Jackson hatte den Eindruck, dass Adams sich die Wahl erschlichen hatte, und er konnte gewichtige Argumente dafür vorbringen. Das Wahlkollegium brachte keine Mehrheit zustande und war über mehrere Kandidaten uneins. Die Wahl wurde im Repräsentantenhaus entschieden, die einzige Wahl, bei der das der Fall war, und es wurden ausgiebige Deals gemacht. Adams gewann und die Washington-Ära dauerte an.

Die Präsidentschaft von John Quincy Adams war eine Katastrophe. Adams' Ziel war es, das existierende Finanzsystem zu erhalten. Er verstand den neuen Zyklus nicht, der gerade begann. Der letzte Präsident einer Ära zu sein bedeutet, unfähig zu sein, sich auf die Zukunft einzulassen. Die Ära, die Adams geliebt hatte, war vorbei. Amerika hatte sich seit 1776 verändert. Ein Teil dieser Veränderung war geopolitisch: Das Land westlich der Appalachen musste besiedelt werden. Ein Teil war ethnischer Natur: Eine neue Welle von Immigranten brachte eine andere Kultur mit sich. Ein Teil war ökonomisch: Die Finanzpolitik der ersten Ära konnte den neuen ökonomischen Realitäten nicht gerecht werden. Das alte Modell war erschöpft und es gab kein Zurück. Entweder musste sich ein neues System herausbilden oder die Nation würde zerfallen.

Der zweite sozioökonomische Zyklus: Der Jackson-Zyklus, 1828-1876

Andrew Jackson gewann schließlich die Wahl 1828, der erste Präsident, der aus dem Westen der Appalachen stammte. Das war der Anfang des Prozesses, den neuen Zyklus aufzubauen. Es war der Angelpunkt und nicht das Ende des Kampfes. Und der Kampf war immer noch auf das Bankensystem konzentriert.

Die Lizenz der Second Bank würde 1836 auslaufen und Jackson hatte noch nicht die politische Macht, um sie zu beseitigen. Wenn 1828 der Angelpunkt war, dann begann die Übergangskrise um das Jahr 1819 und dauerte bis 1836, als die Bank nach Jacksons

Wiederwahl schließlich aufgelöst wurde. Aber bis dahin gab es noch ökonomische Verwerfungen. Eine stabile Währung und ein stabiles Kreditsystem wurden gebraucht, um den Westen zu besiedeln. Jackson unterstützte den Ruf nach einem Dollar, der durch Gold und Silber gedeckt war. Gold hatte einen stabilen Wert, aber begrenzte den Geldvorrat. Silber war weniger rar und machte es leichter möglich, die Geldmenge zu vermehren. Indem man den Dollar an beide Metalle band, so hoffte Jackson, konnte man eine ausreichende Liquidität schaffen, ohne dadurch Blasen zu verursachen.

Das galt auf lange Sicht. Auf kurze Sicht führte das zur Finanzpanik von 1837 und die Stabilisierung der Währung resultierte in einer Bankenkrise in den Vereinigten Staaten. Das war nicht die einzige Ursache der Krise. Im selben Jahr gab es in den Vereinigten Staaten eine Weizenmissernte und eine massive Finanzkrise in England, die auch Einfluss auf die Vereinigten Staaten hatte. Dies macht zwei Dinge klar. Zuerst einmal haben die Aktionen, die erforderlich sind, um einen neuen Zyklus einzurichten, häufig schmerzhafte ökonomische Folgen, vor allem für diejenigen, die nicht mit den Veränderungen gerechnet haben und glaubten, der alte Zyklus würde ewig andauern. Zweitens war der Übergang fast ein Jahrzehnt nach dem Wechsel im Präsidentenamt immer noch nicht abgeschlossen.

Angesichts der Bedeutung des Bürgerkriegs scheint es vernünftig, davon auszugehen, dass er ein Wendepunkt in der amerikanischen Geschichte war. Vom Standpunkt der Institutionen aus war er das mit Sicherheit. Vom Standpunkt der Ökonomie aus gab es viel Gemeinsames vor und nach dem Bürgerkrieg. Lincoln war ein Mann aus dem Westen, geboren in Kentucky und wohnhaft in Illinois. Er vertrat die Interessen der Union gegenüber dem Süden, aber er vertrat auch die Siedler im Westen. Er unterzeichnete den Homestead Act 1862, der jedem, der fünf Jahre Landwirtschaft betrieb, 65 Hektar Land staatliches Land im Westen zusicherte. Das öffnete einer umfassenderen Besiedlung des Westens die Tür und untergrub die

Bodenspekulation, indem der Besitz für fünf Jahre eingefroren wurde und eine große Menge neues Land auf den Markt kam.

Damit war Lincoln klar ein Teil des Jackson-Zyklus. Angesichts seiner überragenden Bedeutung in der amerikanischen Geschichte ist es seltsam, dass er nicht der soziale und ökonomische Wendepunkt war. Aber Lincolns Bedeutung lag in der massiven institutionellen Verschiebung, die nach dem Bürgerkrieg stattfand. Von einem sozialen und politischen Standpunkt aus regierte er innerhalb des Rahmens des Jackson-Zyklus, besiedelte das Land und machte es produktiv. Jedoch regierte er gegen Ende eines Zyklus, in welchem Grant der gescheiterte Präsident war. Wie ich bereits sagte, bricht die politische Instabilität meist mehr als ein Jahrzehnt vor dem Ende eines sozialen und ökonomischen Zyklus aus. Hayes wurde 1876 gewählt und der Bürgerkrieg brach 15 Jahre vorher aus, die Mutter aller Vorboten.

Jedoch bildete sich ein neuer Zyklus heraus. Eines der größten Probleme des Bürgerkriegs war, dass der Süden Baumwolle nach England exportierte und sich keinen Zollkrieg leisten konnte. Der Norden stand erst vor der Industrialisierung und wollte einen Schutz vor Konkurrenz aus dem Ausland. Nach dem Bürgerkrieg war der Süden ruiniert und die Industrialisierung hatte einen heftigen Schub durch den Krieg erhalten. Aber etwas anderes war passiert, das schon lange im Entstehen war. Der landwirtschaftliche Mittlere Westen wurde das Rückgrat des Landes. Seine Einwohner waren Landbesitzer in stabilen Verhältnissen und kleine Städte waren entstanden, um sie zu versorgen. Die Industrialisierung schuf eine radikal andere Kultur in den größeren Städten, die vorher die finanziellen und wirtschaftlichen Zentren gewesen waren, nicht die Orte, in denen die massive Produktion stattfand. Der Industrialismus änderte das.

Eine Finanzkrise, die im Bürgerkrieg ihren Ursprung hatte, brach 1873 aus und ging dem Übergang von einer Ära zur nächsten voraus. Was führte zu dieser Krise? Es ist logisch, dass die Finanzierung des Bürgerkriegs massive Kreditaufnahmen des Bundes erforderlich gemacht hatte. Als sich das als unzureichend erwies, begann die Bundesregierung, Geld herauszugeben, das nicht von Silber oder Gold gedeckt war, und hob damit das Jackson-Modell wieder auf. Als Ergebnis hinterließ der Krieg ein Chaos in der amerikanischen Wirtschaft. Die alte, goldgestützte Währung war noch im Umlauf, aber die Regierung hatte nicht das Gold, um sie zu stützen. Besitzer von Staatsanleihen wurden mit Dollars ausgezahlt, die wenig Wert hatten. Die Anleihen der Südstaaten hatten gar keinen Wert mehr. Die mit Gold und Silber gestützten Dollars wurden als Spargroschen der Wirtschaft entzogen. Das Ergebnis war eine Inflation, über die sich die Leute freuten, die Schulden hatten, die aber die Kreditgeber finanziell ruinierte. Eine große soziale Kluft tat sich auf und dann folgte 1873 die unvermeidliche Finanzkrise, diejenige, die dem Ende des Zyklus voranging.

Diese Finanzkrise betraf Eisenbahn-Aktien – Eisenbahnen waren die fortschrittlichen Technologie dieser Ära. Es hatte massive Spekulationen im Bereich der Eisenbahn gegeben und 1873 tat die Spekulationsblase das, was sie alle tun, sie platzte. Der Kollaps der Eisenbahn-Aktien hatte auch Auswirkungen auf Europa, das intensiv in den Vereinigten Staaten investiert hatte. Ein weiteres bedeutendes Opfer waren die Kleinstadtbanker, die sich überall im Westen in den kleinen Gemeinden ausgebreitet hatten, um die örtlichen Farmer zu unterstützen.

Kleine Städte waren zum Symbol für ein anständiges Leben geworden. Sie boten Handelsplätze für landwirtschaftliche Produkte, Banken, rechtliche, religiöse und andere Dienstleistungen, die sparsame Farmer anlockten, die selbst einst Siedler waren oder von diesen abstammten. Jedoch waren ihre Interessen nicht mehr die gleichen wie die ihrer Großväter. Kleinstädte waren auf zweierlei Weise eine andere Kultur. Erstens wohnte in ihnen eine große Zahl neuer Einwanderer aus Skandinavien und Deutschland, die sich nicht auf das Land ausbreiteten, sondern sich in den Gemeinden konzentrierten. Zweiten waren sie zunehmend wohlhabend. Nun waren sie zwischen zwei Kräften gefangen. Die eine war der Jackson-Zyklus, der für sie zunehmend bedeutungslos war. Das andere war die steigende Industrialisierung, die sie beinahe ruiniert hatte.

Ulysses S. Grant war der Präsident, der diese Ära beschließen sollte. Er wurde als ineffizient angesehen und hatte keine Ahnung, wie er mit der Finanzkrise umgehen sollte, die zu Beginn seiner zweiten Amtszeit zuschlug. Genauso wenig hatte er eine Idee, wie er mit dem bevorstehenden Übergang umgehen sollte. Seine Ansichten stammten noch aus der Jackson-Ära, die sich immer auf Grundbesitz und eine moderate Inflation der Währung konzentriert hatte. Das Problem war, dass das Land nicht mehr nur aus Siedlern bestand, die Ackerland bestellten, sondern aus Kleinstädten (und weil Grant aus Ohio stammte, hätte er das verstehen sollen), und dazu kam eine wachsende Industrialisierung, die dazu führte, dass etwa ein Vierteljahrhundert später die Hälfte der produzierten Waren der Welt in den Vereinigten Staaten hergestellt wurde. Es gab einen ökonomischen und sozialen Aufruhr, der nicht durch die Politik des aktuellen Zyklus gelöst werden konnte. Aber wie alle Präsidenten, die am Ende eines Zyklus im Amt sind, hatte er keinen anderen Referenzpunkt als die Vergangenheit. Der soziale und ökonomische Zyklus stand erneut vor einem Wandel.

Der dritte sozioökonomische Zyklus: Der Hayes-Zyklus, 1876-1929

Wie bei der Wahl von Jackson war auch die Wahl von Rutherford B. Hayes chaotisch und voller Anschuldigungen und Gegenanschuldigungen. Die Wahl von 1876 wird als eine der dreckigsten und turbulentesten in der amerikanischen Geschichte betrachtet. Hayes erhielt weniger Stimmen als sein Gegner Samuel Tilden, aber gewann im Wahlkollegium. Er gewann durch geschickte Täuschungsmanöver, die ihm die Wahl sicherten. Er wurde beschuldigt, sich die Wahl erschlichen zu haben, was keine aus der Luft gegriffene Anschuldigung war. Aber er wurde gewählt. Hayes war Präsident, als noch die Probleme gelöst werden mussten, die ein Überbleibsel des Bürgerkriegs waren. Hayes, der bei Weitem keine Ikone vom Rang eines Washington oder Jackson war, wiederholte, was sie getan hatten. Keiner von ihnen hatte einen neuen Zyklus geschaffen, aber sie waren Präsidenten, als er begann.

Die Wirtschaftskrise wurde aufgrund der Möglichkeiten gelöst, die von der Wissenschaft hervorgebracht und in Form von Technologie genutzt wurden. Zwei Kerntechnologien entstanden während dieser Periode, bei beiden drehte es sich um Energiegewinnung, eine dringende Angelegenheit, wenn die industrielle Revolution voranschreiten sollte. Die erste war die Elektrizität, die zu einer Reihe von Produkten führte, von Kommunikation bis zur nächtlichen Beleuchtung. Die zweite war die Erfindung des Verbrennungsmotors, der den Transport revolutionierte, besonders durch das Automobil und das Flugzeug, und die Ölindustrie ins Leben rief. Die Industrialisierung veränderte nun das Alltagsleben und der Hunger nach neuen Technologien schuf einen Hunger nach Kapital.

Das Problem war, die Finanzkrise von 1873 wirkte immer noch nach und rief eine Finanzknappheit hervor. Hayes und sein Finanzminister, John Sherman, eine viel bedeutendere Figur, beschlossen, die Währung zu stabilisieren, aber auf eine ganz andere Weise, als es Jackson getan hatte. Jackson hatte Silber und Gold genutzt, um den Dollar zu stützen. Silber war reichlicher vorhanden, sowohl in den Händen der Bürger als auch im Boden. Die Währung auf Silber zu stützen hätte sie stabilisiert, ohne sie unflexibel zu machen. Hayes' Problem war eine Währung, die jedes Vertrauen verspielt hatte, und das zu einer Zeit, als Investitionen in die Industrialisierung essenziell waren. Investoren und Kontoinhaber mussten sichergehen, dass ihre Investitionen nicht durch eine galoppierende Inflation untergraben wurden.

Daher beschloss Hayes, den Dollar nicht mit Gold und Silber abzusichern, sondern nur Gold zu verwenden. Der Goldstandard führte zu Starrheit, aber stellte auch das Vertrauen wieder her. Während die Regierung die Kriegsschulden mit goldgestützten Dollars zurückzahlte, kam auch die ältere goldgestützte Währung wieder in

Umlauf, da sie nicht länger vor einem bevorstehenden Kollaps bewahrt werden musste. Das ermutigte die Bürger, wieder ihr Geld bei den Banken einzuzahlen und Investitionen – darunter ein hohes Maß aus dem Ausland – flossen schnell in die Industrialisierung.

Die Einführung des Goldstandards verknappte auch die Geldmenge. Besonders traf es die ärmeren Farmer, die Probleme hatten, Kredite zu bekommen. Ärmere Farmer wurden aus dem Markt gedrängt und reichere Farmer und Geschäftsleute in den Kleinstädten konnten zwangsvollstreckte Farmen zum Schleuderpreis erwerben. Eine bedeutende Nostalgiebewegung entstand, die sich nach einer Rückkehr zur Vorkriegsära sehnte. William Jennings Bryan stand an der Spitze der Bemühungen innerhalb der Demokratischen Partei, wieder zu einer gold- und silbergestützten Währung zurückzukehren. Seine berühmte „Kreuz aus Gold"-Rede 1896 fand Widerhall und er kandidierte mehrmals als Präsident, aber scheiterte. Bryan war ein Verteidiger des vorhergehenden Zyklus, der verschwunden und nicht länger relevant war, selbst wenn er noch lautstarke Fürsprecher wie ihn hatte.

Die Kleinstadt, die sich in der Jackson-Ära etablierte, wurde zum sozialen Fundament der neuen Ära. Sie erzwang moralisches Verhalten, inklusive der beiden wichtigsten Werte: Bescheidenheit und harte Arbeit. In einem Zeitalter, als Investmentkapital essenziell war, waren es harte Arbeit und Bescheidenheit, die es hervorbrachten. Die Kleinstadt war aber auch ein Mittelpunkt der Heuchelei. Sie war ein Ort der Exklusion sowie der intensiven Gemeinschaft. Die Gemeinschaft funktionierte, aber sie funktionierte, indem sie durch Klatsch und Tratsch und Beschämung eine Konformität erzwang. Eine Kleinstadt ist ein Dynamo, der Leben und Reichtum erhält und keine Störungen der herrschenden Ordnung verträgt. Daher wurde jeder, der anders war, ausgeschlossen oder an den Rand gedrängt. Das führte zum Ausschluss von Afroamerikanern. Juden und Katholiken wurden nur gerade so toleriert. Die Unterscheidung zwischen Engländern und Ulster-Schotten war verschwunden. Deutsche und Skandinavier, die vor dem Bürgerkrieg in größerer Zahl ankamen, wurden akzeptiert, auch wenn sie dazu neigten, sich in ihren eigenen Gegenden und Städten zu konzentrieren. Aber den irischen Katholiken, die zur selben Zeit angekommen waren, misstraute man und sie lebten eher in den größeren Städten.

Die Engländer hatten den Ulster-Schotten misstraut und zuerst hatten die Farmer den Geschäftsleuten in Kleinstädten und den Bankern misstraut. Farmer lebten von harter Arbeit, während die Kleinstädte vom Handel lebten. Das war ein entscheidender sozialer Unterschied. Er führte auch zu Differenzen in Bezug auf Kultur und Moral. Es war ein normaler Prozess, dass die dominante Klasse der bestehenden Ära der aufsteigenden Klasse und Ethnizität der kommenden Ära misstraute. Daher erfüllte die Menschen in den Kleinstädten Amerikas ein tiefes Misstrauen gegenüber den großen und blühenden Industriestädten, aufgrund ihrer schieren Größe und weil sie die Großstädte als Sündenpfuhl betrachteten. Trotz der Menschenmengen, so dachten sie, waren die Menschen in den Großstädten allein und allein zu sein machte es wahrscheinlicher, der Sünde zu verfallen. Im Kontrast dazu sah man die Kleinstädte als Hort von Gemeinschaft und Moral an.

Die Menschen aus dem kleinstädtischen Amerika hatten zudem eine Abneigung gegen die Menschen, die in den Großstädten lebten – die Reichen und die Masse an Immigranten, die im späten 19. Jahrhundert ankamen. Die Städte waren voll von Katholiken aus Süd- und Osteuropa, Juden und Afroamerikanern, die langsam aus dem Süden in den Norden migrierten, alle mit unbekannten Bindungen, unbestimmtem Charakter und keiner der Eigenschaften der protestantischen Kleinstädte. Die aufsteigenden Städte wurden als fremd und ökonomisch bedrohlich wahrgenommen und die Industrie übernahm den Platz als ökonomisches Zentrum, den die kommerzielle Landwirtschaft der Kleinstädte innegehabt hatte.

Der Goldstandard schuf massive Investitionen. Bis 1900 produzierten die Vereinigten Staaten die Hälfte aller Industriegüter der Welt. Während des Großteils des dritten Zyklus steigerten die Vereinigten Staaten rasch ihre Produktion und den Konsum. Sie brauchten ständig mehr Arbeiter und die Immigranten strömten ins Land, vergrößerten die Städte und machten sie noch exotischer. Die Vereinigten Staaten waren nach jedem Maßstab auf dem Weg nach oben.

Der Erste Weltkrieg bereitete die Bühne für Probleme, die zu einer zyklischen Verschiebung führten. Das massive industrielle Wachstum schuf einen immensen Bedarf an Konsumenten. Der Erste Weltkrieg vernichtete Konsumenten. Der Verlust von Exportmärkten setzte die amerikanische Wirtschaft unter Druck, was durch zunehmenden Konsum mithilfe reduzierter Steuersätze ausgeglichen wurde. 1929 platzte die Konsumblase, die sich gebildet hatte. Aber bereits vorher hatte die Wirtschaftskrise den Farmgürtel im Mittleren Westen getroffen.

Viele Gründe werden angeführt, um zu erklären, wieso der massiven industriellen Produktion die Kunden ausgingen, von exzessiver Kreditvergabe bis zur Geldpolitik der Federal Reserve. Aber es war angesichts der globalen ökonomischen Situation unmöglich, das Produktionsniveau aufrechtzuerhalten, das zwischen 1922 und 1927 konstant gestiegen war. Eine Krise war unvermeidlich und ein Vorbote waren die irrational steigenden Preise auf dem Aktienmarkt.

Die Krise war nicht der Zusammenbruch der Märkte. Sondern das, was auf diesen Zusammenbruch folgte: Anstieg der Arbeitslosigkeit und sinkende Nachfrage nach Produkten. Während die Verkäufe sanken, sank auch die Beschäftigung. Damit sanken erneut die Nachfrage und die Verkäufe, und eine Spirale entstand, die in der Umgebung, die Hayes geschaffen hatte, nicht aufzuhalten war. Er hatte erfolgreich die amerikanische Ökonomie nach vorne gebracht, aber dieselben Lösungen, die diesen Anstieg ermöglichten – eine rigorose Disziplin, die der Wirtschaft durch den Goldstandard auferlegt wurde – konnte das Problem nicht lösen, das durch die Weltwirtschaftskrise entstand.

Hayes hatte erfolgreich durch eine stabile Währung massive Investitionen generiert. Aber das Problem war, dass er zu erfolgreich damit war. Die Industrieproduktion der Vereinigten Staaten überstieg die

Fähigkeit der amerikanischen und globalen Märkte, das zu konsumieren, was sie produzierte. Sparmaßnahmen würden das Problem nicht lösen. Die Lösung war, den Konsum anzukurbeln. Aber die Strategie der dritten Ära konzentrierte sich intensiv darauf, die Investitionen voranzutreiben. Den Konsum anzutreiben, um die vorhandenen Kapazitäten zu nutzen, war außerhalb des Rahmens der Ära.

Diese Ära basierte auf dem Goldstandard und auf Bescheidenheit. Industrielle hatten die Fabriken aufgebaut, die das Land reich machten und die Eliten erhielten. Indem sie dieses industrielle System schufen, untergruben sie auch das System, das Hayes geschaffen hatte. Fabriken produzierten Waren in spektakulärem Ausmaß, aber diese Produktion konnte nur aufrechterhalten werden, wenn es Kunden gab. Die Ideologie der Sparsamkeit, das Interesse der Fabrikbesitzer und die Verfügbarkeit zusätzlicher Arbeitskräfte durch die Immigration drückten unvermeidlich die Löhne. Mit stagnierenden Löhnen und steigender Produktion verlor das System die Balance und stürzte schließlich 1929 in eine tiefe Krise.

Herbert Hoover fand sich in einer gescheiterten Ära wieder. Die Annahme war, dass harte Arbeit und Sparsamkeit die ökonomischen Probleme lösen würden. Arbeitslosigkeit wurde durch die Brille der vergangenen Ära gesehen. Man nahm an, dass Arbeitslosigkeit das Ergebnis einer mangelhaften Arbeitsethik der Arbeitslosen war und sie sich wieder an die Arbeit machen würden, wenn dieser Fehler behoben wäre. Gleichzeitig wurde es als Gebot der Stunde gesehen, ein ausgeglichenes Budget zu haben und die Geldmenge knapp zu halten. Das Problem war natürlich, dass diese beiden Faktoren die wenigen Löhne weiter reduzierten, die Nachfrage untergruben und die Ökonomie in noch schlechterem Zustand zurückließen. Das Modell der gegenwärtigen Ära funktionierte einfach nicht mehr. Herbert Hoover gesellte sich zu John Quincy Adams und Ulysses S. Grant als der letzte, gescheiterte Präsident einer Ära.

Der vierte sozioökonomische Zyklus: Der Roosevelt-Zyklus, 1932-1980

Hoover wurde 1932 abgewählt und durch Franklin Roosevelt ersetzt, der im Wahlkampf für Sparsamkeit und ein ausgeglichenes Budget plädierte. Tatsächlich hatte er keinen ausgefeilten Plan, aber er wusste, er konnte nicht das Gleiche tun wie Hoover, egal was er gesagt hatte, um die Wahl zu gewinnen. Das Problem war die fehlende Nachfrage für die produzierten Waren, denn die Arbeiter waren arbeitslos geworden oder hatten mit Lohnkürzungen zu kämpfen. Die Lösung schien dem Geist der Zeit zuwiderzulaufen: Die Arbeiter mussten mehr Geld zur Verfügung haben. Weil sie in einer bankrotten Industrie keine Jobs bekommen konnten, bestand die Lösung darin, Jobs zu schaffen, selbst Jobs, die nur eine Art Beschäftigungstherapie waren, nur um dafür zu sorgen, dass sie wieder Geld in der Tasche hatten.

Massive politische Instabilität ging der Wahl voraus. Während der 1920er-Jahre hatte es bedeutende Aktivitäten im linken Spektrum gegeben, darunter Kommunisten, und antikommunistische Aktivitäten der Bundesregierung. Der Ku-Klux-Klan hatte an Macht gewonnen, nicht nur im Süden, sondern auch im Norden. Huey Long, der Gouverneur von Louisiana, erschien bis zu seiner Ermordung 1935 als denkbarer Kandidat für das Amt des Präsidenten. Das Ende des alten Zyklus kam nicht ohne das übliche politische Drama aus.

Die soziale Basis dieser Ära war die urbane Klasse von Industriearbeitern. Zu dieser Klasse gehörten viele Migranten aus Irland und dem südlichen und östlichen Europa oder deren Kinder und Enkelkinder und Weiße aus dem Süden, die von der Wirtschaftskrise betroffen waren und sich nie vom Bürgerkrieg erholt hatten. Sie waren entweder bereits organisiert oder organisierten sich später in Gewerkschaften, die Verbindungen zum Parteiapparat der Demokraten hatten. Sie forderten den Transfer von Reichtum. Die Republikaner waren schockiert. Aber das änderte nichts.

Roosevelts politische Maßnahmen waren sowohl notwendig als auch unzureichend. Das Ungleichgewicht zwischen Produktionskapazität und Nachfrage sorgte dafür, dass in den Fabriken Leerlauf herrschte und die Arbeiter arbeitslos blieben. Der Zweite Weltkrieg beendete schließlich die Weltwirtschaftskrise. Wie wir gesehen haben, waren die industriellen Anforderungen des Zweiten Weltkriegs überwältigend und das Militär aufzubauen kostete jede Menge Arbeitskräfte. Die Vereinigten Staaten hatten plötzlich keinen Überschuss an Arbeitskräften mehr, sondern einen Mangel. Der Krieg erreichte das, was der New Deal versucht hatte. Er eliminierte die Arbeitslosigkeit und ließ die Fabriken bis an die Grenzen ihrer Auslastung produzieren.

Der Krieg läutete eine Periode des Wohlstands ein, der auf einem massiven Industriekomplex fußte und einer exzellent ausgebildeten und disziplinierten Arbeiterschaft. Der Krieg schuf auch eine Menge an unbefriedigter Nachfrage, denn zivile Bedarfsgüter wurden knapp oder eine Weile gar nicht produziert. Was der Krieg im Grunde erreicht hatte, war die keynesianische Lösung für Wirtschaftskrisen in einer Industriegesellschaft: beträchtliche Ausgaben auf Pump. Das führte zu jeder Menge Geld in den Händen der Konsumenten, die es während des Kriegs nicht ausgeben konnten und einen Großteil in Kriegsanleihen steckten. Die Nachfrage war vorhanden; die Fabriken waren vorhanden. Nur eine Zutat fehlte noch.

Einer der einschränkenden und disziplinierenden Faktoren der früheren Epochen war der Mangel an Kreditvergabe an Konsumenten. Man konnte zu Beginn des 20. Jahrhunderts zwar bereits Hypothekenkredite aufnehmen, aber häufig nur unter erschwerten Bedingungen. Kredite für andere Güter waren sehr begrenzt. Die Nachkriegsära erlebte eine Zunahme an Hypotheken und auch an Konsumentenkrediten für andere Produkte wie Autos. Es wurde später mithilfe der Kreditkarte buchstäblich alles auf Pump gekauft. Das zugrunde liegende Prinzip war auch das Basisprinzip des Zyklus. Den Fabriken wurden durch gesteigerte Nachfrage Aufträge verschafft. Jobs waren dabei ein Schritt. Kredite für Konsumenten waren der nächste logische Schritt und derjenige, der die Wirtschaft dauerhaft am Laufen hielt.

Die Roosevelt-Ära schuf die Technologie des Managements. Das Konzept, das an Wirtschaftsunis und anderswo gelehrt wurde, ist weder Hardware noch Software. Es ist eine Methode, eine Organisation auf bestimmte Weise zu betrachten und zu kontrollieren. Wie früher erwähnt, nennt man diejenigen, die diese Kunst meistern, Technokraten. Technokraten sind eine Klasse, die auf dem Prinzip des Pragmatismus aufbaut. Eine Aufgabe erledigen, worin diese auch besteht, ist die Kunst der Technokraten und, wie sie im Zweiten Weltkrieg demonstrierten, es ist eine sehr mächtige Kunst. Nach dem Zweiten Weltkrieg dehnte sie sich nicht nur in die Wirtschaft, sondern auch in die Regierung und andere Sphären des amerikanischen Lebens aus. Die riesige Industrie, die sich während der Hayes-Ära entwickelt hatte, fiel nun unter die Kontrolle der Technokraten.

Technokratie ist ein entscheidend wichtiges Konzept, wenn man den letzten und den nächsten sozioökonomischen Zyklus verstehen will. Ein Technokrat ist jemand, der Expertise in einem bestimmten Bereich vorweisen kann und die Belege, die ihm diese Expertise bescheinigen. Auf gewisse Weise dreht es sich bei Technokratie einfach um Leistung. Der Technokrat ist jemand, der nicht aufgrund von Herkunft oder politischer Zugehörigkeit aufgestiegen ist. Er ist aufgestiegen, weil er die Expertise hatte, um eine Aufgabe zu erfüllen, worin diese auch bestehen mag, im öffentlichen oder privaten Bereich.

Einer der entscheidenden Charakterzüge des Technokraten ist, dass er keine Ideologie verfolgt, anders ausgedrückt, seine einzige Ideologie ist die Expertise – sich in etwas gut auszukennen. Es war eine Klasse, die sich in alle Bereiche ausbreitete, öffentlich oder privat, und das Prinzip der Effizienz verbreitete. Die Technokraten repräsentierten ein moralisches Prinzip, wie wenig ideologisch sie auch erscheinen wollten. Das moralische Prinzip war das der Effizienz in der Regierung und allen anderen Sphären. Es war daher nicht die Expertise des Klempners, die gepriesen wurde, sondern die des

Managers, des Fachmanns und des Intellektuellen, dessen Expertise von einer Universität bescheinigt wurde. Daher erwuchs eine ganze Klasse aus der relativ begrenzten Idee der Technokratie, die sich in der Roosevelt-Ära ausbreitete. Eine Klasse, die in der Reagan-Ära sehr mächtig wurde.

Die Konzepte von Roosevelt und Keynes funktionierten zwischen 1945 und etwa 1970 hervorragend. Es war eine Periode des Wohlstands. 1970 sahen wir die ersten Anzeichen für ein Ende des Zyklus, als eine relativ kleine Inflation auftrat und Richard Nixon die Löhne und Preise einfror, um die Wirtschaft zu stabilisieren. Allerdings schwanden die Aussichten auf einen Erfolg dieser Maßnahmen im Jahr 1973, als die arabischen Länder als Reaktion auf den Arabisch-Israelischen Krieg ein Ölembargo gegen die Vereinigten Staaten verhängten. Diese Aktion trieb sowohl die Inflation an als auch den Prozess des wirtschaftlichen Abschwungs.

Die Lösung für diese Wirtschaftskrise wurde selbst zu einem Problem. Die vierte Ära konzentrierte sich auf hohen Konsum im Gegensatz zu Investitionen. Die Sache wurde weiter verkompliziert durch hohe Steuersätze bei den oberen Einkommensklassen. Der Steuersatz für Einkommen über 250.000 Dollar betrug 70 Prozent. Reiche Investoren, die das Risiko abwägten, sahen wenig Grund zu investieren, wenn im Fall eines Erfolges der Gewinn mit 70 Prozent versteuert wurde. Potenzielle Unternehmer waren ebenfalls abgeschreckt, ein Risiko einzugehen, wenn der Erfolg nicht unbedingt wahrscheinlich und die Erträge bedeutend reduziert waren.

Das Ölembargo führte zu steigender Inflation. Aber dahinter steckte noch ein weiteres Problem: Die hohe Nachfrage hatte ein grundlegendes Problem mit der Industrieproduktion überdeckt. Die Anlagen waren veraltet und die zögerlichen Investitionen beschnitten das verfügbare Kapital, um die industrielle Basis zu erneuern. Länder wie Deutschland und Japan, die im Zweiten Weltkrieg besiegt worden waren, hatte viele neuere Fabriken und produzierten effizienter als die amerikanischen Fabriken. Sie drängten auf den US-Markt und machten sich den kreditfinanzierten Konsum zunutze.

Die Nachfrage nach Geld war hoch, sowohl von Konsumenten als auch von Geschäften. Aber die Neigung zu investieren war gering, was die Zinsen dramatisch in die Höhe trieb. Der natürliche Impuls dieser Ära bestand darin, den Konsum anzukurbeln. Das große Problem dabei war, dass die Fabriken in den Vereinigten Staaten zunehmend ineffizient waren. Gesteigerte Nachfrage trieb den Kauf ausländischer Güter voran. Zusätzlich bedeutete das Betreiben ineffizienter Fabriken fallende Gewinnmargen; je geringer die Effizienz einer Fabrik, desto höher die Kosten und desto niedriger der Profit.

All das führte zu massiver politischer Instabilität, die zwölf Jahre vor der entscheidenden Wahl 1980 begann. 1968 wurde Robert Kennedy ermordet, der in seiner Partei das Rennen um die Präsidentschaftskandidatur angeführt hatte. Und Martin Luther King Jr. wurde getötet. Massive Unruhen brachen in Chicago während des Parteitags der Demokraten aus. Männer der Nationalgarde erschossen 1970 Demonstranten der Kent State University. 1974 trat Nixon nach einer kräftezehrenden Krise zurück. Wie immer waren das Ende eines Zyklus und der Beginn eines neuen durch manchmal mehr als ein Jahrzehnt vor dem Übergang einsetzende politische Unsicherheit gekennzeichnet.

Das Ergebnis war die Krise der 1970er-Jahre, als die Inflationsrate zweistellig wurde, die Arbeitslosigkeit explodierte und die Zinssätze astronomisch waren. Ich kaufte mein erstes Haus zu Hypothekenzinsen von 18 Prozent. Jimmy Carter war 1976 gewählt worden und sah sich mit den enormen Auswirkungen der Geldknappheit konfrontiert. Seine Reaktion entstammte natürlich noch der Roosevelt-Ära. Diese Ära begann mit der Wirtschaftskrise und ein Teil der Lösung dieser Krise war eine Anhebung der Steuern der Klasse, die zu den Investoren zählte, um den Konsumenten Geld in die Hand zu geben. Carter folgte demselben Plan. Das Problem, dem er sich gegenübersah, war eine Geldknappheit und eine exzessive Nachfrage, die die Preise nach oben trieb und ineffiziente Fabriken am Laufen hielt. Was in den 1930er-Jahren Sinn ergeben hatte, war in den 1970er-Jahren verfehlt. Statt die Situation zu verbessern, verschärfte es das Problem. Carter folgte Hoover, Grant und Adams als Präsident während der letzten Phase eines Zyklus und tat das, was früher funktioniert hatte, es aber nun nicht mehr tat.

Der fünfte sozioökonomische Zyklus: Der Reagan-Zyklus, 1980-2030

Der Reagan-Zyklus löste das Problem der Finanzknappheit, das ihm vom Roosevelt-Zyklus hinterlassen worden war, indem er die Steuerstruktur veränderte. Die Steuern für die oberen Klassen, die der Investoren, zu senken machte Geld für Investitionen verfügbar und senkte das Investitionsrisiko. Das Ergebnis war ein sprunghafter Anstieg der Investitionen in alternde Fabriken, um sie zu modernisieren und ihr Management neu aufzustellen. Damit verbunden war ein Anstieg der unternehmerischen Aktivitäten, die sich vor allem auf den Mikrochip konzentrierten. Investoren, die bei einem Erfolg auch mehr für sich verbuchen konnten, waren dazu bereit, Risiken einzugehen. Es war eine Expansion, die die amerikanische und weltweite Ökonomie bis zur Finanzkrise 2008 dominieren sollte.

Der Roosevelt-Zyklus brachte einen Typ von Unternehmen hervor, exemplarisch dargestellt durch General Motors, der einen Großteil dieser Periode sehr effizient als Organisation funktionierte. Aber seine Fähigkeit zu wachsen nahm ab. Der Verbrennungsmotor hatte ein hohes Niveau erreicht, was dramatische Innovationen betraf, und die Fahrzeuge, die damit angetrieben wurden, erreichten ebenfalls ein hohes Niveau. Bis Mitte der 1950er-Jahre hatte das Automobil eine Form erreicht, die nur wenig technische Evolution erforderte und keinen radikalen Wandel. Der Schwerpunkt lag damals auf dem Design und dem Marketing.

Der Wettbewerb wuchs, die Profitmargen schrumpften und General Motors suchte nach anderen Möglichkeiten, sein Wachstum aufrechtzuerhalten. Eine war GMAC, die General Motors

Acceptance Corporation, die als ein Vehikel für die Finanzierung von Autokäufen begann und sich zu einer enormen finanziellen Institution entwickelte. Sie schuf mehr Profit als die Autoverkäufe. Der Preis für einen Wagen war durch Angebot und Nachfrage bestimmt und der Fokus lag auf der Effizienz. Manager, die relativ wenig über Automobile, aber viel über Prozesse wussten, übernahmen in den Autowerken das Ruder und versuchten, eine Reihe von Geschäftszweigen zu betreiben, von Autos bis zu Finanzen. General Motors erlebte eine Diffusion und Verstrickung in so viele Industriezweige, dass sie in ihrem Kernmarkt nicht mit den japanischen und deutschen Unternehmen mithalten konnten, die alle neuere Werke hatten und sich intensiv auf ihr Hauptprodukt konzentrierten.

General Motors war ein Beispiel für ein Unternehmen, das der Diffusion unterlag, groß und komplex geworden und daher mit zu viel Belegschaft ausgestattet war. Viele Menschen wurden gebraucht, um die Komplexität beizubehalten. Unternehmen wie GM mussten umgestaltet werden, denn sie hatten ihre zugrunde liegende Logik eingebüßt – Erträge auf eingesetztes Kapital, ohne die sonst nichts funktionierte. Weil solche Unternehmen so ineffizient waren, wurden unzählige langjährige Mitarbeiter entlassen. Viele von denen, die in ihren Vierzigern und Fünfzigern waren, fanden nie wieder einen anderen Job, der so bezahlt war, wie das, was sie gewohnt waren. Gehalt und Geschäftszahlen waren außer Kontrolle geraten. Aber es war nicht der Fehler der Angestellten. Es war der Fehler einer Logik, die zu zunehmender Komplexität von Unternehmen und einem Verlust an Fokus führte.

Der Preis für eine zunehmende Effizienz war der Verlust von Jobs, besonders von Arbeitsplätzen in der Industrie. Aber es war nicht der einzige Preis, denn Effizienz wurde auf zwei Arten geschaffen. Die eine war organisatorisch und technisch; die andere bestand darin, Fabriken in Länder zu verlagern, die wie China niedrigere Lohnkosten haben, oder Exporte aus diesen Ländern zu gestatten. Beides war dazu gedacht, die Wirtschaft effizienter zu machen, aber es hatte auch zum Ergebnis, das weniger Industriearbeiter gebraucht wurden.

Gleichzeitig gab es eine Revolution in der amerikanischen Wirtschaft. Die Mikrochiptechnologie und eine neue Welle an Unternehmertum wirkten zusammen, um die Ökonomie durcheinanderzuwirbeln, während gleichzeitig vielversprechende neue Wirtschaftszweige und eine neue Unternehmenskultur entstanden. Der Mikrochip transformierte die Jobs. Mein Vater war Setzer in einer Druckerei. Die Typen wurden damals noch von Hand gesetzt und mein Vater war ein Meister seines Fachs. Als die Computer im Druck Einzug hielten, wurde sein Können jedoch überflüssig, genauso wie sein Arbeitsplatz. Er war einer von Millionen, die ihre Jobs aufgrund einer neuen Technologie verloren, in einem Alter, als sie nicht mehr in der Lage waren, die Geheimnisse der Technik zu erlernen, die sie ersetzt hatte. Manchmal ersetzte ihr eigenes Unternehmen die Menschen durch neue Technologie, aber manchmal zerstörte auch ein Entrepreneur das Unternehmen, für das er arbeitete, oder er zerstörte sogar eine ganze Industrie.

Die Theorie des freien Marktes ist, dass er den Reichtum einer Nation vermehrt. Aber zwei Fragen sind dabei offen: Zuerst einmal: Wie lange wird es dauern, um dieses Ziel zu erreichen? Zweitens: Wie wird der vermehrte Reichtum verteilt werden? Freier Handel und Kapitalismus im Allgemeinen schaffen ständig neuen Reichtum und bringen insgesamt gesehen die Ökonomie voran. Aber „insgesamt gesehen" beinhaltet nicht die Menschen, die ihren Job verlieren, während eine ökonomische Revolution stattfindet, und dann nie wieder einen neuen Job finden. In der abstrakten Theorie des freien Marktes ist das ein Preis, der zu zahlen ist. In der wahren Welt der Gesellschaft und Politik, wo die Menschen, die ersetzt wurden, mehr Macht haben als in der Wirtschaft, bedeutet es, dass dieser Prozess wichtige und einflussreiche Bereiche der Wirtschaft destabilisieren kann. Genau das ist während dieses Prozesses passiert, aber es wurde in der Mitte des zweiten Jahrzehnts des 21. Jahrhunderts zur politischen Realität. Die Zahlen stiegen und sie waren in denselben geografischen Regionen konzentriert.

Die Transformation war unerlässlich. Es gab keinen Weg aus dem Roosevelt-Zyklus ohne die Veränderungen, die im Reagan-Zyklus stattfanden. Wie bei vorherigen Zyklen bestand das Problem darin, dass die Zahl derjenigen, die unter die Räder kamen, zur selben Zeit wuchs, in der auch die Wirtschaft wuchs. Diejenigen, die neue Jobs fanden, mussten wieder ganz unten anfangen und wurden immer wieder zurückgeworfen. Das durchschnittliche Einkommen wuchs inflationsbereinigt überhaupt nicht.

Das durchschnittliche Haushaltseinkommen betrug 2014 etwa 53.000 US-Dollar bei einer durchschnittlichen Haushaltsgröße von 2,8 Personen. Das Einkommen war seit 1975 kaum gewachsen, einem Jahr mitten während des letzten Jahrzehnts des Roosevelt-Zyklus. Der Bruttoverdienst lag laut ADP Payroll Services bei ungefähr 3.400 Dollar pro Monat.

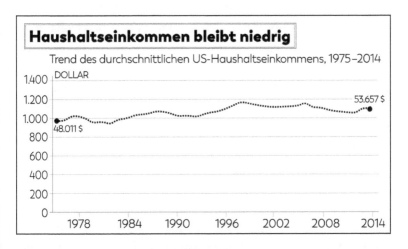

Laut der Federal Reserve Bank of St. Louis betrug der Durchschnittspreis eines Eigenheims in den Vereinigten Staaten 311.000 Dollar. Die monatlichen Hypothekenzahlungen für ein Haus mit diesem Preis wären etwa 1.100 Dollar, wenn man annimmt, dass der Käufer 20 Prozent oder 60.000 Dollar angezahlt hat. RealtyTrac.com gibt die durchschnittliche Steuer auf dieses Haus mit 1,29 Prozent des Gesamtwerts an oder 4.000 Dollar im Jahr, 333 Dollar im Monat. Wenn man noch die Versicherung dazurechnet, betragen die monatlichen Kosten des Eigenheimbesitzes etwa 1.600 Dollar, ohne Instandhaltungskosten. Fast die Hälfte des Jahresverdienstes wird für Wohnen ausgegeben, wodurch etwa 1.800 Dollar im Monat für alle anderen Ausgaben übrig bleiben. Also 450 Dollar pro Woche für Essen, Kleidung und andere Ausgaben, wie die Raten für das Auto, die etwa 600 Dollar pro Monat für einen günstigen Neuwagen betragen, und dann noch mögliche Rückzahlungen für einen Studienkredit. Und es gibt immer unerwartete Ausgaben.

Wir stellen also fest, dass die Mittelschicht sich aktuell kaum noch ein Mittelschichtleben leisten kann. Betrachten wir nun die untere Mittelschicht, die früher ein durchaus angenehmes Leben hatte. Das gegenwärtige Durchschnittseinkommen der unteren Mittelschicht beträgt etwa 30.000 Dollar jährlich. Das Gehalt, das tatsächlich im Geldbeutel landet, beträgt etwa 26.000 Dollar oder 2.166 Dollar im Monat. Die Hälfte des Einkommens für eine Hypothek auszugeben, angenommen, man kann sich überhaupt eine Anzahlung leisten, würde nur 250 Dollar pro Woche für alle anderen Ausgaben vom Auto bis zu Lebensmitteln übrig lassen. Das ist keine Option. Die einzige Option für die untere Mittelschicht ist eine Mietwohnung und eine kleine noch dazu.

Ironischerweise fand diese Verschlechterung während eines der größten Booms in der amerikanischen Geschichte statt. Das Bruttoinlandsprodukt begann in den frühen 1990er-Jahren schneller zu wachsen als das durchschnittliche Haushaltseinkommen und die Kluft vergrößerte sich durchgängig während des restlichen Reagan-Zyklus.

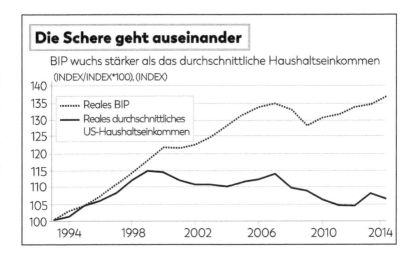

Die Schere geht auseinander

BIP wuchs stärker als das durchschnittliche Haushaltseinkommen
(INDEX/INDEX*100), (INDEX)

······· Reales BIP
—— Reales durchschnittliches US-Haushaltseinkommen

Das BIP ist seit 1993 um mehr als 35 Prozent gewachsen. Das mittlere Haushaltseinkommen ist während dieser Zeit um etwas über 5 Prozent gewachsen, aber inflationsbereinigt ist es seit 1998 gesunken. Es war nicht die Ungleichheit, die dabei eine Rolle spielte. Die Amerikaner haben diese Ungleichheit immer akzeptiert. Es ist der materielle Lebensstandard, den die Mittelschicht erwartete, der ihnen wirklich wichtig war. Ein Haus und zwei Autos zu besitzen und einmal im Jahr in den Urlaub zu fahren war die Definition des Mittelschichtlebens und des American Dream. In den 1950er- und 1960er-Jahren war das für die untere Mittelschicht und die Mittelschicht möglich. Bis Mitte des zweiten Jahrzehnts des 21. Jahrhunderts war es kaum noch für den Durchschnittsamerikaner möglich, und völlig außer Reichweite für die untere Mittelschicht. Pauschal, aber nicht unangemessen, kann man dieses Segment zusammen mit vielen anderen Bruchstücken als ein Überbleibsel der weißen Industriearbeiterklasse bezeichnen.

Der Gesamtreichtum hat zugenommen, aber er ist nicht in den Taschen der Industriearbeiter gelandet, sondern floss zu denen, die im Finanzsektor, dem Technologiesektor und anderen Bereichen arbeiteten und nun die obere Mittelschicht bildeten. Aber anders als vorher war es kein gradueller Übergang mehr von der unteren

Mittelschicht über die Mittelschicht zur oberen Mittelschicht. Es bestand eine massive Diskontinuität zwischen den Segmenten, die Diskontinuität des Einkommens zwischen der alten Mittelschicht und der neuen.

Der Reagan-Zyklus war so erfolgreich, dass es nun einen massiven Überschuss an Kapital gibt. Zinssätze, die zu Beginn des Zyklus extrem hoch waren, fielen später enorm. Das war das Ergebnis eines gewaltigen Investmentbooms, der hohe Erträge produzierte, die sich angesichts der Steuersätze in den Händen der Investoren ansammelten. Diese Anhäufung, gemeinsam mit der Abnahme an Investitionsmöglichkeiten, trieb den Preis des Geldes nach unten. Leider hieß das nicht, dass Kleinunternehmen nun leichter an Geld kamen. Die Finanzkrise 2008 führte zu extremer Vorsicht, egal wie hoch die Zinsen waren. Daher existiert in den späteren Jahren der Mikrochip-Ära eine Kombination aus begrenzten Finanzmitteln für kleine Unternehmen und überschüssigem Geld, das in immer weniger Investitionen fließt.

Die Zinsen befinden sich auf einem historischen Tief. Riesige Geldmengen wurden zu Beginn dieser Ära generiert und das meiste davon ist in den Händen von Investmentfirmen und einzelnen Investoren, also von Menschen, die mehr Geld haben, als sie zum Leben brauchen. Gleichzeitig hat sich mit den Innovationen auch die Zahl der Unternehmensgründungen verringert. Möglichkeiten, zu investieren, ohne hohe Vervielfacher, haben sich verringert und diejenigen, die in etablierte Unternehmen investieren, sehen sich mit einer zunehmend riskanten Geschäftsumwelt konfrontiert, wie es üblicherweise zum Ende einer Ära der Fall ist.

Es ist eine Menge Geld vorhanden, das nach Investitionsmöglichkeiten sucht und sie nicht findet. Das Geld ist in sehr sicheren Assets gebunden, was die Zinserträge dramatisch senkt. Selbst Rentner, die mit ihren Finanzen sorgfältig umgingen, haben nicht damit gerechnet, fast keine Zinsen auf ihr Vermögen zu bekommen. Das Verschwinden von Arbeitsplätzen für Industriearbeiter in Kombination mit dem Schaden für brave Sparer durch die niedrigen Zinsen führte zu einer Wirtschaftskrise. Unweigerlich folgt darauf eine soziale Krise.

Die neue Wirtschaftskrise folgt direkt aus dem Erfolg des Reagan-Zyklus, der eine Menge Reichtum geschaffen hat, aber diesen gegen Ende, ebenso wie zu Beginn, so verteilt hat, dass mehr Geld für Investitionen verfügbar war. Aber wie bei allen Zyklen schafft die Problemlösung im gegenwärtigen Zyklus genau das Problem, das im nächsten zu lösen sein wird. Das soziale Problem, das aus dieser Wirtschaftskrise entsteht, ist die Spannung zwischen der absteigenden Klasse, der Klasse der Industriearbeiter, und den Gruppierungen, die von dem profitierten, was man den Aufstieg der technologischen Klasse nennen könnte – Unternehmer und Investoren. Und auf die soziale Krise folgt zwangsläufig eine kulturelle. Diese kulturelle Krise ist auf vielerlei Weise der Frontverlauf, an dem sich die anderen aneinander reiben, denn wenn aufsteigende und absteigende Klassen in Konflikt geraten, dann ist der entstehende Kampf vielleicht ökonomischer Natur, aber was ihn antreibt, ist ein Wertekonflikt.

Wenn wir diese fünf Zyklen betrachten, dann sehen wir, wie eng der soziale und kulturelle Wandel mit der Wirtschaft verknüpft ist. Zum Beispiel wird die zunehmende Kontrolle des amerikanischen Lebens durch die Technokratie ermöglicht durch die freigiebige Kreditvergabe nach dem Zweiten Weltkrieg und das Entstehen einer neuen sozialen Klasse: des Vorstadtbewohners. Die Bedürfnisse des Vorstadtbewohners trieben die Industrie, die Regierung, das Bildungssystem, den medizinischen Bereich und alle anderen Bereiche an, die von Technokraten gemanagt wurden. Die Nachkriegsgeneration konnte sich Häuser kaufen, Möbel, Autos oder Reisen, und sie mit dem künftigen Einkommen bezahlen. Aus der Sicht der vorherigen Ära war das absolut unverantwortlich und sogar unmoralisch. Vom Standpunkt der Wohlhabenden bestand die Vorstadt aus billig gebauten Häusern und hatte weder Kultur noch Seele. Die Stadtbewohner sahen auf die Vorstädte herab, wie sie es einst auf das kleinstädtische Amerika getan hatten. Das kleinstädtische Amerika sah die Städter als die Essenz der Verantwortungslosigkeit. Neue soziale Formen wurden immer von denjenigen der vorhergehenden Perioden verachtet. Aber die Technokraten, die zusammen mit dem Aufstieg der Vorstädte auf den Plan traten, verstanden, dass es ihre Aufgabe war, ihre Fähigkeiten in den Dienst der sich herausbildenden Realitäten zu stellen.

Mit der Schilderung dieser fünf ökonomischen Zyklen habe ich versucht, die breiteren Zyklen aufzuzeigen, die die Entwicklung der Vereinigten Staaten angetrieben haben. Aber ebenso wollte ich darauf hinweisen, dass diese Zyklen auf ähnliche Weise funktionieren. Der vorherige Zyklus erreicht einen Punkt, an dem er scheitert oder besser gesagt immer ineffizienter wird. Bevor dieser Fehler deutlich sichtbar wird, brechen politische Krisen aus, was bis zu einem Jahrzehnt früher beginnt, bevor die Krise eine Lösung erforderlich macht. Die politische Krise ist der Seismograf für die entstehenden sozialen und ökonomischen Erdbeben. Neue soziale Kräfte entstehen und reifen heran. Sie spalten das Land auf eine neue Art und Weise. Die Ökonomie tritt in eine Periode ein, in der die Dysfunktion der Ökonomie für eine soziale Gruppe unerträglich wird, auch wenn eine andere weiter davon profitiert. Die alte soziale Ordnung verachtet die neue und umgekehrt, und diese Verachtung intensiviert das politische Problem, während sie die nötigen ökonomischen Veränderungen ausbremst. Die neue soziale Ordnung erfordert einen radikal anderen Ansatz. Roosevelt wurde von der alten Elite verachtet, die auch die neue soziale Klasse verabscheute, während die sich neu herausbildenden sozialen Kräfte die alten Geldeliten, die gegen Roosevelt waren, genau wie das kleinstädtische Amerika verachteten. Diese wiederum verachteten die Industriearbeiter aus der Stadt, die sie herausforderten.

Es ist stets eine Zeit der Anspannung und gegenseitigen Verachtung, die den Eindruck erweckt, sie würde das Land auseinanderreißen. Der letzte Akt der verfallenden Ära ist die Wahl eines Präsidenten, der sich völlig den Prinzipien und Herangehensweisen der vorhergehenden Ära verschreibt. Diese Präsidenten – Adams, Grant, Hoover und Carter – brachten die Krise an einen Zerreißpunkt, weil sie obsolete Maßnahmen ergriffen, um die Probleme zu lösen, denen sie sich gegenübersahen. Nach dieser Präsidentschaft wird ein neuer Präsident von der sich herausbildenden neuen sozialen Klasse gewählt, der entweder die Realität versteht oder auf sie reagiert und die Wirtschaftspolitik der alten Ära dramatisch verändert und damit den langen Prozess beginnt, eine neue Ära einzuläuten.

Das ist der Prozess, den wir im Moment durchleben. Die Reagan-Ära hat ihr Ende erreicht und kann die Ökonomie nicht mehr erhalten. Der Fehler bestand darin, neue, im Widerstreit liegende soziale Klassen erschaffen zu haben. Das wird widergespiegelt in der sich verschärfenden politischen Krise der Trump-Präsidentschaft, in der neue soziale Kräfte beginnen, sich gegenseitig zu bekämpfen. Diese Krise wird während der 2020er-Jahre anhalten. 2024 wird ein neuer Präsident gewählt, der die Werte einer untergehenden Ära repräsentiert. Das Scheitern seiner Präsidentschaft wird die sich neu herausbildende Klasse an die Macht bringen, die eine neue ökonomische Orthodoxie schafft.

Und schließlich wird in den 2030er-Jahren (nach dem Sturm, der 2016 begann) ein neuer Zyklus beginnen. In den folgenden Jahren der 2030er-Jahre werden die politische Konfrontation, die sozialen Spannungen und das ökonomische Versagen gelöst. Der Zyklus wird eine neue Ära geschaffen haben, die sich von der Vergangenheit unterscheidet, aber auf demselben Fundament des Erfindungsgeistes beruht und ein weiteres halbes Jahrhundert andauern wird.

TEIL 3

DIE KRISE UND
DIE RUHE

KAPITEL

DIE AUSLÄUFER DES KOMMENDEN STURMS

Als Donald Trump die amerikanische Präsidentschaftswahl gewann, war ich in Australien. Die Nachricht kam gegen Mittag herein und ich verbrachte den Tag – und den gesamten Besuch – damit, in verschiedenen Konferenzen und von perplexen Moderatoren gefragt zu werden, wie Trump gewinnen konnte und was es für Folgen hätte. Die Wahl wurde in Brisbane und Sydney so ernst genommen wie in Cincinnati oder New York. Ich arbeitete bereits an diesem Buch und versuchte zu erklären, dass der Fokus nicht auf der Person liegen sollte, sondern auf seiner Position im Zyklus. Das kam nicht gut an, denn die Faszination bezog sich auf seine Persönlichkeit. Das ist auch weiterhin der Fall, aber ich werde Gründe dafür anführen, warum das ein Fehler ist.

Donald Trumps Wahl hat in der Tat die letzte Phase des vierten institutionellen Zyklus eingeläutet und damit des sechsten ökonomischen und sozialen. Das gegenwärtige institutionelle Modell funktioniert immer weniger gut und der Schlüssel liegt darin, die Beziehung der Bundesregierung zu sich selbst neu zu definieren. Die ökonomischen und sozialen Krisen haben für einen massiven Niedergang dessen gesorgt, was früher einmal eine Säule der amerikanischen Gesellschaft war: der Industriearbeiter. Weil es vorher nie eine Periode gab, in der beide Zyklen gleichzeitig in eine Krise gerieten, können wir damit rechnen, dass die 2020er-Jahre eine außergewöhnlich instabile Zeit werden. Der Zeitraum vor den 2020er-Jahren hat auf diese Weise begonnen, mit der Wahl 2016, bei der jeder Kandidat klar ein Segment der Gesellschaft repräsentierte, die im Streit miteinander lagen. Und die Wahl endete mit einem virtuellen Unentschieden. Hillary Clinton gewann die „Popular Vote" und Trump die Wahl im Wahlkollegium. Das war mehr als alles andere ein Indikator dafür, wie angespannt die folgende Zeit werden würde.

Die Wahl 2016 signalisierte, dass das politische System die zugrunde liegende Spannung gespürt hatte, genau wie bei den Wahlen 1968. Der politische Konflikt des Jahres 1968 sollte erst 1980 gelöst sein. Genauso werden die politischen Spannungen von 2016 nicht vor 2028 aufgelöst sein. Zuerst muss man daran denken, dass es immer einen Politiker der absteigenden Klasse gibt, der die letzte Präsidentschaft in einem Zyklus innehat und dessen Präsidentschaft scheitert. Es wird vermutlich ein Demokrat sein, der für die Technokratie steht – ein konventioneller Demokrat in dem Sinne, in dem Jimmy Carter ein konventioneller Demokrat war oder Herbert Hoover ein konventioneller Republikaner und so weiter. Diese letzten Präsidenten eines Zyklus waren, mit Ausnahme von Ulysses S. Grant, Präsidenten, die nur eine Amtszeit hatten. Also gehe ich davon aus, dass der letzte Präsident dieses Zyklus 2024 gewählt werden wird (oder 2020, wenn er ein Präsident mit zwei Amtszeiten ist).

Wenn die Zyklen an ein Ende kommen, dann ist das erste Anzeichen eine politische Instabilität, die mehr als ein Jahrzehnt vor dem Wechsel zu einem neuen Zyklus auftreten kann. Zum Beispiel begann die Verschiebung zum Reagan-Zyklus mit der politischen Instabilität in den späten 1960er-Jahren. Aber die politische Instabilität gibt keinen Hinweis darauf, wie der neue Zyklus aussehen wird. Die Antikriegsbewegung oder das Abdanken von Richard Nixon gaben keinen Hinweis auf die Natur des neuen Zyklus, der mit Ronald Reagans Präsidentschaft begann. Das politische System ist sensibel und überträgt rasch die Erschütterungen selbst kleiner ökonomischer und sozialer Verschiebungen. Die ökonomischen und sozialen Schwierigkeiten, die intensiv in den 1970er-Jahren zutage traten, manifestierten sich noch unsichtbar für die meisten Beobachter, aber destabilisierten bereits das politische System. Somit ist die politische Instabilität der Vorbote zu einer sozialen und ökonomischen Krise, die vielleicht ein Jahrzehnt später den Höhepunkt erreicht. Der alte Zyklus kollabiert unter seinem eigenen Gewicht, um von einem neuen Zyklus ersetzt zu werden, symbolisiert durch einen neuen Präsidenten. Reagan schuf den neuen Zyklus nicht. Er machte sich die intensiven Spannungen des sterbenden Zyklus zunutze, um Präsident zu werden, und war es dann, während der neue geboren wurde. Wäre es nicht Reagan gewesen, dann jemand anderes. Aber das Alte war vergangen und die ruhelose Instabilität des Alten bestimmte die Form des Neuen.

Donald Trumps Wahl war das erste Anzeichen, dass der Reagan-Zyklus an ein Ende kam. Die Wahl war extrem aufgeheizt und jede Seite verteufelte die andere. Die Verliererseite bestand darauf, dass man ihr die Wahl gestohlen hatte. Die Feindseligkeit rührte daher, dass fundamentale Verschiebungen in der amerikanischen Gesellschaft stattfinden. Die Seite, die den Schmerz der Veränderung empfand, sah die andere Seite als Ursache ihres Leids. Die Seite, die nicht so empfand, betrachtete die andere Seite als „verachtenswert", um einen Begriff von Hillary Clinton zu verwenden. Sie waren verachtenswert, denn sie klammerten sich an eine Kultur, die als veraltet und verkommen angesehen wurde. All das wurde weiter durch die Tatsache verkompliziert, dass der Gewinner der Wahl die Popular Vote verloren hatte und nur aufgrund des Wahlkollegiums gewann.

Das führte dazu, dass Trumps Gegner seine Präsidentschaft als illegitim ansahen und Trumps Unterstützer behaupteten, illegale Immigranten hätten ihn die Mehrheit bei der Popular Vote gekostet.

Die politischen Spannungen nahmen mit der Wahl nicht ab, sondern stiegen astronomisch an. Beide politischen Lager beschimpften sich aufs Übelste und jede Seite war überzeugt, dass die andere gefährlich und unverantwortlich war. Der Fokus lag auf den Persönlichkeiten: Trump, seine Gegner und die Probleme versanken im enormen Misstrauen, welches das Land umgab. Noch wichtiger war vielleicht die Tatsache, dass die Fraktionen so tief gespalten waren, dass in vielen Fällen niemand jemand kannte, der nicht seiner Meinung war. Man musste Freundschaften zwischen politischen Gegnern mit der Lupe suchen. Es war aber in Wahrheit nicht der Hass auf Trump oder Clinton, der die Spaltung vorantrieb; das war nur ein Symptom. Das wahre Problem war die Spaltung innerhalb des Landes, das schwer mit realen sozialen, ökonomischen und institutionellen Störungen zu kämpfen hatte, die die Spannungen befeuerten.

Es war die Art Wahl, mit der man rechnen sollte, wenn wir in eine Übergangsphase eintreten. Erinnern Sie sich an das Chaos, das 1968 entstand, oder lesen Sie die gegenseitigen Anschuldigungen von Hayes und Tilden 1876 oder zwischen Adams und Jackson bei der Wahl 1824. Wenn die Ökonomie sich zu verschieben beginnt, verschiebt sich auch die soziale Struktur. Unweigerlich durchfährt der Schmerz zumindest einen Teil des Systems. Das Ergebnis ist der Beginn politischer Unruhen, die furchteinflößend sind und unlösbar erscheinen. Viele sehen es als ein Zeichen, dass das Land auseinanderbricht, aber in Wahrheit ist es nur ein Anzeichen eines sich schnell entwickelnden Landes, das einen geordneten Wandel erlebt.

Jeder zyklische Wandel führt zu unzivilisierter Feindseligkeit zwischen den aufeinanderprallenden sozialen Kräften. Das ist keinesfalls ein neues Phänomen. In den 1960er-Jahren war es die Anti-Kriegs-/Anti-Establishment-Bewegung, die gegen das Mittelschicht-Amerika kämpfte. Auf gewisse Weise waren beide dieser Gruppen eine Fiktion, denn sie hatten in sich selbst wiederum unzählige

Trennlinien. Aber sie empfanden gleichermaßen Hass. Die eine Bewegung verurteilte die brutale und künstliche Unaufrichtigkeit der anderen. Die andere Bewegung verdammte die verräterischen und zügellosen Prinzipien der Gegenseite. Die genauen Schmähungen waren unwichtig und keine davon hatte 1980 noch Bestand. Nicht die Beleidigungen, mit denen man sich gegenseitig bedachte, waren bedeutend, sondern die Intensität und die Spaltung des Landes in zwei anscheinend völlig unversöhnliche Fraktionen.

Es ist interessant anzumerken, dass zur selben Zeit, in der eine politische Instabilität auftritt, häufig auch eine neue Kommunikationstechnologie für die Verbreitung von Negativität und Hass verantwortlich gemacht wird. In den 1960er-Jahren war es das Fernsehen und das Land wurde als passives Opfer der Nachrichtenmedien angesehen. In den 1920er-Jahren waren es Kinofilme, die eine Art der kollektiven Sentimentalität und Sittenlosigkeit verbreiteten, zusammen mit dem Radio, das die Unmittelbarkeit der Nachrichten einführte. Es gibt immer ein neues Medium, das beschuldigt wird, aber diese Medien sind nur eine Möglichkeit, den unerwarteten Hass der Zeit zu erklären. Millionen lesen im Internet und die sozialen Medien geben den Menschen die Möglichkeit, ihre Meinung auf nie dagewesene Weise kundzutun, aber die Nutzer des Internets und der sozialen Medien zerfallen in Stämme. Sie folgen anderen, die Ideen vertreten, denen sie sowieso schon zustimmen und die bestehende Gefühle verstärken. Der Tribalismus des Internets begrenzt tatsächlich die Durchdringung, genauso wie *FOX* seine Anhänger hat und *MSNBC* seine eigenen.

Diese Spaltung und dieser Hass sind nicht neu. Wenn sich der soziale und der ökonomische Zyklus verschieben, dann gibt es immer Spaltung und Hass. Vor Reagan war das Land gespalten in Gegenkultur und das Amerika der Mittelschicht. Vor Roosevelt gab es die Angst vor den Kommunisten, den Populismus von Huey Long und die Konfrontation zwischen den urbanen ethnischen Immigranten auf der einen Seite und dem kleinstädtischen Amerika und den Reichen auf der anderen. Vor Hayes gab es den Bürgerkrieg und so weiter. Hass ist nichts Neues und es ist auch nichts Neues, ihn auf ein neues Kommunikationsmittel zu schieben. Während eines Übergangsprozesses, besonders während der ersten Phase, verstärkt sich das Gefühl des öffentlichen Zorns, was normalerweise mit den entstehenden ökonomischen und sozialen Schmerzen zu tun hat.

Wir sehen im Moment etwas, das ein wenig davon abweicht. Was diesen Übergang zwischen den Zyklen einzigartig macht, ist nicht das Internet oder die Spannungen, sondern, wie ich gesagt habe, die Tatsache, dass sowohl der sozioökonomische als auch der institutionelle Zyklus etwa zur selben Zeit den Krisenpunkt erreichen. Es gab einen Übergang, als sie sich nahekamen (damals lagen etwa 15 Jahre dazwischen), und das war die soziale und ökonomische Krise, die 1929 in Form der Weltwirtschaftskrise zuschlug, und der institutionelle Übergang, der 1945 zu Ende des Zweiten Weltkriegs eintrat. Aber Zyklen enden immer im Scheitern und nun werden zum ersten Mal beide Zyklen gleichzeitig versagen. Das Scheitern jedes Zyklus belastet das politische System. In dem Fall wird es noch nie dagewesene Belastungen geben und diese spüren wir bereits – die Ausläufer des kommenden Sturms.

Die beiden Zyklen haben sich verflochten. Der sozioökonomische Zyklus hat eine soziale und politische Realität geschaffen, die das Land zutiefst spaltet, was den Reichtum und die Kultur angeht. Der Rostgürtel hungert immer noch nach Jobs und die amerikanische Industrie hat sich anderswohin orientiert. Allein der Begriff „Rostgürtel" erklärt, was passierte. Die Autoindustrie, einst der Motor, der die amerikanische Wirtschaft antrieb, ist ein Schatten ihrer selbst. Der neue Motor – Unternehmen, die auf der Mikrochip-Technologie basieren – macht Boston und San Francisco reich und die Fließbänder der Autoindustrie rosten vor sich hin. Viele haben davon profitiert; andere gerieten unter die Räder. Die Spannungen gehen tief, sind unvermeidlich und erstrecken sich von der Ökonomie bis zu tiefen kulturellen Unterschieden zwischen einer Schicht, die in den traditionellen Institutionen verwurzelt ist, und einer Schicht, die die Tradition hinter sich lässt. An diesem Verlauf ist nichts

Neues. Die Debatte drehte sich einst um das Frauenwahlrecht. Dieses Mal geht es um Lebensentwürfe wie die Homo-Ehe. Ein Zyklus endet und ein neuer beginnt und dazwischen herrschen gegenseitige Verachtung und Zorn.

Die institutionelle Krise lässt sich an der Bundesregierung ablesen, deren Aufmerksamkeit geteilt und deren Struktur fragmentiert ist. Die Bundesregierung hat so viele Aufgaben und ist in so viele Teile aufgespalten, dass eine kohärente Militärstrategie oder eine nachvollziehbare Gesundheitsreform unmöglich wird. Es ist eine Struktur, die sich nicht länger auf Probleme konzentrieren oder Lösungen finden kann. Genauso wenig sind die gewählten Volksvertreter, der Präsident und der Kongress, in der Lage, ein System zu kontrollieren, das so unter Diffusion und Fragmentierung leidet. Während dieser alte institutionelle Zyklus an ein Ende kommt, so wie andere vor ihm, driften Organisation und Realität auseinander.

Das Problem des ersten institutionellen Zyklus bestand darin, dass unklar war, ob die Bundesregierung Souveränität über die Bundesstaaten hatte. Diese Frage wurde im Bürgerkrieg geklärt. Das Problem des zweiten institutionellen Zyklus war, dass eine souveräne Bundesregierung begrenzte Autorität über Ökonomie und Gesellschaft hatte. Wie ich gezeigt habe, wurde das im Zweiten Weltkrieg geklärt. Das Problem des dritten institutionellen Zyklus ist, dass die Tür geöffnet wurde für eine massive Aufsichtsfunktion der Bundesregierung über das amerikanische Leben ohne definierende Grenzen und ohne dass eine institutionelle Struktur etabliert wurde, die in der Lage ist, diese gewaltige Autorität zu managen.

Die öffentliche Unzufriedenheit mit der Bundesregierung war immer ein Teil des amerikanischen Lebens. Ein alter Witz lautete, dass es die größte Lüge war, Folgendes zu sagen: „Ich bin von der Regierung und ich bin hier, um zu helfen." Aber die Situation hat sich 2019 im Gegensatz zum 20. Jahrhundert bedeutend verändert. Während des Zweiten Weltkriegs hat der Präsident als Oberbefehlshaber die Kontrolle über einen Großteil der amerikanischen Wirtschaft und Gesellschaft erlangt. Der Kalte Krieg folgte, und während die

Welle der Macht sich zurückzog, wurde es zum Prinzip, dass der Präsident nicht mehr nur einer von drei gleichberechtigten Zweigen war. Bei der Umsetzung der Außenpolitik wurde er die treibende Kraft. Wenn es um die Angelegenheiten der Zivilgesellschaft ging, war er weniger herausgehoben, aber die Exekutive hatte eine enorme Macht, wenn es darum ging, Gesetze zu interpretieren und sie in Verordnungen umzusetzen. Die Macht der Regierung machte es essenziell, eine mächtige Exekutive zu haben, und die Macht der Exekutive schuf ein institutionelles Ungleichgewicht.

Diese neue enorme Macht der Bundesregierung über die Gesellschaft erforderte nicht nur einen starken Präsidenten. Darüber hinaus erforderte sie auch eine riesige administrative Struktur. Präsident Obamas Health Care Act umfasste 897 Dokumente mit über 20.000 Seiten an Verordnungen, um ihn zu erklären. Zum Vergleich: Die ursprüngliche Sozialgesetzgebung hatte einen Umfang von 29 Seiten. Der Social Security Act ist mittlerweile auf 26.000 Seiten angewachsen und die Verordnungen sind ebenso umfangreich. Die tatsächliche Macht (im Gegensatz zu denen, die gewählt sind und eigentlich die Macht innehaben sollten) ist auf eine riesige Armee von Managern und zivilen Angestellten übergegangen, die die Verordnungen definierten und daher auch die Absichten des Kongresses neu definieren konnten, nicht absichtlich, sondern einfach, weil eine einzelne Person das Ganze unmöglich verstehen konnte. Die Verordnungen mit den Gesetzen in Einklang zu bringen oder auch nur mit sich selbst wurde unmöglich.

Für die meisten Menschen, besonders die Armen oder Behinderten, die am meisten von Regierungsgeldern abhängen, um verschiedene Bedürfnisse zu befriedigen, ist die Bundesregierung ein Buch mit sieben Siegeln und die Möglichkeit, eine Petition an die Regierung zu stellen, ein Recht, das von der Verfassung garantiert wird, ist in der Praxis irrelevant. Für andere – zum Beispiel Technologieprofis – hat die Bundesregierung minimale Auswirkungen auf ihr Leben. Die Reichen brauchen eine Unmenge an Anwälten, Buchhaltern und Spezialisten für Bundesgesetze, um mit den Regulierungen umzugehen, die sie betreffen – eine Ausgabe, die einfach zu den Kosten gehört, Unternehmen zu betreiben. In einer demokratischen Gesellschaft kreiert es ein inhärentes Misstrauen in die Regierung, wenn man sie nicht beeinflussen oder überhaupt verstehen kann – außer man beschäftigt eine ganze Belegschaft an Profis. Die Klasse der Amerikaner, die den Aufstieg der Bundesregierung nach dem Zweiten Weltkrieg unterstützte, fand sich in einer Position wieder, in der sie weder die Komplexität des Systems verstehen noch sich eine Rechtsberatung leisten konnte. Sie waren Objekte, die verwaltet wurden, statt Bürger, denen man diente.

Auf gewisse Weise summierte sich das alles in den Kriegen, die nach dem 11. September geführt wurden. Der Präsident hatte nahezu im Alleingang die Kontrolle über diese Kriege inne und doch wurde seine Aufgabe, ein erreichbares Ziel festzulegen oder zu bestimmen, wie es erreicht werden sollte, unmöglich gemacht. Dennoch waren unsere Truppen weiter im Einsatz. Dieser Prozess ist seit Vietnam zu beobachten und intensiviert sich nun. Der Präsident umgibt sich mit Experten und das Kabinett spielt nicht länger die Rolle eines Beraters, während der Kongress mehr und mehr zum Zuschauen verdammt ist. Die Experten konzentrieren sich auf die aktuellen Probleme und nicht auf die breiteren Fragen, die amerikanische Interessen betreffen. Oder, um es präziser auszudrücken, sie verwechseln den Bereich, in dem sie Experten sind, mit dem Bereich, auf den sich die Vereinigten Staaten konzentrieren sollten. Wie bei inländischen Angelegenheiten verliert die Öffentlichkeit nicht nur die Kontrolle, sondern auch das Verständnis dessen, was vor sich geht, und mit der präsidialen Macht zur Geheimhaltung wird diese Konfusion institutionalisiert.

Das Resultat ist ein massives Misstrauen gegenüber der Bundesregierung bei denjenigen, die am meisten auf sie angewiesen sind und sie am wenigsten verstehen, nicht, weil sie nicht schlau genug sind, um sie zu verstehen, sondern weil die Bundesregierung institutionell undurchsichtig geworden ist und inkohärent in ihren Handlungen. Das riesige Ausmaß ihrer Autorität sticht die Fähigkeit des Systems aus, sich zu koordinieren und zu fokussieren, und verschiebt die Autorität von der verfassungsgemäßen Gewaltenteilung hin zu denen, die formell der Exekutive angehören.

Donald Trump gewann die Wahl, weil er die Entfremdung weiter Teile der Gesellschaft nicht nur von der Bundesregierung, sondern auch von denen, die für sie arbeiten, verstanden hat. Es gab eine Kollision zwischen der Technokratie der Bundesregierung und denjenigen, die mit ihr Erfahrungen gemacht haben und ihr misstrauten. Und Trump stand einer Partei gegenüber, die sich um Hillary Clinton organisiert hatte, die die Advokatin schlechthin für die Macht der Bundesregierung und die Technokratie war. Die Wahl belegte im Grunde nur, dass die Vertrauenskrise begonnen hatte.

Das ökonomische und soziale Problem trat zutage. Die Reagan-Ära hatte eine Welle der Innovation losgetreten und eine machtvolle Klasse von Unternehmern und Technologen geschaffen. Auf der Strecke blieben die Massen, die in der klassischen Industrie beschäftigt gewesen waren, in die die Finanzindustrie angesichts der ausländischen Konkurrenz nicht mehr investieren konnte. Zwei Kernklassen hatten sich herausgebildet und sie hatten sehr unterschiedliche Interessen und sehr verschiedene Lebensstile. Das war die andere Seite. Offensichtlich waren die Klassen weit komplexer und differenzierter als nur die Technologen gegen die Industriellen und das Profil passte auf viele Menschen auf beiden Seiten. Aber dennoch war das im Kern die Trennlinie.

Und diese soziale und ökonomische Trennung passte zum institutionellen Dilemma und verstärkte es. Die Technokratie war zur bestimmenden Macht sowohl des institutionellen als auch des sozioökonomischen Zyklus geworden. Technokratie ist ein schlichtes Konzept. Sie glaubt, dass Probleme durch Wissen gelöst werden sollten und Problemlösung aller Art von Natur aus eine technische Angelegenheit ist. Technologie ist nicht nur eine Maschine, sondern eine Herangehensweise an Probleme. Ein ziviler Angestellter in Washington, der im Bereich Gesundheitsfürsorge arbeitet, nutzt einen rationalen, methodischen und daher technischen Ansatz, um ein Problem zu lösen, im selben Sinn, wie das jemand tut, der einen Mikrochip entwirft.

Wie ich bereits erwähnte, baut die Technokratie auf dem Konzept unideologischer Lösungen für die Regierung auf. Aber die Technokratie hat sich mittlerweile selbst zu einer Ideologie entwickelt. Ihre Vision der Welt besteht darin, dass sie verständlich ist und von denen perfektioniert werden kann, die das Wissen haben, die Welt zu verstehen und zu manipulieren. Und aus dieser Annahme folgt, dass diese Menschen damit betraut werden sollten, das System zu managen. Der Technokrat dient vielleicht den Interessen der Öffentlichkeit und hilft nicht nur, diese Interessen zu definieren, sondern braucht auch die Kontrolle über die Maschinerie sozialer Organisationen, wie Regierungen, Unternehmen, Universitäten und Gefängnisse, damit diese technische Expertise Früchte trägt. Diese Klasse wird durch Bildungsabschlüsse und Leistung definiert, durch MBAs und Computerwissenschaftler und Menschen mit Masterabschlüssen in Politik. Ebenso melden sich die Unternehmer zu Wort, deren Erfolg als Beleg für ihre Expertise gilt. Die Technokraten sahen Expertise als einzigen Maßstab für eine Person. Daher waren Unterscheidungen nach Rasse, Geschlecht, sexueller Orientierung oder Staatsangehörigkeit unwichtig. Ein Teil ihres politischen Programms bestand darin, sicherzustellen, dass solche Charakteristika niemanden daran hinderten, zum Experten zu werden.

Wir müssen das ganze Ausmaß der Technokratie verstehen. Ob man ein ziviler Angestellter ist, ein Hollywood-Produzent, ein Verleger, ein Finanzingenieur oder ein Collegeprofessor, alle hängen dem Glauben an, dass der Geist die Welt formen kann. Die Technokratie entstammt dem Zeitalter der Aufklärung und glaubt daher, der Verstand könne die Welt perfektionieren oder sie zumindest gewaltig verbessern. Was verbessert werden muss, ist der Zustand der Unterdrückten, sowohl in den Vereinigten Staaten als auch in der Welt insgesamt. Wenn Technokraten ihren eigenen Fachbereich verlassen, dann ist ihnen die Sicht einer Welt gemeinsam, die nicht unbedingt gleich ist (die finanzielle Ungleichheit innerhalb der

Technokratie selbst ist enorm), aber frei von Unterdrückung. Aber die Technokratie glaubt vor allem, dass jemand nach seiner Expertise und seinem Wissen beurteilt werden sollte und nicht aufgrund zufälliger Charakteristika. Dies zu tun ist Unterdrückung.

Aber wie definieren sie, wer unterdrückt ist? Es sind nicht die ökonomisch Unterdrückten, die sie zu verteidigen angetreten sind, sondern die kulturell Unterdrückten. Afroamerikaner leiden unabhängig von ihrem ökonomischen Status unter den Auswirkungen von Rassismus. Hispanics leiden unter Xenophobie, genau wie Muslime. Diejenigen, die von der sexuellen Norm abweichen, sind Opfer von Homophobie. Frauen sind Opfer von Misogynie. Rassismus, Xenophobie, Homophobie und Misogynie sind alles Defekte jener, die andere zu Opfern machen. Daher glauben sie, dass es diejenigen sind, die andere zu Opfern machen, denen Grenzen gesetzt werden müssen und die man bessern muss, indem man ihr Denken neu formt, und diejenigen bestraft, die vom Gedanken an Unterdrückung nicht ablassen können.

Technokraten leben ihr Leben abstrakt, selbst während sie in ihrem eigenen Fachbereich tätig sind. Für sie sind alle Probleme intellektueller Natur. Man muss ständig nachdenken und dieses Denken macht es möglich, zu handeln. Sobald man nachgedacht hat, folgt das Tun einfach automatisch. Vernunft führt zu Sprache und das Schlachtfeld der Technokraten ist die Sprache. Wenn die Sprache neu geformt wird, dann werden es auch die Taten. Political Correctness, wie man sie nennt, ist die Art, wie die aufsteigende Klasse der Technokraten die Welt umgeformt hat. Die Spannung der Technokratie besteht zwischen der Arbeit in ihren eigenen Fachgebieten und den universellen Prinzipien, die sie praktizieren.

Das zeigt sich am deutlichsten an ihrem Umgang mit der absteigenden Klasse, der größtenteils weißen Klasse der Industriearbeiter. In der Vorstellung der Technokraten sind die Hauptursache der Unterdrückung die Weißen, die historisch gesehen andere unterdrückten, indem sie Rasse, Nationalität und Geschlecht dafür hernahmen. Aber die Technokraten ziehen eine scharfe Linie zwischen sich selbst (vorherrschend weiß), die zumindest einen Kampf zur Überwindung von Unterdrückung im Denken und Sprechen führen, und jenen Weißen, die sie weiterhin praktizieren. Diese absteigende Klasse fällt ökonomisch ins Bodenlose, aber für die Technokratie, die eine breite Spanne an Einkommen vereint, ist dieser Absturz nicht wesentlich. Es ist vielmehr ihre Weigerung, der Unterdrückung abzuschwören.

Die industrielle Arbeiterklasse ist älter. Ihr Niedergang begann vor 40 Jahren. Ihre Kinder haben ebenfalls unter diesem Abstieg zu leiden, aber auf sie treffen unsere Überlegungen nicht in vollem Umfang zu. Das Leben ihrer Eltern war durch das geformt, was sie mit ihren Händen schaffen konnten. Ihre Welt war physisch, eine Welt der Maschinen und eine physische Natur, die gezähmt werden musste. Ihr Stolz lag in der körperlichen Kraft und ihrem Common Sense. „Common Sense" ist ein komplexer Begriff, aber er lässt sich reduzieren auf ein Wissen um die Welt, wie sie sie kannten, und die Dinge, die uns alle angehen, zur damaligen Zeit und am entsprechenden Ort. Die Ziele der Klasse der Industriearbeiter bestanden nicht darin, die Welt zu verändern, sondern einen sicheren Ort in der Welt zu finden, ihre Regeln zu verstehen und nach ihnen zu leben.

Die weiße Arbeiterklasse existiert in einer Welt einer übernommenen, nicht konstruierten Moral. Die Moral, die sie übernahmen, lernten sie von ihren Eltern und deren Kirchen. 1980 war die Mehrheit der weißen Arbeiterklasse katholisch und protestantisch, viele aus konservativen Glaubensrichtungen. Sie betrachteten Homosexualität, vorehelichen Sex, Homo-Ehe und Abtreibung als grundlegend unmoralisch. Wie bei allen Menschen bestand häufig ein Unterschied zwischen dem, was sie für moralisch hielten, und dem, was sie tatsächlich taten.

Mitglieder dieser Klasse finden sich heute in einer Welt wieder, in der die Ansichten ihrer Kirchen, für sie die höchste Autorität, nicht nur für falsch gehalten werden, sondern für eine Art der Phobie. Diese Kirchen bleiben für sie legitimiert und enorm mächtig und ihre Kirchen werden attackiert. Diese Attacken schwächen nicht ihre Moral, sondern verfestigen sie zu einer Art Wagenburgmentalität. Etwas, das einem von einer solch mächtigen Autorität eingeimpft wurde, wird, wenn man es attackiert, unweigerlich zu einer Gegenattacke führen und diese findet auf dem Gebiet der Politik statt.

Rassismus war immer ein Teil der amerikanischen Geschichte, aber das Problem ist nicht so sehr der Rassismus der weißen Arbeiterklasse, sondern eine selektive Ungerechtigkeit. Sie verachten, dass es spezielle Programme für „unterdrückte Minderheiten" gibt, aber es niemanden zu interessieren scheint, dass die weiße Arbeiterklasse im Abstieg begriffen ist und die Geburtsraten von unverheirateten Müttern dieser Klasse sich heute 50 Prozent annähern. Drogenmissbrauch ist zu einer weitverbreiteten Epidemie geworden. Mit anderen Worten, die Bedingungen der weißen Arbeiterklasse sind nicht so verschieden von den Bedingungen, in denen die Afroamerikaner in den 1970er-Jahren lebten.

Die Lebensbedingungen der Afroamerikaner wurden zu einer dominierenden nationalen Sorge, aus der Programme entstanden, von denen das kontroverseste die „affirmative action" war. Die Technokratie versuchte, wie ungenügend auch immer, die Situation der auseinanderbrechenden afroamerikanischen Familie zu verbessern. Eine solche Sorge der Technokratie ist nicht sichtbar, wenn es heute um die weiße Arbeiterklasse geht. Stattdessen betrachten die Technokraten sie als das Problem, während die weiße Arbeiterklasse sich genauso bedürftig sieht wie die Afroamerikaner oder Hispanics. Ihr Anliegen ist es, dass sie als Klasse in der Post-Reagan-Ära zu Schaden kamen und vergessen wurden und erst mit Trump jemanden hatten, der sie endlich verstand und für sie die Stimme erhob.

Die Technokratie hat die weiße Arbeiterklasse im Griff, wenn auch nicht sehr fest, wie man an der Wahl Donald Trumps sieht. Aber das ist nur die erste Konfrontation. Der Druck auf die Technokratie wird noch zunehmen. Amerika steuert auf eine institutionelle Krise zu, in der man die Kompetenz der Technokratie und der Institutionen der Bundesregierung infrage stellen wird. Der Druck aus einer Richtung wird von der breiteren geopolitischen Krise kommen und von der wachsenden Unfähigkeit der Technokratie, eine institutionelle Lösung für Amerika als Imperium zu finden. Gleichermaßen wird die Fähigkeit der Technokratie, kohärente Lösungen für soziale Probleme zu finden, empfindlich begrenzt, zum Teil als Folge ihrer Ideologie, zum Teil aufgrund ihres Versagens dabei, komplexe Probleme zu vereinfachen.

Die weiße Arbeiterklasse hat Trump nicht geschlossen unterstützt und war in ihrer Unterstützung für ihn auch nicht allein. Aber während keine Klasse Trump so sehr unterstützt hat wie die weiße Arbeiterklasse, haben ihn auch Teile anderer Klassen unterstützt. Hillary Clinton war, wie ich bereits gesagt habe, die Kandidatin der Technokratie. Sie bewarb sich um das Amt aufgrund ihrer Referenzen und setzte sich lautstark für die Unterdrückten ein. Sie gewann die Popular Vote, verlor aber die Wahl, weil sich die Stimmen auf den Nordosten und die Westküste konzentrierten. Mit anderen Worten: Sie gewann das Kernland der Technokratie für sich und verlor das Kernland der Vereinigten Staaten – die im Untergang befindliche industrielle Basis. Die Wahl zeigte, dass wir eine Pattsituation zwischen den beiden im Wettstreit befindlichen Klassen erreicht hatten. Es war nicht die Klasse der Industriearbeiter, die Clinton eine Niederlage bescherte, sondern die geografische Konzentration ihrer Unterstützer und die Abtrünnigkeit von Wählern, die eigentlich für sie hätten stimmen sollen.

Eine Dimension, die die Niederlage von Hillary Clinton erklärt, war Libyen. Trotz des Versagens der US-Strategie in Afghanistan und im Irak beschlossen die USA, Luftangriffe zu fliegen, um einen Tyrannen, Muammar Gaddafi, aus dem Amt zu entfernen. Gaddafi wurde getötet, aber Chaos brach aus, das unter anderem den Tod des US-Botschafters in Libyen zur Folge hatte. Abgesehen von all den anderen Problemen, die damit zusammenhingen, war diese Entscheidung, einen weiteren Diktator zu entmachten, ein klarer Widerspruch zu dem, was man im Irak oder aus dem Aufstand in Syrien gelernt hatte. Es war als eine humanistische Intervention gedacht und die Technokratie im Außenministerium sah es als eine moralisch notwendige Intervention, die wenig Risiko mit sich brachte. Clinton wurde auch wegen anderer Aspekte der Libyen-Affäre kritisiert, aber es war die Inkohärenz der Politik, die ihr am meisten schadete. Jedes Mal, wenn jemand ihre Erfahrung in der Außenpolitik lobte, kam Libyen zur Sprache.

Clintons Libyen-Problem zeigte exemplarisch den Schwachpunkt der Technokratie. Das Argument für die Expertise als die Basis politischer Autorität hängt vom Erfolg der Experten ab, wenn es darum geht, sowohl kleine Nischenbereiche als auch die Gesellschaft als Ganzes zu managen. In gewisser Weise ist das eine Rechtfertigung für die Autorität jeder Klasse, aber es trifft in besonderer und besonders radikaler Weise auf Technokraten zu. Wenn sie versagen, lösen sich ihr Anspruch auf Autorität und ihre Rechtfertigung der Herrschaft in Nichts auf. Wenn die Technokraten die herrschende Klasse werden, dann sind sie auf besondere Weise dazu verpflichtet, ihre Sache gut zu machen. Weil Regierungsmacht und Expertise in Beziehung zueinander stehen, aber in einer Beziehung, die distanzierter ist, als man sich vorstellt, spielt ihre Expertise immer weniger eine Rolle, je mehr sie sich mit Regierungsangelegenheiten beschäftigt.

Andrew Jackson gründete sein Recht, zu regieren, nicht darauf, dass er der klügste Mann für den Job war, sondern auf Mut und Listigkeit. Der intelligenteste Mann im Raum zu sein macht jeden angreifbar. Es werden Dinge von ihm erwartet, die er nicht liefern kann, denn Intelligenz selbst reicht nicht aus, um zu regieren. In einer Wissensgesellschaft scheint es logisch, dass diejenigen die naturgegebenen Herrscher sind, die über Wissen verfügen. Aber die Sache ist nicht so einfach. Die Technokraten stützten sich auf ihr erworbenes Wissen. Diejenigen, die für Common Sense und ihre Vorstellung von Moral argumentierten, stellten sich ihnen entgegen.

Ökonomische Interessen und die Kultur sind seit der Bush-Administration im Konflikt miteinander. Es war nur eine kleine Konfrontation, denn die Republikaner und die Demokraten haben das Wirtschaftssystem, so wie es war, im Wesentlichen bejaht, und das war am Ende das Kernproblem. Die Republikaner neigten dazu, sich der herrschenden Kultur entgegenzustellen, wenn es um Angelegenheiten wie Sexualmoral ging, und sie stellten Fragen in Bezug auf die institutionelle Funktionalität der Bundesregierung. Letzteres war aber nur pro forma und Ersteres geschah hauptsächlich, um den eher traditionellen Teil der Partei bei der Stange zu halten.

Unter Barack Obama wurden die Herausforderungen für das ökonomische Modell größer und die Tea Party entstand. Und mit deren Ankunft wurde das Recht der Bundesregierung, sich in die Gesellschaft einzumischen, auf ideologische und praktische Weise infrage gestellt. Gleichzeitig wurden die Demokraten dogmatischer, was die ökonomischen Prinzipien und die ideologischen und kulturellen Probleme anging. Die beiden Parteien drifteten auseinander. Aber der Mainstream der Republikanischen Partei, der Bereich, aus dem die Präsidentschaftskandidaten entsprangen, blieb intakt.

Doch unter der Oberfläche verschärfte sich die ökonomische Situation. Im Jahr 2008 kam es zum Bruch, als die Auswirkungen der Subprime-Krise die absteigende Klasse unmittelbarer trafen als die Technokratie. Genauso wichtig war der Eindruck der weißen Arbeiterklasse, dass die Bundesregierung die Interessen aller Klassen zu schützen versuchte außer ihrer eigenen, während die Funktionsfähigkeit der Bundesregierung insgesamt weiter abnahm.

Die weiße Industriearbeiterklasse glaubte, dass sowohl die Technokratie als auch die Bundesregierung sich gegen sie gewendet hatten, ihre ökonomischen Probleme nicht erst nahmen, genauso wenig wie ihre kulturellen Werte und ihre Ideologie. Den Technokraten ging es ökonomisch noch relativ gut. Ihre moralischen Prinzipien gewannen an Boden und die allgemeine Ideologie, die sie vertraten, dominierte. Vom Standpunkt der absteigenden Klasse aus waren beide politischen Parteien ihren Interessen gegenüber gleichgültig oder sogar in unterschiedlichem Ausmaß feindlich gesonnen.

Obwohl sie ökonomisch und sozial abstieg, war die weiße Arbeiterklasse immer noch riesig und unorganisiert, hielt aber an gemeinsamen Prinzipien fest. Sie waren in der Lage, die Probleme aufs

Tableau zu bringen, besonders in der Republikanischen Partei, in der die Schwäche der Machtstrukturen durch die Tea Party offengelegt wurde. Wenn sie sich organisierten, würden sie zu einer unüberwindlichen Macht innerhalb der Partei werden. Unweigerlich würde jemand daherkommen und sie organisieren, aber es musste jemand von außerhalb der Partei sein, jemand, der nicht in dem Beziehungsnetz verfangen war, welches das grundlegende ökonomische und soziale Modell akzeptierte.

Die Führungsperson war weniger wichtig als die Gefühlslage, die sich entwickelt hatte. Derjenige musste sie nur erkennen und ansprechen. Keiner der anderen Republikaner war dazu in der Lage. Sie konnten nicht grundlegende Prinzipien wie den Freihandel und den Respekt vor Immigranten ablehnen. Was der Rest der Republikanischen Partei nicht realisierte, war die Tatsache, dass ein marginaler Trend in der Republikanischen Partei nun dominierend geworden war. Da sie es nicht verstanden, konnten sie diese Klasse nicht ansprechen.

Donald Trump versprach, Amerika wieder groß(artig) zu machen. Das machte für den Rest der Partei oder die Technokraten keinen Sinn, denn beide glaubten, dass Amerika nicht nur weiterhin seine Größe behalten hatte, sondern diese Vorrangstellung weiter ausbaute. Für die Mitglieder der absteigenden Arbeiterklasse war Amerika in der Tat auf dem absteigenden Ast, denn ihre eigene Position hatte sich zunehmend verschlechtert. Trump beleidigte, versprach, wütete; er tat alles, was ein guter Politiker niemals tun würde. Aber genau das war seine Stärke. Er redete nicht wie ein herkömmlicher Politiker. Was der Rest der Republikaner nicht verstand, war das Ausmaß, in dem den konventionellen Politikern zu diesem Zeitpunkt Verachtung entgegenschlug.

Trump war für die Technokraten unbegreiflich, denn sie verstanden die weiße Arbeiterklasse nicht. In gleicher Weise, wie die Demokraten sich damals Ronald Reagans Wahlsieg nicht vorstellen konnten oder die Republikaner den von Franklin Roosevelt, war ihnen auch Trump unbegreiflich. Der Fokus lag auf Trump und seinen Eigenheiten und empörenden Kommentaren. Aber das war nicht das eigentliche Problem, genauso wenig wie Hillary Clintons E-Mail-Server. Clinton tat so, als wäre ihr das Präsidentenamt bereits sicher, denn Trump war eindeutig inakzeptabel und die Leute, die ihn unterstützten, wurden als marginal betrachtet, die „Krankheit", die geheilt werden musste.

Sie waren nicht marginal, aber sie hatten auch nicht die Kontrolle. Die Wahl 2016 war im Grunde ein Patt, das den Prozess mit viel Getöse zum Stillstand brachte. Trump war institutionell gefangen sowie durch die Nicht-Regierungs-Opposition, insbesondere die Medien. Er konnte seine Gegner nicht überzeugen und seine Gegner konnten seine Unterstützer nicht umstimmen.

Daher repräsentiert Trump nicht den Übergang zur neuen Ära. Er ist stattdessen das Vorbeben, das für seine Unterstützer entscheidend wirkte und für seine Gegner beängstigend. Trump ist das erste Anzeichen für einen Kampf zwischen zwei Klassen. Aber während die aufsteigende Klasse bisher noch nicht an ihre Grenzen gestoßen ist, verliert die absteigende Klasse beständig an Macht. Das bedeutet, dass die 2020er-Jahre noch komplexer werden, als selbst die gegenwärtige Konfiguration es vorausahnen lässt.

KAPITEL

DIE KRISE DER 2020ER – DER ZUSAMMENSTOSS DER ZYKLEN

D ie ersten politischen Erschütterungen waren zu spüren, der Zorn nahm zu und die beiden Seiten gingen gegeneinander in Stellung. Das Vorwort des neuen Kapitels ist geschrieben, aber seltsamerweise verschiebt sich der Zorn vom Politischen weg, während die zugrunde liegenden institutionellen, sozialen, ökonomischen und geopolitischen Probleme vollständig zutage treten und die Nation die Möglichkeit durchspielt, dass das amerikanische Projekt vielleicht gescheitert ist. In den 1970er-Jahren gab es jede Menge Diskussionen wie diese, was Jimmy Carter zu der berühmten Rede veranlasste, die von der Presse die „Krankheitsrede" (malaise speech) genannt wurde, in der er über Amerikas „Vertrauenskrise" sprach. Ähnlich äußerte sich Roosevelt, als in den 1930er-Jahren durch die sozialen und ökonomischen Belastungen die Moral der Nation am Boden lag: „Das Einzige, was wir fürchten müssen, ist die Angst selbst." Heute wird viel diskutiert, aber während wir noch auf die nächste Wahl warten, muss uns klar werden, dass wir erst am Beginn der wahren Krise stehen und noch nicht inmitten der Krise.

Sozioökonomische Zyklen werden durch soziales und ökonomisches Versagen geformt. Institutionelle Krisen werden geformt durch die Kriege, die von den Vereinigten Staaten geführt wurden. In den 2020er-Jahren werden zwei bedeutende Zyklen, die die Vereinigten Staaten geformt haben, sich kreuzen und das Gefühl des Scheiterns wird umfassend sein, auch wenn die Lösung für die ökonomischen und sozialen Probleme bereits den Weg durchs System angetreten hat. Das politische System wird weniger Bedeutung haben, während die Probleme den Eindruck machen, es in die Knie zu zwingen. Es ist schwierig, politisch engagiert zu sein, wenn man in zunehmendem Maße zynisch wird – nicht nur in Bezug auf Politiker, was gute amerikanische Tradition ist, sondern auch in Bezug auf das System als Ganzes. Politische Leidenschaft gründet auf dem Glauben, dass diese Leidenschaft etwas bedeutet. In den 2020er-Jahren, egal ob Trump wiedergewählt wird, wird die Gleichgültigkeit dominieren, gepaart mit Zynismus. Die Krise dieses Jahrzehnts wird aus sehr realen Problemen entstehen, aber es wird auch eine Krise des Glaubens an die Republik selbst sein.

Wenn wir über Geschichte reden, dann ist diese angefüllt mit Personen und Ereignissen. Diese Geschichte ist durchaus wichtig, aber sie dringt nicht zum Kern vor. Wenn wir an das vergangene Jahrzehnt denken, voll von Geschichten über Donald Trump, Wladimir Putin, China und die Ukraine, dann reden wir nur über die Spitze des Eisbergs. Die wahre Geschichte wird vom Rest des Eisbergs erzählt, der tieferen Struktur und ihrer Entwicklung, die schwierig zu sehen ist, aber die Akteure und Ereignisse kontrolliert.

Lassen Sie uns mit dem institutionellen Zyklus beginnen. Der erste Zyklus schuf die Bundesregierung, der zweite definierte die Beziehung dieser Regierung zu den Bundesstaaten neu, der dritte Zyklus definierte die Beziehung der Bundesregierung zur Wirtschaft und Gesellschaft neu und der vierte Zyklus wird die Beziehung der Bundesregierung zu sich selbst neu bestimmen. Damit meine ich, wie die Bundesregierung ihre Prioritäten setzt, wie sie diese Prioritäten erreichen will und wie man sie zur Verantwortung zieht. Das hört sich nach einer kleinen Verschiebung an. Sie ist aber tatsächlich so radikal wie die Verschiebung nach dem Zweiten Weltkrieg. Die Verschiebung wird ein riesiges Gebilde verändern, das mit allen Aspekten der Gesellschaft verflochten ist, und indem sie das tut, wird sie nicht nur diese Beziehungen verändern, sondern auch die Art und Weise, wie die Gesellschaft funktioniert.

Im dritten und gegenwärtigen Zyklus teilte sich die Bundesregierung in zwei Elemente. Es gab die gewählten Offiziellen und ihre direkten Untergebenen sowie die nicht gewählten Verwaltungsbeamten. So war es seit Beginn der Vereinigten Staaten, aber die Balance zwischen den beiden verschob sich im dritten Zyklus und die Verwaltungsangestellten wurden autonomer und verzahnt mit allen Aspekten der Regierungsarbeit, genauso wie mit vielen Teilen der Gesellschaft. Formell fand diese Verschiebung außerhalb des politischen Geschehens statt (in dem Sinne, dass sie selbst nichts mit Wahlpolitik zu tun hatte), aber sie brachte eine subtile politische Ideologie mit sich, die Ideologie der Expertise.

Diese Ideologie ist in der Natur der institutionellen Krise verwurzelt und wird zu einem gewissen Grad durch die sozioökonomische Krise gefördert. Wie wir zunehmend in den letzten paar Jahrzehnten gesehen haben, war eine Ursache des institutionellen Problems die gewaltige Ausdehnung der Autorität der Bundesregierung und der offensichtlichen Macht und ihre Unfähigkeit, kohärente und verständliche Gesetze und Verordnungen zu schaffen. Mit verständlich meine ich die Fähigkeit der Bürger, für die diese Gesetze gelten, sie zu verstehen. Als Beispiel führe ich häufiger den Affordable Care Act an, der buchstäblich unser aller Leben beeinflusst und so lang und komplex ist, dass kaum jemand seine Bedeutung umfassend versteht. Eine Erweiterung der Mission der Bundesregierung hat den Glauben an ihre tatsächliche Macht geschaffen. Ihre Ineffizienz wird daher nicht als ein systematischer Fehler gesehen, sondern als das Ergebnis eines absichtlichen Fehlers, der so gestaltet ist, dass er den Mächtigen nützt und vielen Menschen schadet. Mit anderen Worten: Weil die Macht der Bundesregierung nicht angezweifelt wird, werden ihre Fehler von einer zunehmenden Zahl an Menschen als absichtlich wahrgenommen. Daher, wie bei allen sozialen Ängsten, wird es im kommenden Jahrzehnt einen zunehmenden Glauben daran geben, dass die Bundesregierung in der Hand von Verschwörern ist. Eine solche Verschwörung war in den beiden vorherigen institutionellen Zyklen undenkbar, denn die Macht der Bundesregierung war einfach nicht so gewaltig. Aber in den 2020er-Jahren wird das Bild der Bundesregierung eine absichtliche Verschwörung zur einzigen kohärenten Erklärung für ihr Versagen machen. Dieses Misstrauen wird die Angst befeuern, die mit den ökonomischen Interessen verknüpft ist, die durch das Versagen des sozioökonomischen Zyklus entstehen.

Psychologisch betrachtet werden die 2020er-Jahre eine finstere Zeit und die wahren institutionellen, sozialen, ökonomischen und geopolitischen Fehler wird man ignorieren. Es ist ein beängstigender Gedanke, dass unsichtbare Mächte die Nation kontrollieren. Es ist vielleicht noch beängstigender, sich der Wahrheit zu stellen, und die lautet, dass kein Mensch wirklich die Kontrolle hat, sondern die Institutionen. Das föderale System war seit dem Zweiten Weltkrieg auf der Annahme der Expertise aufgebaut und einen Gutteil dieser Zeit hat es effizient funktioniert. Aber die Idee zu akzeptieren, dass Expertise in Fehlschlägen mündet, wird eine schockierende Verschiebung der Perspektive der Öffentlichkeit erfordern, auch wenn es schon lange zur Kultur gehört, die Regierung zu verachten. Das ist die Schlüsselbedrohung der institutionellen Struktur des dritten Zyklus und der Technokratie, die die Institutionen kontrolliert. Der Druck der Rolle, die die USA auf der Weltbühne spielen, und die Unfähigkeit der Technokratie, aus dem intellektuellen Schachmatt herauszukommen, in dem sie sich wiederfindet, werden die zwei wichtigsten Faktoren beim sich verschiebenden institutionellen Zyklus der 2020er-Jahre sein.

Die Wurzel des Problems ist die Idee, dass die Expertise regieren sollte, weil sie essenziell ist. Regierung durch Experten (also Technokratie) besteht größtenteils darin, dass diese Experten Probleme durch ihre eigene Brille sehen und anpacken und dabei hoffen, dass diese vielen verschiedenen Herangehensweisen sich zu einem Ganzen zusammenfügen lassen, das von der Öffentlichkeit begriffen werden kann. Dies ist ein wesentlicher Teil des demokratischen Lebens. Jedoch passiert es selten, denn die Person, die die Öffentlichkeit versteht, die Person, die alle Teile unter einen Hut bringen will, und die Experten, die an der Lösung arbeiten, verstehen sich alle gegenseitig nicht. Das Ergebnis ist, quasi als Normalzustand, die Regierung durch Experten. Es ist eine Regierung mit gewaltiger Verantwortung und riesigem Wissen, die an ihrer eigenen Komplexität erstickt, was ernsthafte Konsequenzen für die Nation hat.

Betrachten wir einmal die Außenpolitik, die zum zentralen Verantwortungsbereich der Bundesregierung zählt. Wie wir gesehen haben, entwickelten sich die drei vorherigen institutionellen Zyklen aus dem Krieg. Der vierte entsteht nach einem Krieg und einer massiven geopolitischen Verschiebung. Der Krieg begann am 11. September 2001. Aber man muss bedenken, dass die Vereinigten Staaten seit 2001 permanent im Kriegszustand sind, selbst wenn es keiner vom Umfang des Zweiten Weltkriegs oder des Bürgerkriegs ist. Aber es ist ein Krieg, der weit länger gedauert hat als jeder andere in der amerikanischen Geschichte und angesichts der Unfähigkeit der Regierung, die Rahmenbedingungen so zu gestalten, dass der Krieg auch gewonnen werden kann, offenbaren die Institutionen der Vereinigten Staaten ihre fundamentale Schwäche. Krieg erfordert Vereinfachung, Einigkeit über das angestrebte Ziel, eine klare Strategie und einen Einsatz von Ressourcen, der beides im Blick hat. Die Regierung erwies sich als unfähig, die Klarheit herzustellen, die für einen Krieg erforderlich ist, denn sie war nicht in der Lage, die nötige Vereinfachung zu erzielen. Die Komplexität der Regierung resultierte in einem komplizierten Plan für den Krieg und diese Komplexität hielt die Soldaten in einem Zustand der Konfusion gefangen, der ihre Mission untergrub.

Aber es gab noch ein tiefer reichendes Problem. Im Dezember 1991 kollabierte die Sowjetunion. Die Vereinigten Staaten fanden sich in einer Situation wieder, die sie nie vorhergesehen hatten und in der sie nicht sein wollten. Die Vereinigten Staaten waren nicht nur die einzige Weltmacht geworden, sie waren auch zu einem Imperium geworden, einer Nation, die buchstäblich alle anderen Nationen beeinflusste. Was werden die Vereinigten Staaten mit dem Imperium anfangen, zu dem sie geworden sind? Viele Menschen haben diese offensichtliche Tatsache geleugnet und andere wollen sie am liebsten beseitigen. Wieder andere wollen überall auf der Welt liberale Demokratien installieren. Einige sind der Meinung, dass das Außenministerium ein exzellentes Machtinstrument ist. Andere verachten es. Der Streit ist heftig, aber es herrscht das allgemeine Gefühl vor, etwas liege mit der Bundesregierung gewaltig im Argen, und wir können damit rechnen, dass diese Wahrnehmung sich in den 2020er-Jahren intensivieren wird. Wie ich erklärt habe, ist es normalerweise das Problem, die Außenpolitik zu managen, das zu einer Verschiebung der Institutionen führt. Der Zweite Weltkrieg war ein industrieller Krieg und die US-Industrie musste mobilisiert werden, um ihn zu managen. Daher mussten rein geschäftsorientierte Strategien und Führungspersönlichkeiten von Managern kontrolliert werden, die dem Staat unterstanden. Die Konsequenzen des Aufstiegs Amerikas zur dominanten Weltmacht und 18 Jahre Krieg in Nahost werden zwangsweise dazu führen, dass die vom Zweiten Weltkrieg geprägten Institutionen, die alle Macht in Washington auf sich vereinen, ersetzt werden. Die Bundesregierung wurde durch den Zweiten Weltkrieg nicht derart umgestaltet, dass sie in der Lage war, die Macht zu managen, die sie angehäuft hatte, und die Neigung, militärische Gewalt als erste Antwort einzusetzen, hat sich als unhaltbar erwiesen. Dies erfordert keine neue Politik, sondern eine neue institutionelle Struktur, die in der Lage ist, globale Interessen auf eine völlig andere Weise zu managen, als das im Zweiten Weltkrieg der Fall war. Und im Kontext dieses Umbaus werden sich auch andere institutionelle Dimensionen, inländische genauso wie internationale, verschieben müssen. Das Problem der Außenpolitik ist eine Dimension der allgemeinen Krise der Institutionen. Die institutionelle Verschiebung wird die Glaubwürdigkeit der Technokratie schwächen, wenn die Wahl 2028 bevorsteht.

Die Schwierigkeit, unsere Kriege zu beenden, und die Schwierigkeit, uns an unseren neuen Status anzupassen, entstammen beide derselben Quelle. Wir werden von Menschen regiert, die eine Menge über begrenzte Themen wissen, aber einige wenige können das große Ganze überblicken. Dieses Argument kann zusammengefasst werden mit Aesops Fabel vom Fuchs und dem Igel. Der Fuchs weiß viele Dinge, aber der Igel weiß eine wichtige Sache. Um viele Dinge zu wissen, muss der Fuchs sehr schnell lernen können. Ohne diese Tugend würde er nicht all die Dinge wissen, die er weiß. Er ist in der Lage, das zu lernen, was er braucht, um sich durchzuschlagen. Aber wenn der Fuchs mit einer komplexen Angelegenheit konfrontiert ist, dann scheitert er. Der Igel kann jedes Problem in dem Bereich lösen, auf den sich seine Expertise erstreckt, aber der Igel kann nicht schnell lernen. Es braucht Zeit, eine große Aufgabe zu meistern.

Man kann das auch als den Unterschied zwischen Wissen und Weisheit betrachten. Wissen ist essenziell, aber für sich allein nicht ausreichend. Der Igel weiß die eine Sache, mit der er sich auskennt, und ein anderer Igel kennt sich in etwas anderem aus, aber wer kann die beiden zusammenbringen? Oder wer kann sagen, welches Wissen wichtiger ist, und wer ist in der Lage, einen Schritt zurückzutreten und einschätzen, welche Bedeutung das Wissen aller Igel hat und welche Auswirkungen? Die Bundesregierung ist zur Domäne der Igel geworden, Menschen die dringend gebraucht werden, aber unzulänglich sind. Es mangelt an Weisheit und es gibt keinen Beamten-Code für die Weisen.

Viele Amerikaner nehmen an, dass das Problem der Bundesregierung darin besteht, dass sie zu groß ist. Tatsache ist, dass das Größenwachstum der Bundesregierung etwa 1988 endete, zu einer Zeit, als sie noch ziemlich gut funktionierte.

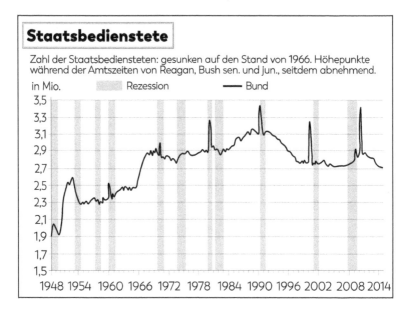

Staatsbedienstete

Zahl der Staatsbediensteten: gesunken auf den Stand von 1966. Höhepunkte während der Amtszeiten von Reagan, Bush sen. und jun., seitdem abnehmend.

in Mio.　　　　Rezession　　　——Bund

Die Krise der Bundesregierung besteht weder in ihrer Größe noch in ihren Aufgaben. Die Belegschaft der Regierung ist auf die Größe geschrumpft, die sie 1966 hatte. Sie hatte ihren Höhepunkt während der Jahre unter Reagan und George H. W. Bush und hat sich seitdem verringert. Auch die Aufgaben, die sie hat, sind nicht das Problem. Nun, wo die Beziehung der Bundesregierung zur Wirtschaft und der Gesellschaft sich verändert hat, ist es genauso wenig möglich, wieder zum alten Modell zurückzukehren, wie es denkbar wäre, die Beziehung zwischen den Bundesstaaten und der Bundesregierung zum Modell vor dem zweiten institutionellen Zyklus zurückzuführen. Das Hineinregieren in die Gesellschaft wird bestehen bleiben und höchstens in dem Maße zunehmen, in dem die Bedrohung der Sicherheit amerikanischer Bürger anhält.

Das Problem ist die Beziehung der Bundesregierung zu sich selbst. Diese folgt dem Modell, das durch den Zweiten Weltkrieg geschaffen wurde – ein hochzentralisiertes, hierarchisches, expertenbasiertes System. Es ist das gleiche Modell, das General Motors in die Pleite getrieben hat. General Motors hatte ein exzellentes Management, wenn man das daran bemisst, wie viel Kontrolle es über die internen

Funktionen hatte. Es gelang jedoch nicht, ein System zu schaffen, das gleichzeitig kreativ war, keinem Mikromanagement unterlag und dennoch die einzelnen Teile zu einem vermarktbaren Ganzen kombinierte. Es war kein Problem der Größe, auch wenn kleiner gleichbedeutend ist mit einfacher zu managen. Es gibt sehr große Unternehmen, die das hinbekommen haben, wie Apple und Goldman Sachs. Die alteingesessenen Unternehmen, die auf dem Modell des Zweiten Weltkriegs basierten, haben sich entweder verändert oder gingen ein.

Die Bundesregierung hat sich jedoch nicht weiterentwickelt. Indem sie Autorität auf der Grundlage von Fachgebieten verteilte, hat sie sich in unzählige Behörden oder informelle Strukturen aufgespalten. Jede ist besessen von ihrem kleinen Funktionsbereich, wenige sind in der Lage, effektiv mit anderen zu kooperieren, und die meisten verbringen mehr Zeit damit, mit anderen Einheiten der Regierung im Clinch zu liegen, als ihre Funktion zu erfüllen.

Durch diese Inkohärenz führen die Handlungen der Regierung dazu, dass Projekte mit größerer Wahrscheinlichkeit scheitern, nur zu inakzeptablen Kosten Erfolg haben oder durch ihren Erfolg den Erfolg eines anderen Projekts untergraben. Es gibt keinen Standpunkt, von dem aus man das Ganze im Blick hat, und die Experten, die in den Untiefen des Systems eingebettet sind, sind weder Füchse noch haben sie Zugriff auf diese Komplexität. Das Ergebnis ist von der Außenpolitik bis zum Gesundheitssystem, dass ein besonders verwickeltes Problem durch Lösungen angegangen wird, die noch komplizierter sind und daher noch weniger verständlich.

Zum Beispiel gab es Bundesbehörden, die dafür zuständig waren, die Kreditvergabe zu erleichtern. Es gab Bundesbehörden, die dafür zuständig waren, die Märkte zu überwachen. Es gab Bundesbehörden, die dafür zuständig waren, Betrügereien aufzudecken. Es gab Bundesbehörden, die dafür zuständig waren, die Wirtschaft zu lenken. An allen Segmenten der Subprime-Hypotheken war die Bundesregierung involviert, aber die Bundesbehörden arbeiteten nicht zusammen. Hätten sie es getan, dann wäre das Problem offensichtlich gewesen.

Aber die Experten für Hypothekenkäufe von anderen Banken, die bei Fannie Mae arbeiteten, die Experten für Wirtschaftskriminalität beim FBI, die Experten in der Securities and Exchange Commission und die Experten der Federal Reserve, die alle Igel waren, hatten nicht die Füchse zur Verfügung, die viele Dinge wissen. Der Crash kam für alle überraschend.

Das wird wiederum in den 2020er-Jahren ein bedeutenderes politisches Problem schaffen. Es ist dem einfachen Bürger unmöglich, die Komplexität der Bundesregierung zu verstehen. Das liegt nicht an mangelnder Bildung oder fehlendem Intellekt, denn nicht einmal die Regierungsmitarbeiter selbst verstehen diese Komplexität. Aber für diejenigen, die sie von außen betrachten, ist es unmöglich, die guten Absichten oder die Kompetenz des föderalen Systems zu verifizieren, und diese Unverständlichkeit führt unweigerlich zu Misstrauen. Wenn der Begriff „deep state" benutzt wird, dann nimmt man dabei an, die Bundesregierung sei das, was ihre Vertreter behaupten: ein hochrationales, integriertes und gut geführtes System. Wenn das stimmt, dann glauben viele, dass das, was die Regierung unternimmt – von gescheiterten Kriegen über mangelhaft durchdachte Überwachung der Bürger bis zu gescheiterten Programmen zur Armutsbekämpfung –, Absicht sein muss.

Eine undurchschaubare Bundesregierung hat die Art von Misstrauen geschaffen, das die Gründerväter vermeiden wollten, als sie eine demokratische Republik schufen, in der die Öffentlichkeit die Repräsentanten wählt und diese Repräsentanten für das Funktionieren der Regierung zuständig sind. Während wir uns dem Ende des dritten Zyklus nähern, besteht das Problem darin, dass die Repräsentanten der Öffentlichkeit nicht in der Lage sind, die Arbeit der Bundesregierung im Detail zu überwachen. 435 Volksvertreter können unmöglich verstehen, was passiert, und ebenso wenig kann es das Amt des Präsidenten. Jeder hat eine Unmenge an Stabsmitarbeitern, aber im Allgemeinen sind die Mitarbeiter nicht ausgebildet für die komplexen Themen, die eine Rolle für die Außen- und Innenpolitik spielen. Es ist tatsächlich nicht eine Frage der Größe, denn die Regierung muss natürlich groß sein, um eine hochkomplexe Nation zu managen. Das Problem ist die übermäßige Komplexität und die Verflechtungen mit Experten-Untergruppen, die nicht kooperieren, sich nicht trauen und nicht gut zusammenarbeiten.

Zusätzliche Funktionärsschichten werden geschaffen, die eine zunehmend eingeschränkte Perspektive haben und daher unfähig sind, die Experten zu verstehen, die an den Schlüsselstellen sitzen. Aber das Problem ist ein kulturelles. Experten können andere Experten verstehen und sich solidarisch mit ihnen fühlen, weil sie alle eine gemeinsame Sprache sprechen und vermutlich eine gemeinsame oder ähnliche Vergangenheit haben. Der Aufseher verschmilzt häufig mit dem, was er beaufsichtigt, und der gewählte Offizielle, der offensichtlich die Sprache des Experten nicht versteht, ist nicht in der Lage, der Verantwortung seines Amtes gerecht zu werden.

Was in den 2020er-Jahren eine noch schlimmere Krise bewirken wird, ist die Tatsache, dass es der Bundesregierung unmöglich sein wird, sich aus ihrer tiefen Verflechtung mit der Gesellschaft zu lösen. Es wird unmöglich sein, weil es zu viele Verbindungen unterbricht und Posten unbesetzt lässt, wenn diese Beziehungen aufgegeben werden. Wie kann eine Regierung sich aus dem Schutz ihrer Bürger zurückziehen, wenn die Bedrohungen zuzunehmen scheinen? Was sollte Homeland Security ersetzen und all die Initiativen, die darin zusammengefasst sind, um Bedrohungen zu erkennen, ohne gleichzeitig die Überwachung an Flughäfen zu erhöhen durch Programme wie CLEAR, die die Reisenden anhand von Fingerabdrücken oder Retina-Scans identifizieren? Um die Dinge effizienter zu gestalten, müssen neue Programme der zentralisierten Identifikation und Verifikation entwickelt werden. Genauso wie die Verschiebung nach dem Bürgerkrieg unumkehrbar war, ist auch die Verschiebung nach dem Zweiten Weltkrieg und nach 9/11 unumkehrbar. Die Komplexität dessen, was geschaffen wurde, zusammen mit dem realistischen Bedarf, dass jemand genau die Aufgaben erfüllt, die die Bundesregierung erfüllt, macht alles andere als eine taktische Verschiebung unmöglich. Das Problem, das dadurch entsteht, wird die gesamten

2020er-Jahre andauern. Man kann es in Bereichen sehen wie der zunehmenden Spannung zwischen dem Schutz der Sicherheit der amerikanischen Bürger und der zunehmenden Invasion des Rechts auf Privatsphäre. Diese Spannungen werden sich zu einem sozialen Problem entwickeln und schließlich zum heißen Eisen der Politik – besonders rund um Wahlen – im kommenden Jahrzehnt.

Vor dem dritten Zyklus, in der Ära vor dem Zweiten Weltkrieg, wurde die Regierung von Menschen geführt, deren Legitimität durch eine Wahl bedingt war und deren Mitarbeiter aufgrund politischer Fähigkeit und Loyalität ausgewählt wurden. Ihre Handlungen basierten auf politischen Überlegungen und bewegten sich manchmal außerhalb des gesetzlichen Rahmens. Sie hatten einen engen Kontakt zu den Vorgesetzten, deren Job es war, wiedergewählt zu werden und die es daher vorteilhaft fanden, ein generell stabiles System zu erhalten. Sie suchten nach politischen Ergebnissen und Politik durchdrang die Regierung. Der Vorteil war, dass niemand von ihnen erwartete, die Nation oder den Staat zu perfektionieren. Ihre Mission bestand bescheidenerweise darin, eine unbescheidene Nation zu regieren.

Der Schlüssel zu den ersten beiden institutionellen Zyklen war, Common Sense anzuwenden. Wie bei der Staatsgründung wurde angenommen, dass es eine Schicht der amerikanischen Gesellschaft gab, die durch Erfahrung und Erziehung genug allgemeinen Menschenverstand hatte, um zu verstehen, wie die Regierung funktioniert. Es waren vielleicht nicht die ärmsten Bürger, denen die relevante Erfahrung und die Zeit fehlten. Es waren nicht notwendigerweise die reichsten, deren Interessen vom kollektiven Interesse abwichen. Aber es gab eine Schicht, deren gesunder Menschenverstand sie zu regieren befähigte und nicht die Expertise in einem begrenzten Fachbereich. Und das waren die gewählten Präsidenten, Kongressabgeordneten und Richter, die vom Volk ausgewählt wurden und die ausreichend gebildet waren, um das Problem zu verstehen und das Land zu managen. Der Aufstieg einer Klasse, die auf Expertise setzte, war ein direkter Angriff auf den Common Sense als laienhaft und unzureichend.

Dieses neue Modell nach dem Zweiten Weltkrieg basierte auf Experten, die nur Fragmente eines Projekts managten, während sie auf die höheren Ebenen angewiesen waren, die verstehen und integrieren mussten, was sie taten. Dadurch wurde eine massive ökonomische und soziale Evolution befeuert. Aber dieses System schuf gleichzeitig ein enormes institutionelles Problem. Zuerst wurde der Common Sense, der während der ersten Phase herrschte, im Management marginalisiert. Zweitens war die Summe der Experten kleiner und nicht größer als ihre Teile. Die Experten arbeiteten insgesamt nicht zusammen und ganze Projekte wurden fragmentiert, wobei jeder Teil allein arbeitete. Die Kritik am Affordable Care Act war, dass die Experten ein riesiges Dokument voller schwer verständlicher Regeln geschaffen hatten und dass diese Regeln sich nicht notwendigerweise gegenseitig unterstützten. Jeder Teil war im Einzelnen vielleicht technisch gesehen in Ordnung, aber der gesunde Menschenverstand hätte es niemandem ermöglicht, ihn zu verstehen, noch verstand irgendein einzelner Experte das Ganze.

Betrachten wir folgendes Beispiel. Während eines Großteils der amerikanischen Geschichte waren die Richter am Supreme Court im allgemeinen Juristen, aber nicht notwendigerweise vorher Richter gewesen. Sie wurden aus politischen Gründen ausgewählt und weil sie gesunden Menschenverstand hatten. Ein Beispiel im dritten Zyklus war Earl Warren, der Anwalt war, im Ersten Weltkrieg in der Army gedient hatte und danach zum County District Attorney gewählt worden war. Er ging in die Politik, wurde Gouverneur von Kalifornien, dann Vizepräsidentschaftskandidat für Thomas Dewey, der gegen Harry Truman verlor. Während seiner dritten Amtszeit als Gouverneur wurde er von Eisenhower als Chief Justice am Supreme Court nominiert. Er war bei Weitem kein Rechtsexperte, aber er hatte eine Menge Common Sense. Als *Brown v. Board of Education* vor Gericht kam, erkannte er, dass die Geschichte das Ende der Rassentrennung in den Schulen forderte. Ihm war auch klar, dass es ein einstimmiges Urteil sein musste, wenn der Oberste Gerichtshof seine Macht richtig einsetzen wollte. Weil er Politiker gewesen war, verstand er, dass es sich nicht um eine rechtliche Frage, sondern um eine politische handelte, und er konzentrierte sich darauf, alle Mitglieder des Gerichts, inklusive den Südstaatler Tom Clark zu überzeugen, dafürzustimmen. Warren nutzte seinen gesunden Menschenverstand und seine politischen Fähigkeiten und nicht seine Expertise in rechtlichen Fragen.

Man vergleiche das mit dem Obersten Gerichtshof heute. Keiner der Richter hatte je ein politisches Amt inne. Keiner hatte ein Geschäft oder eine Farm. Alle haben Jura studiert, entweder in Harvard oder Yale (einer begann in Harvard, wechselte aber auf die Columbia University). Alle sind Rechtsexperten oder, um es präziser auszudrücken, alle sind Experten in Bezug auf die aktuellen technischen Kontroversen um die Rechtsauslegung. Sie sind Techniker des Rechts, die in Schulen ausgebildet wurden, die exzellent darin sind, Techniker auszubilden. Im Ergebnis herrscht eine große Inflexibilität und Vorhersagbarkeit des Gerichtshofs. Keiner besitzt die Fähigkeit, einen Kompromiss zu erzwingen, wenn ein Kompromiss gebraucht wird. Ihre Definition des Rechts beinhaltet nicht den Common Sense, den der Gerichtshof unter Warren 1954 zeigte, sondern ist hauptsächlich technisch ausgerichtet. Die Rigidität des Obersten Gerichtshofs rührt von der Tatsache her, dass er eine rechtliche und politische Institution ist, die nun von Technikern geleitet wird, die vorgeblich unideologische Mittel für ideologische Zwecke einsetzen. Das ist ein Problem, das ebenso die Bundesregierung durchzieht und sie zunehmend unfähig macht, zu regieren. Gesunder Menschenverstand, die Fähigkeit, Konsequenzen zu erkennen, die weit jenseits technischer Probleme lauern, wurde verbannt. Der Oberste Gerichtshof versteht nicht, dass seine Verantwortung darin besteht, manchmal das Technische zugunsten des Common Sense hintanzustellen.

Sicher sind Experten unerlässlich. Sie können jedoch nicht regieren, denn ihre Perspektive ist eingeschränkt durch ihre Expertise. Aber sie sind zur herrschenden Klasse geworden, wenn es darum geht, die Beziehung der Bundesregierung zu den Vereinigten Staaten zu regeln. Der Kongress verabschiedet Gesetze, die im Grunde Absichtserklärungen sind, die durch Staatsgelder finanziert werden. Experten interpretieren diese Absichten und schaffen Vorschriften, die dazu gedacht sind, diese Absichten umzusetzen. Dann bringen sie diese Vorschriften zur Anwendung. Die Verbindung zwischen der Absicht und der Vorschrift ist häufig nebensächlich, aber die Vorschriften sind so komplex und deren Anwendung noch mehr, sodass der Kongress oder der Präsident keine klare Vorstellung davon haben, was überhaupt umgesetzt wird. Das sahen wir bei der Gesetzgebung zur Gesundheitsversorgung, die unter der Obama-Administration verabschiedet wurde. Präsident Obama hat es ehrlich gemeint, als er sagte, seine Krankenversicherung würde es den Amerikanern gestatten, bei ihren bisherigen Ärzten zu bleiben. Das Problem ist, sobald die Details der Gesetzgebung schriftlich festgelegt wurden (von Hunderten nicht gewählten Gesundheitsexperten), wurde das Gesetz außerordentlich schwer verständlich und nicht alle Berechtigten konnten tatsächlich ihren Arzt behalten. Die Absicht des Präsidenten und des Kongresses hinter dem Gesetz war ziemlich eindeutig. Als es zu Vorschriften und Regularien umgesetzt wurde und diese Regeln angewandt wurden, waren viele Ergebnisse häufig nicht beabsichtigt.

Ein bedeutender Teil der Amerikaner hat das Vertrauen in die Bundesregierung verloren aufgrund des Glaubens, dass die Technokraten nicht im Interesse der Bürger handeln, sondern eher, um ihre Position in der Regierung und ihre Macht zu erhalten. In einer Umfrage durch das Pew Research Center im April 2019 haben nur 17 Prozent der Öffentlichkeit angegeben, sie hätten auch nur das mindeste Vertrauen in die Regierung. Während der Eisenhower-Jahre lag diese Zahl bei 75 Prozent. Sie fiel auf 35 Prozent während der Carter-Administration, der letzten Präsidentschaft des sozioökonomischen Roosevelt-Zyklus.

Von Standpunkt der Öffentlichkeit aus ist das föderale System hermetisch verschlossen. Es ist keine Option mehr, die Gesetze und Vorschriften zu identifizieren, die Einfluss auf einen selbst haben könnten, diesen Einfluss zu identifizieren, das System zu managen und die eigene Beziehung zur Bundesregierung zu kontrollieren. Selbst einen wesentlichen Einfluss auf den Wahlprozess zu haben ist schwer.

Eine der politischen Krisen, deren Höhepunkt wir in den 2020er-Jahren sehen werden, wird eine Revolte gegen das System der Vorwahlen sein, die zur Herrschaft von Minderheitenmeinungen führen und einen enormen Aufwand erfordern, um daran teilzunehmen. Mindestens 75 Prozent der Wähler sind nicht am Prozess der Vorwahlen interessiert, was man auch erwarten würde bei einer herrschenden Ideologie, die das Privatleben favorisiert. Diejenigen, die bei den Vorwahlen wählen, sind Menschen, die ein leidenschaftliches Interesse an Wahlen haben – manchmal deswegen, weil sie ihre Verantwortung als Bürger ernst nehmen, weit häufiger, weil sie ihre politischen Ansichten leidenschaftlich vertreten. Weil die Mehrheit der Amerikaner keine große Leidenschaft für Ideologie hegt, bedeutet das, dass die Kandidaten beider Parteien von einer Minderheit ausgewählt werden, die diese Leidenschaft empfindet. Weil diejenigen wählen gehen, die die vorherrschende Ideologie unterstützen, werden die Kandidaten zunehmend vom politischen Rand ausgewählt. Besonders bei den Kongresswahlen geben die Ideologen den Ton an.

Das System der Vorwahlen hat buchstäblich die Präsenz eines professionellen Parteimanagers auf lokaler Ebene eliminiert. Vor dem Zweiten Weltkrieg hatte dieser „Party Boss" (A.d.Ü.: nicht zu verwechseln mit dem Chef der Partei) das Sagen und bestimmte die Kandidaten auf allen Ebenen. Er hatte zwei Funktionen: Er war der Ombudsmann für die Bürger, wenn sie es mit der Regierung zu tun hatten, und er stabilisierte das Wahlsystem. Als Profi war sein Ziel nicht ideologischer oder politischer Natur. Seine Macht rührte daher, dass er Wahlen gewann, und das führte ihn notwendigerweise zu einer Position fernab der Ränder. Als Profi sah der Party Boss seine Aufgabe darin, den Wählern eine Dienstleistung im Austausch für ihre Stimmen anzubieten.

Diesen Führungspersonen wurde oft vorgeworfen, korrupt zu sein, Wahlen zu manipulieren, diejenigen zu begünstigen, die sie unterstützten und außerhalb normaler Parteiprozesse zu agieren. Sie wirkten auf das System auf allen Ebenen ein, halfen Unternehmen, Regierungsverträge zu bekommen, und nahmen dafür Bestechungsgelder. In der Bronx, wo ich aufgewachsen bin, gab es einen Boss namens Charlie Buckley, der Iren, Juden, Italienern, Puerto Ricanern und Afroamerikanern half, wobei ihm bewusst war, dass sie in den Augen der Gesellschaft nicht gleichwertig waren, aber ihre Stimmen waren es. Diese sogenannten „Parteibosse" waren vielleicht korrupt, aber das System der Vorwahlen hat diese Korruption nicht beseitigt.

Parteibosse hatten die Macht, die Ineffizienz zu umgehen. Ihre Kritiker, die versuchten, das System zu reformieren, unterstützten einen unpersönlichen Ansatz, was die Beziehungen zwischen den Wählern und der Regierung anging, bei dem die politische Loyalität nichts mit dem Zugang zu tun hatte. Das machte die Dienstleistungen gerechter, aber bei all der Kontrolle, die dadurch nötig wurde, war es auch ineffizienter und niemand konnte den Prozess beschleunigen oder auf unvorhergesehene Bedürfnisse reagieren.

Das Ende des Party Bosses bedeutete, dass niemand mehr die praktischen Bedürfnisse der Öffentlichkeit gegenüber der Regierung vertrat. Als er eliminiert wurde, erfolgte der Zugang zum föderalen System auf formellen Wegen, die von den Bürgern nicht leicht verstanden werden konnten. Das Büro des Kongressabgeordneten wurde zu dem des Ombudsmanns für diejenigen, die wussten, wie man sich dessen bediente, aber den meisten Menschen war der Zugang verwehrt. Der informelle Zugang zu Dienstleistungen der Regierung hatte den Preis der politischen Loyalität und stärkte den Einfluss des Bosses auf die Partei und auch den der Partei auf die Wählerschaft. Aber dies war nicht eindeutig undemokratisch. Der Boss war der Mittelpunkt des Systems und die Zuneigung oder zumindest der Respekt, der ihm entgegengebracht wurde, war in den meisten Fällen echt, denn er verdiente ihn sich durch seine Dienste und blieb dadurch im Amt.

Der Übergang zu Vorwahlen und dazu, dass die Öffentlichkeit einen direkten Einfluss auf die Regierung bekam, war eine Maßnahme, die gegen die Parteibosse gerichtet war und für mehr Ehrlichkeit in der Regierung sorgen sollte. Aber das System war nicht flexibel genug für diejenigen, die spezifische Bedürfnisse hatten. Die Bosse konnten Probleme lösen, indem sie denjenigen ihre Dienste anboten, die in bevorzugter Stellung waren – eine beträchtliche und offene Gruppe. Nun waren alle gleich und der Zugang zu Dienstleistungen war auf diesen Zweck ausgerichtet, was die nötigen Ausnahmen verhinderte.

Das System der Vorwahlen polarisierte auch die Politik. Die Auswahl der Kandidaten war nicht mehr ein Prozess, der von den Bossen geleitet wurde, sondern ein zunehmend ideologischer. Dies war schließlich zum Teil der Grund für den Untergang der Bosse; Ideologen waren aus ihren Reihen ausgeschlossen worden. Wenn so wenige bei den Vorwahlen wählen, dann gewinnen diejenigen, denen es am wichtigsten ist. Der Prozess der Vorwahlen wurde daher einer Minderheit von Ideologen anvertraut, die an einem arbeitsreichen Dienstag trotz Arbeit oder Regen auftauchten, egal ob sie die Kinder zur Klavierstunde bringen oder Essen kochen mussten. Diejenigen, die derlei alltägliche Aufgaben nebenher erledigen konnten oder solche Sorgen gar nicht hatten, kontrollierten die Wahlurnen so rigoros, wie es früher der Boss getan hatte.

Die neue Beziehung zwischen dem Bürger und der Regierung, die in den 2020er-Jahren eine Rolle spielen wird, wird nicht das alte politische System kopieren. Dafür hat sich zu viel verändert. Aber das Prinzip, dass das politische System sowohl Lösungen für individuelle, persönliche Probleme bieten als auch kompetente Führungskräfte hervorbringen soll, wird eine Veränderung erzwingen. Man muss bedenken, dass das alte System Präsidenten wie Abraham Lincoln, Theodore Roosevelt, Woodrow Wilson, Franklin Roosevelt und Dwight Eisenhower hervorbrachte, aber auch wesentlich weniger strahlende Persönlichkeiten. Der Punkt ist: Gemessen am Ergebnis war das System der „Bosse" nicht schlechter als das, was das System der Vorwahlen hervorbrachte, und vielleicht sogar auf vielerlei Weise besser. Aber abgesehen von Persönlichkeiten konzentrierte sich das Boss-System darauf, eine unideologische Masse mit

Dienstleistungen zu versorgen und sie zu mobilisieren, wodurch keine Ideologien, die nur von einer Minderheit geteilt wurden, das System kontrollieren konnten und gleichzeitig die Art von Polarisierung verhindert wurde, die wir in den letzten paar Wahlen während der späten Jahre des dritten institutionellen Zyklus sahen.

Noch bedeutender erscheint das, wenn man es vom Standpunkt der Bundesregierung als einer Institution betrachtet. Die Schaffung eines rigoros unpersönlichen Systems, das von Technokraten gemanagt wird, die es vorziehen, durch Prozesse eingeschränkt zu werden, lässt unweigerlich viele nicht vorhergesehene Bedürfnisse unbefriedigt. Es gibt immer Spezialfälle, um die sich im Prinzip jemand kümmern sollte, die aber nicht den Regularien entsprechen. Als die „Parteibosse" noch das Sagen hatten, konnte man sie um Hilfe fragen und sie riefen einfach jemanden an. Das ist keine Option mehr. Und es gibt auch niemanden mehr, der sich mit diesem komplexen System auskennt. Das System ist ehrlich, aber unflexibel, und man findet sich schwer darin zurecht. Die Bundesregierung ist eine riesige Maschinerie mit begrenztem Zugang und dieser Zugang ist überlaufen und schwer zu enträtseln.

Keine dieser Formen der Repräsentation war perfekt und im nächsten Jahrzehnt wird sich dieser Konflikt – zusätzlich zu den Krisen, die sich zuspitzen – zu einem Kampf zwischen Expertise und gesundem Menschenverstand verdichten. Die Vertreter der Expertise werden die gerechtfertigte Behauptung aufstellen, die Probleme seien komplex und müssten von Experten gemanagt werden. Die Vertreter des gesunden Menschenverstands werden argumentieren, dass die Methoden und Lösungen der Expertise die Erfahrungen der Bürger so grundlegend vernachlässigen, dass die Expertise nur die Illusion einer Lösung erschafft. Die Experten werden ihren Kritikern Ignoranz der Fakten vorwerfen und Unfähigkeit, die Komplexität zu verstehen. Ihre Kritiker werden behaupten, dass die Experten mehr daran interessiert sind, ihre Position und Autorität zu schützen, als sich Gedanken darüber zu machen, was sie bewirken. Und all das wird noch verschärft durch gegenseitiges Misstrauen und Abscheu.

Im Verlauf der 2020er-Jahre wird dieser wachsende Konflikt sich nicht auf die Regierung beschränken. Die Technokratie ist sowohl eine soziale Klasse als auch ein Teil der Regierung. Zum Beispiel haben Journalisten der traditionell glaubwürdigen Zeitungen, die man auch die seriösen Medien nannte, ihren Status verloren. Eine Gallup-Umfrage aus dem Jahr 2017 zeigte, dass nur 27 Prozent der Befragten den Zeitungen überhaupt vertrauten. Eine Umfrage der American Association for the Advancement of Science fand heraus, dass nur 14 Prozent der Öffentlichkeit die Universitäten besonders schätzten. Laut Gallup sind die Institutionen, denen man am meisten vertraut, das Militär mit 75 Prozent und die Polizei mit etwa 58 Prozent. Die Institutionen, denen am meisten vertraut wird, sind diejenigen, die man als außerhalb der Technokratie stehend betrachtet. 2015 hat eine Umfrage des Pew-Forschungszentrums ergeben, dass nur 19 Prozent aller Amerikaner der Bundesregierung vertrauen. Man sollte anmerken, dass die Zahlen aus der Zeit stammen, bevor Trump zum Präsidenten gewählt wurde. Die Krise begann nicht mit Trump, sondern führte zu seiner Präsidentschaft, und Trump ist jemand, der ein Gespür für das Misstrauen hat und davon profitiert. Die Zahlen verwiesen auf die Konfrontation zwischen der Regierung, den Medien und den Universitäten auf der einen Seite und der sich herausbildenden Opposition auf der anderen.

Wenn das die einzige Krise wäre, die sich in den 2020er-Jahren anbahnt, wäre das allein schon Grund genug zur Sorge. Aber wir haben es auch mit einer sozialen und ökonomischen Krise zu tun, die ihren Höhepunkt etwa zur selben Zeit erreicht, und bis es so weit ist, wird es eine vollständige Verflechtung mit der institutionellen Krise geben. Wie wir in den vorherigen Kapiteln besprochen haben, entsteht der Kern der zyklischen ökonomischen Krise direkt aus dem Erfolg des betreffenden Zyklus. Unter Reagan steigerten die Änderungen der Steuergesetze das Kapital, das für Investitionen verfügbar war, was zusammen mit der neuen Kerntechnologie, dem Mikrochip, eine neue ökonomische und soziale Realität geschaffen hat. Das wiedergeschaffene Unternehmertum von Firmen wie Microsoft und

Oracle hat die Wirtschaft verändert. Eine neue reiche Hightech-Klasse entstand, aber gleichzeitig verstärkte das den Abstieg des alten industriellen Systems. Die Investitionen flossen in die Industrie, um sie effektiver zu machen, was Arbeitsplätze kostete. Später, als die Investitionsrenditen der mikrochipbasierten Wirtschaft in die Höhe schossen, während die Industrieprofite stagnierten, führte die Verlagerung der industriellen Produktion in andere Länder zu massiver Arbeitslosigkeit und Unterbeschäftigung von Industriearbeitern.

Offensichtlich führte diese Situation zu bedeutender Verärgerung unter der überflüssig gewordenen Klasse der Industriearbeiter und wird das weiterhin auch im nächsten Jahrzehnt tun. Es ist nicht nur ein wirtschaftliches Problem, es ist auch ein kulturelles. Die Technokratie, so wie man sie im Allgemeinen versteht, hat nicht nur die wirtschaftliche Basis der Klasse der Industriearbeiter destabilisiert, sondern auch die Basis ihrer kulturellen Werte. Die kulturellen Werte, die die Industriearbeiter in der Kirche vermittelt bekommen – für sie immer noch eine geachtete Institution –, sind keine Formen von Phobie. Die Bundesregierung als Teil der Technokratie hat sich diesem Angriff auf ihre Werte angeschlossen und ihn sogar angeführt und die im Abstieg befindliche Industriearbeiterklasse so behandelt, als hätte sie ökonomisch und sozial wenig zu bieten. Trumps Wahl war nicht das Entscheidende und im Grunde auch nicht die arbeitslosen Arbeiter. Ein Großteil hat mit der systemischen Verschiebung in Volkswirtschaften zu tun.

Dieses Gefühl des Konflikts hat bereits vor 2020 bestanden und wird sich in den 2020er-Jahren noch verstärken und sich über die Bundesregierung hinaus ausbreiten. Es wird sich auf die Technokratie als Ganzes erstrecken, denn die Technokratie vertritt eine Ideologie, die noch über den Glauben an die Expertise hinausgeht. Weil sie neue Methoden erfindet, wie man Dinge angeht, und annimmt, dass der Fortschritt aus intellektueller Aktivität entspringt, wird die Technokratie auch als Revolte gegen die Tradition und traditionelle Werte gesehen. In diesem Sinne entspricht die Technokratie den

Werten der Gründerväter, nur dass diese keine Spannung zwischen dem technischen Fortschritt und der Landwirtschaft gesehen haben. Es ist daher nicht überraschend, dass die Technokratie – im weitesten Sinne verstanden – die eher traditionellen Werte herausfordern und zu den sozialen Spannungen im kommenden Jahrzehnt beitragen wird.

Wo die Vereinigten Staaten am Ende des Jahrzehnts stehen werden, wird zu großen Teilen davon abhängen, wie mit diesen Krisenherden sowohl von den Wählern als auch von den Staatsoberhäuptern umgegangen wird. Wie sehr die Vereinigten Staaten in den 2020er-Jahren auseinandergerissen werden, wird davon abhängen, welche Schritte in bestimmten Sektoren des amerikanischen Lebens unternommen werden, um die Situation zu bereinigen und den Schmerz für die Menschen auf beiden Seiten der Kluft zu mindern: für diejenigen, die den ökonomischen und sozialen Niedergang erleben, und für jene Technokraten, die einer Disruption unterzogen werden müssen, um eine effiziente Regierung und ein funktionierendes öffentliches Leben wiederherzustellen. Um diese Zukunftsvorhersage zu verstehen, müssen wir auch die Tiefe der Krise verstehen, die in zwei entscheidenden Bereichen des amerikanischen Lebens auf uns zukommt: in der Technologie und im Bildungssektor.

KAPITEL

DIE KRISE DER TECHNOLOGIE UND DER BILDUNG IN DEN 2020ER-JAHREN

Eine der Kräfte, die die amerikanische Geschichte formen, war schon immer die Technologie. Das folgt aus den Gründungsprinzipien und aus der Notwendigkeit, die Nation zusammenzuhalten. Die Amerikaner unterscheiden sich in ihrer persönlichen Historie und den regionalen Gegebenheiten voneinander. Was sie verbindet, ist die Suche nach einem besseren Leben, und zu verstehen ist diese Suche als in der Ökonomie begründet. Damit die Ökonomie sich entwickelt, muss das auch die Beziehung der Amerikaner zur Natur tun. Dies erforderte eine Evolution der Technologie und daher eine Evolution dessen, wie die Amerikaner lernen, nicht nur neue Technologien zu schaffen, sondern auch die Unternehmen, die daraus entstehen, die Art, wie Amerikaner ihrer Freizeitunterhaltung nachgehen, und alles, was daraus folgt. Dies gründet wiederum auf dem Bildungsgrad.

Im weitesten Sinne ist Technologie eine Methode, um die Beziehung des Menschen zu seiner Vergangenheit und zur Natur zu ändern. Wir haben schon die Auswirkungen der Technologie am Beispiel der Elektrizität besprochen, die verändert hat, wie Menschen traditionell die Nacht erfahren, die die Zeit ausdehnte, die Menschen mit Lesen und Lernen verbrachten, und die die Zeit verkürzte, in der sie schliefen oder träumten. Andere Technologien brachten die Musik aus den Konzerthäusern nach Hause, verfügbar nach Wunsch, und Theaterstücke und Filme wurden vom Theater und Kino ins Fernsehen gebracht, wo Menschen sie in der Privatsphäre ihres eigenen Wohnzimmers ansehen konnten. Technologien haben die Natur verändert und die jahrhundertealten Traditionen, die damit einhergingen. Sie haben auch die Art verändert, wie Menschen ihren Lebensunterhalt verdienen und wie reich sie werden können. Technologie kann auch den Rahmen oder sogar das Schlachtfeld bilden, auf dem der soziale und ökonomische Kampf ausgefochten wird. Seit der industriellen Revolution wurde der Technokrat der Angelpunkt von Reichtum, kulturellem Einfluss und Macht.

Technologie steht sicherlich im Zentrum des Reagan-Zyklus, der 1980 begann und langsam zum Ende kommt, sowohl, wenn es darum geht, Reichtum zu schaffen, als auch als Ursache der institutionellen und sozioökonomischen Krisen. Jede Generation hat eine Kerntechnologie, die zahllose Anwendungsbereiche und Geschäftsideen generiert. Die Dampfmaschine und die Elektrizität haben beide zu verschiedenen Anwendungen geführt, die andere Technologien ermöglichten und die die ökonomischen und persönlichen Lebensumstände der Menschen veränderten.

Wir haben über Amerika als erfundenes Land geredet. Die Technologien, die von Amerikanern erfunden wurden, haben außerdem die Welt revolutioniert. Mikrochips wurden in den frühen 1970er-Jahren erstmals vom US-Militär verwendet und dann auch für Konsumenten in Form von Taschenrechnern verfügbar. In den frühen 1980er-Jahren gab es zahlreiche Computer der ersten Generation von Texas Instruments, RadioShack, Atari und vielen anderen.

Bis zum Ende der 1980er-Jahre wurden sie ein alltäglicher Anblick in den Büros und führten mit verwandten Produkten, vom Drucker bis zum Internet, zu einer Revolution des ökonomischen und des Alltagslebens. Von Mitte der 1980er-Jahre bis etwa 2010 war der Mikrochip in seiner zweiten Phase. Dann wurde er zu einer ausgereiften Technologie, die neue Anwendungen und Innovationen ermöglichte, aber die zweite Periode war vorbei und damit auch der dramatische Produktivitätszuwachs. Der Mikrochip war eine transformative Technologie und eine Kerntechnologie. Er belebte auch die Tradition von Erfindern wie Edison wieder, die Innovation mit Geschäftssinn kombinierten. Die große Frage der Zukunft ist, welches die nächste transformative Technologie wird und wie wir sie in ihrer frühen Form erkennen.

Transformative und Kerntechnologien durchlaufen vier Stadien. Im ersten innovative Stadium existiert die Kerntechnologie, aber der Technologe arbeitet noch daran, sie zu perfektionieren und ein Business darum aufzubauen. Im zweiten Stadium ist es ein funktionierendes Produkt, das sich in unvorhergesehene Richtungen entwickelt und die Produktivität dramatisch erhöht. Im dritten Stadium ist es ein ausgereiftes, enorm nützliches Produkt, das immer noch Geschäftsmodelle verändert und neue hervorbringt, aber nicht mehr in dem Umfang wie im zweiten Stadium. Die Produktivitätszuwächse durch die Technologie nehmen ab. Im vierten Stadium ist die Technologie immer noch wichtig, hat aber ihre Dynamik verloren. Henry Ford hat das Automobil circa 1915 zum Massenprodukt gemacht, abgeleitet aus der Technologie des Verbrennungsmotors. Etwa 1960 war es ausgereift. Es hatte den Markt zusammen mit den Mitbewerbern gesättigt und die grundlegende Architektur war etabliert. Verbesserungen waren innerhalb des grundlegenden Rahmens unausweichlich. Es dauerte etwa 45 Jahre von der Einführung auf dem Massenmarkt bis zur Reife. Der Mikrochip brauchte von 1980 bis 2020, um voll ausgereift zu sein, wieder 40 Jahre.

Das bedeutet nicht, dass der Mikrochip auf irgendeine Weise obsolet wäre. Er hat unser Leben verändert, die Art, wie wir einkaufen, kommunizieren und Informationen gewinnen, selbst wie wir denken. Seit 1980 hat der Mikrochip zu einem dramatischen Wachstum der Produktivität geführt. Aber nun sind diese Wachstumszahlen der Produktivität auf nahezu null gesunken.

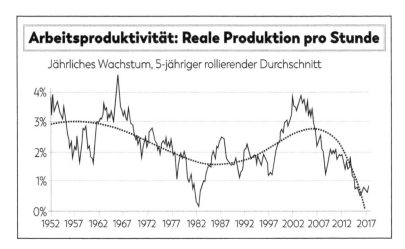

Arbeitsproduktivität: Reale Produktion pro Stunde

Jährliches Wachstum, 5-jähriger rollierender Durchschnitt

Beachten Sie, dass es in der Grafik der Arbeitsproduktivität des Bureau of Labor Statistics eine Ähnlichkeit gibt zwischen dem Rückgang von 1962 bis 1982 und dem Rückgang seit den Anfangsjahren des zweiten Jahrzehnts des 21. Jahrhunderts. Neue Technologien sind ein bedeutender Faktor, der das Produktivitätswachstum antreibt, und dieses Wachstum treibt die Ökonomie an. Es ist nichts Neues, dass der Mikrochip irgendwann ausgereift ist, genauso wenig, dass die Kultur sich diese Reife und sogar einen Niedergang nicht vorstellen kann. Es ist dennoch schmerzhaft, bis eine neue Kerntechnologie hervortritt. Und das Jahrzehnt von 2020 bis 2030 wird bereits äußerst schmerzhaft aufgrund der Krisen, die durch die Überkreuzung der zwei bedeutenden Zyklen ausgelöst werden. Wenn man dazu noch die Tatsache hinzufügt, dass die Kerntechnologie ihren Zenit überschritten und keine neue Kerntechnologie sie bisher ersetzt hat, dann nimmt dieser Schmerz noch zu.

Die heroische Phase der Mikrochipökonomie hat riesige Vermögen geschaffen, die im Besitz finanzieller Institutionen verschiedenster Art sowie einiger Menschen mit „hohem Nettovermögen" sind – wie man die Reichen heute nennt. Die Finanzwelt ist mit einem einzigartigen Problem konfrontiert, das sich ebenfalls in den 2020er-Jahren schmerzhaft bemerkbar machen wird. Während des gegenwärtigen Zyklus wurde eine Menge Geld gemacht, das der Klasse zufiel, die es für Investitionen nutzte statt für Konsum. Das war die Absicht, es funktionierte und es zog noch größeren Reichtum nach sich. Dieses Geld muss investiert werden. Wie jedoch der Rückgang bei den Start-ups zeigt, wurde es schwerer, Investitionsmöglichkeiten zu finden. Besonders nach 2008 haben sich die Investitionsmöglichkeiten verringert.

Wir sind nun in einer Situation, die das Gegenteil der 1970er-Jahre darstellt. Damals gab es eine Kapitalknappheit. Heute gibt es einen Kapitalüberschuss. Die Zinsen sind auf einem historischen Tiefstand nicht aufgrund der Politik der Zentralbanken. Sie tragen dazu bei, aber das zugrunde liegende Problem ist, dass es einen enormen Pool an Geldern gibt, die für Investitionen verfügbar sind, aber eine schwindende Anzahl an mikrochipbasierten Geschäftsgelegenheiten, in die man investieren kann. Investoren sind daher auf der Suche nach anderen, eher traditionellen Anlageoptionen, inklusive des Gesundheitswesens und des Einzelhandels, aber das ist keine Spitzentechnologie. Diese enormen Kapitalmengen strömen in sichere Alternativen wie Anleihen und sorgen damit dafür, dass die Zinsen niedrig bleiben, was ein massives Problem für alle Pensionäre schafft, aber besonders für diejenigen aus dem alternden Industriesektor, die bereits ihrer Ressourcen beraubt sind. Die wenigen Assets, die sie besitzen, werden ihnen keine bedeutenden Erträge mehr einbringen und daher steigt der Druck auf sie weiter an.

Die Klasse der Industriearbeiter hatte bei der Wahl 2016 einen großen Einfluss, der aber nicht groß genug war, um die Agenda im Kongress zu bestimmen. Sie sind eine Klasse auf dem absteigenden Ast und haben nicht die Möglichkeit, das ökonomische und soziale System zu einer Zeit zurückzudrehen, als es ihnen wirtschaftlich gut ging. Ihnen fehlt die zahlenmäßige Überlegenheit und es gibt keine Rückkehr zu einem stabilen Industrialismus. Während diese Klasse in den 2020er-Jahren älter wird, steht sie vor extrem schwierigen Zeiten und sie verliert auch noch die letzte Stärke, die sie hatte. Das ist nicht die Klasse, die die Technokratie herausfordern wird.

Diejenigen, die die Technokratie herausfordern, werden im kommenden Jahrzehnt die Kinder und Enkel der Industriearbeiterklasse sein, die selbst außer Familienerinnerungen keine Berührungspunkte mehr mit dem Industrialismus haben, die in relativ schwierigen Bedingungen aufgewachsen sind und auf eine finstere Zukunft blicken, in der sich ihre Lebensumstände nicht bedeutend ändern werden. Die Speerspitze dieser Bewegung werden diejenigen sein, die zwischen 1990 und 2010 geboren sind und 2030 zwischen 20 und 40 sein werden. Man kann sagen, dass es die Millennials sind, die nicht in Manhattan oder San Francisco leben und nicht im Marketing- oder Hightech-Bereich arbeiten. Es sind die Millennials, die nicht in das Klischee der herrschenden Kultur passen.

Die bevorstehende Transformation aufgrund der Krise in den 2020er-Jahren wird besonders die Bildungsinstitutionen betreffen. Wie wir ausbilden und wen wir ausbilden, wird aufs Engste mit Technologie verflochten sein. Alle Fäden der Technokratie laufen an der Universität zusammen, von den Finanzingenieuren, Filmemachern, Regierungsoffiziellen, Richtern zu den Marketingfachleuten für Technologie. Die Individuen erhalten auf der Universität dreierlei. Zuerst ein breites Wissen, das ihnen erlaubt, in ein bestimmtes Berufsfeld vorzudringen, weiteres Wissen anzusammeln und Erfolg zu haben. Das Zweite sind Referenzen. In der ersten kritischen Phase der Karriere werden die Fragen gestellt: Worin haben Sie Ihren Abschluss gemacht und welches College haben Sie besucht? Die Antwort auf die Frage, worin Sie Ihren Abschluss gemacht haben, zeigt, welchen Fokus Sie hatten; die Antwort darauf, wo Sie aufs College gingen, erzeugt eine Vorstellung über Ihre allgemeinen intellektuellen Qualitäten. Wenn man auf einen der regionalen Campusse einer bundesstaatlichen Universität eines kleinen

Bundesstaates geht, dann erzeugt das eine bestimmte Wahrnehmung. Nicht aufs College zu gehen verschafft einem keine Referenzen. Es gibt Menschen, die dennoch Erfolg im Leben haben, aber sie sind die Ausnahme. (Bill Gates' Referenzen wurden nicht wertlos, als er Harvard ohne Abschluss verließ, denn immerhin war er dort ja angenommen worden.) Das Dritte, was man an der Universität bekommt, ist die Möglichkeit, Verbindungen zu knüpfen, die einen das ganze Leben unterstützen. Die richtige Schule und die richtigen Freunde können eine Karriere befördern. Die falsche Universität kann dafür sorgen, dass man strandet oder die ganze Zeit gegen Widerstände ankämpft. Die richtige Schule wird einem Manieren und Werte beibringen, die einen in die Technokratie integrieren. Die falsche Uni wird das nicht tun.

Das Problem heute und während des nächsten Jahrzehnts ist der Zugang zum Herz der Technokratie, den führenden Universitäten, die einem nicht nur Fachwissen vermitteln, sondern auch die sozialen Rituale, die einem erlauben, ein Teil der Technokratie zu werden. Diese Universitäten sind zunehmend verschlossen für diejenigen, die nicht von dieser Gruppe abstammen. Im Amerika vor dem Zweiten Weltkrieg wurden die besten Universitäten als Häfen für die Eliten betrachtet. Damals waren es die wohlhabenden WASPs, die studierten. Der Zweite Weltkrieg riss diese Barrieren nieder mit der „G. I. Bill". Universitäten wurden radikal demokratisiert und schufen eine soziale Revolution, die den Roosevelt-Zyklus antrieb und die Türen zur Elite aufstieß.

Die Herausbildung zweier verschiedener Kulturen wird sich in den 2020er-Jahren noch intensivieren. Bereits sichtbar ist die Kultur der Technokratie, in der Wert durch den Besuch von Top-Universitäten bestimmt wird und in der die Erwartungen an Ehe und Familie weiter auf unterschiedlichste Weise von der historischen Norm abweichen werden. Darüber hinaus werden die Technokraten sich von den sozialen und politischen Verwerfungen isolieren, indem sie sich auf ihr Gefühl der moralischen Exzellenz zurückziehen, das ihrer technischen Exzellenz entspricht. Die „Outsider" werden in einem Gefühl der Verzweiflung und des Zorns leben und werden ebenfalls die Veränderung von Ehe und Familie erfahren, aber als soziale Krise.

Während diese Krise sich entwickelt, werden im Zentrum der Opposition die Kinder der weißen Industriearbeiterklasse stehen, besonders diejenigen, die nach 2000 geboren wurden, für die das komfortable Leben der Mittelschicht nur eine Erinnerung ist. Sie werden von unerwarteten Verbündeten unterstützt werden aus der Gruppe derjenigen, die die gleichen Bedürfnisse und Hintergründe haben: Afroamerikaner, Hispanics und andere werden sich weniger über ihre Identität definiert sehen als durch ihre Bedürfnisse. Identitätspolitik, die auf dem juristischen Konzept der „geschützten Klassen" des föderalen Sozialdesigns fußt, ist nicht aufrechtzuerhalten. Während die Kinder der weißen Arbeiterklasse sich in der gleichen Position wiederfinden wie die Afroamerikaner, wird ein eher traditioneller Klassenkampf seinen Anfang nehmen, basierend auf der Ausgrenzung der Unterklasse. Er wird zu Allianzen führen, die heute noch undenkbar sind.

Der Schutz von Identität hat einen Großteil dieser Gruppe von den Orten ferngehalten, wo das Wissen und die Referenzen herrühren – das schließt alle Identitäten ein, denn die meisten Afroamerikaner haben nicht davon profitiert, „geschützt" zu sein. Identitätspolitik kann keine Probleme lösen, die in der Inflexibilität von Institutionen begründet sind, in diesem Fall Universitäten. Rassenkonflikte sind ein fester Bestandteil der Vereinigten Staaten. Die Spannungen zwischen amerikanischen Weißen und Afroamerikanern gehören zum Gewebe der amerikanischen Geschichte. Die wachsenden Rassenspannungen, die wir in den vergangenen paar Jahren gesehen haben, werden wohl in den 2020er- und 2030er-Jahren noch zunehmen aufgrund des Drucks durch die Krisen in den anderen Bereichen, die wir bereits näher betrachtet haben. Familien und Einzelne, die mit ökonomischen Härten, kulturellen Angriffen sowie einer ihnen gegenüber gleichgültigen Regierung und Führungsklasse konfrontiert werden, werden nicht schweigen.

Die einzige Brücke, die es gibt, ist ein gemeinsames Interesse, so wie während des New Deal. Interessanterweise kehrt dieses gemeinsame Interesse zurück. Die Hispanics werden sozial und ökonomisch auf sich allein gestellt aufsteigen aufgrund der Dynamik von Einwanderungswelle um Einwanderungswelle, von der sie ein Teil sind. Sie werden nur vorübergehendes Interesse an dieser neuen Koalition haben. Aber die Afroamerikaner brauchen einen anderen Weg, um zu einem angenehmen Leben und etwas Reichtum zu gelangen, als nur den Pfad, den die Technokratie anbietet. Und die Kinder der Klasse der Industriearbeiter sieht man als die moralischen Nachkommen der Ulster-Schotten, eine Klasse, die einst verachtet war. Weil diese Klasse etwa 30 Prozent der amerikanischen Bevölkerung umfasst, während die Afroamerikaner 13 Prozent stellen, ist es eine mächtige Koalition, die von einem gemeinsamen Interesse und nicht von Gefühlen geleitet wird. Es wird eine seltsame und instabile Allianz werden, aber eine, die schon einmal bestand.

Die Krise an den Universitäten ist nicht über Nacht entstanden. Seit mehreren Generationen war es möglich, durch gute Noten und SAT-Scores in die besten Schulen zu kommen. Die besten Universitäten, die von einer Armee an Highschool-Absolventen mit guten Noten und SAT-Scores überschwemmt wurden, versuchten, unter diesen auszuwählen. Sie suchten nach Studenten, die nicht nur an der Highschool gute Noten hatten, sondern ein außergewöhnliches Talent an den Tag legten oder ein ausgeprägtes soziales Bewusstsein. Die dafür verwendete Formulierung lautete, dass sie nach Studenten suchten, die „am meisten profitierten", wenn sie ihre Universität besuchten. Angesichts so vieler, die profitieren konnten, weil sie an der Highschool gute Noten hatten, suchten die Universitäten nach weiteren Qualifikationsmerkmalen.

Es begann damit, dass man sich auf Briefe konzentrierte, die von den Schülern geschrieben wurden und in denen sie erklärten, wieso sie eine bestimmte Universität besuchen wollten. Diejenigen, die sich am geschliffensten ausdrückten und das Zulassungskomitee mit einer überraschenden Idee beeindrucken konnten, hatten natürlich einen Vorsprung. Wie viele dieser Briefe von den Eltern geschrieben wurden oder sogar von bezahlten „Zulassungs-Coaches", ist unbekannt, aber es gibt überraschend wenige 17-Jährige, die in der Lage gewesen wären, die Art Briefe zu schreiben, die ich gelesen habe, als ich in Zulassungskomitees saß. Diejenigen, die auf Erwachsenen zurückgreifen konnten, die solche Briefe schreiben oder wenigstens ihre Kinder dabei anleiten konnten, hatten einen riesigen Vorteil.

Der nächste Schritt beim Ausschlussprozess waren die Aktivitäten außerhalb des Lehrplans. Da es nicht mehr ausreichte, gut in der Schule und bei den SATs zu sein, suchten die Zulassungskomitees nach Studenten, die ihre Freizeit mit wertvollen Aktivitäten verbrachten. Studenten werden danach beurteilt, ob sie für eine Wohlfahrtsorganisation gearbeitet haben, die armen Menschen in Ländern wie Peru geholfen hat, möglicherweise ein Praktikum bei einem Kongressabgeordneten gemacht haben, Kinder aus armen Verhältnissen unterrichtet oder vielleicht als Musiker Preise gewonnen haben. Ob es Enthusiasmus beim Zulassungskomitee hervorgerufen hätte, wenn man als Missionar den Bolivianern konservative christliche Werte vermittelte, ist eine andere und nicht triviale Frage. Aber es gibt noch ein bedeutenderes Problem.

Viele Schüler haben nicht die Zeit für außerschulische Aktivitäten, denn sie arbeiten auf dem Bau, um ihrer Familie zu helfen, oder braten Hamburger für ein Taschengeld. Als ich an der Highschool war, hatte ich keine Zeit für ein unbezahltes Praktikum in einem Finanzinstitut. Ich musste im Sommer Geld verdienen. Die Kinder der Industriearbeiterklasse können es sich nicht leisten, als Freiwillige an einem Bauprojekt in Haiti von „Habitat for Humanity" teilzunehmen, selbst wenn ihnen jemand die Reisekosten bezahlen würde. Sie müssen Geld verdienen, um ihre College-Gebühren zu bezahlen, ihren eigenen Lebensunterhalt zu finanzieren oder ihre Familie zu unterstützen. Ob sie lieber „Habitat for Humanity" unterstützen würden oder eine örtliche Wohlfahrtsorganisation ihrer Kirchengemeinde ist eine wichtige Frage. Aber die wichtigste Frage ist, ob sie sich unbezahlte außerschulische Aktivitäten leisten können, die von den Top-Universitäten erwartet werden. Manche Hochschulen behaupten seit Kurzem, dass sie Arbeit nach der Schule als außerschulische Aktivität zählen. Das kann sein, aber werden sie die Arbeit im Büro eines Kongressabgeordneten, an die man gekommen ist, weil die Eltern für seine Kampagne spendeten, so wertschätzen wie die Arbeit bei Walmart? Und wenn sie das tun, wird man ihnen glauben? Der Glaube an die Gleichwertigkeit ist hier das Hauptproblem.

Der Auswahlprozess an den besten Hochschulen ist im Moment nicht darauf ausgelegt, die hellsten Köpfe zu finden, sondern die Köpfe, die bereits an die gewünschte Kultur und Ideologie angepasst sind und von denen daher die Universitäten glauben, dass diese am meisten von ihrer Ausbildung profitieren. Während wir das Ende der aktuellen institutionellen und sozioökonomischen Zyklen erreichen, haben die Universitäten die Mauern wiedererrichtet, die vor der „G. I. Bill" und dem New Deal existierten. Eliteuniversitäten lassen vor allem die Studenten zu, deren sozialer Hintergrund es ihnen erlaubt, ein Bewerbungsprofil anzubieten, das dem entspricht, was die Universität als „ihre Art von Studenten" betrachtet, größtenteils, wie es in den 1920er-Jahren war. In geringem Umfang werden auch Studenten der geschützten Klassen aufgenommen, die es vielleicht auch aufgrund eigener Leistungen verdient haben, dort zu sein. Wer ausgeschlossen wird, sind die Kinder der vorwiegend weißen Arbeiterklasse.

Für Kinder der im Abstieg befindlichen Industriearbeiterklasse, die auf ein College gehen, welches weit davon entfernt ist, zur Elite zu gehören, sind die Chancen gering, jemanden zu treffen, der ihnen helfen kann, sozial aufzusteigen. Colleges bringen einem nicht einfach nur Fachwissen bei. Sie sozialisieren Studenten in Bezug auf die Kultur der Welt, in die sie eintreten, und machen sie mit anderen bekannt, die bereits ein Teil dieser Kultur sind. Das ist nicht anders als bei einem Immigranten, der in den 1920er-Jahren auf eine Ivy-League-Universität ging. Und das ist der Punkt. Die absteigende Klasse sind nicht die Immigranten. Die politischen Konsequenzen dieser Tatsache sind enorm. Wenn man Ingenieur bei Google werden will oder Partner bei Goldman Sachs, dann muss man nach Stanford oder Harvard gehen, und die Dynamiken der Zyklen haben diese Universitäten zum Eigentum derjenigen gemacht, die den sozialen und kulturellen Normen entsprechen.

Die Harvard University ist unverblümt, was diese Tatsache angeht, und ich bin mir sicher, das ist unbeabsichtigt. Harvard erkennt an, dass einige vielleicht aufgrund von familiären und finanziellen Problemen nicht die Möglichkeiten für außerschulische Aktivitäten hatten, und stellt diesen Studenten die Frage, was sie mit ihrer Freizeit anfangen wollten, wodurch sie die ihnen unbekannten Möglichkeiten antizipieren müssen. Die entscheidenden Kriterien, die Harvard auflistet, lauten wie folgt:

> **Würden andere Studenten gerne ein Zimmer mit Ihnen teilen, eine Mahlzeit gemeinsam einnehmen, in einem Seminar zusammensitzen, Teamkameraden sein oder in einer kleinen außerschulischen Gruppe zusammenarbeiten?**

Mit anderen Worten, passen Sie sich an? Werden Ihre Kommilitonen Sie wertschätzen? 18- und 19-Jährige sind nicht wirklich für ihre soziale Flexibilität bekannt. Sie ist es, die die Universität ihnen beibringen sollte. Und darüber hinaus sollten diejenigen wertgeschätzt werden, die sich von allen anderen radikal unterscheiden. Nach dem Zweiten Weltkrieg hieß Harvard eine Generation willkommen, die nie zu ihrer üblichen Klientel gepasst hätte. Heute sucht Harvard wieder einmal nach den „richtigen Köpfen", wie in einem Roman von F. Scott Fitzgerald. Das gießt weiter Öl auf die Brände, die bereits vor sich hin schwelen. Im kommenden Jahrzehnt werden sich die Vereinigten Staaten einer Bildungskrise und einer Krise der Chancengleichheit gegenübersehen, die vom ökonomischen und sozialen Druck ausgelöst wird, der durch das Zusammentreffen der beiden Zyklen entsteht.

Aber die Bildungskrise wird sich nicht nur darum drehen, wer Zugang zu den Universitäten hat. Es gibt noch ein weiteres bedeutendes finanzielles Problem, das zum Teil der Krise des ökonomischen Zyklus wurde, auch wenn viele es noch nicht realisieren. Auf die Harvard University zu gehen – inklusive Studiengebühren, Zimmer und Verpflegung – kann etwa 70.000 Dollar im Jahr kosten und eher 80.000, wenn man noch Lehrmaterialien, Krankenversicherung und andere wesentliche Dinge miteinberechnet. Harvard ist eine reiche Hochschule und kann es sich leisten, den ärmeren Studenten zu helfen, die sich für finanzielle Hilfe oder Stipendien qualifizieren. Staatliche Hochschulen wie Ohio State am Columbus-Campus kosten einen Einwohner des Bundesstaates für Studiengebühren, Zimmer und Verpflegung etwa 23.000 Dollar im Jahr und wenn man Bücher und Krankenversicherung hinzurechnet, etwa 25.000 Dollar im Jahr. Das ist weit weniger als Harvard, aber immer noch 100.000 Dollar für vier Jahre. Jura zu studieren, Medizin oder Wirtschaft, kostet sogar noch mehr. Es war früher einmal möglich, das College durch eigene Arbeit zu finanzieren. Selbst an einer staatlichen Hochschule wäre das heute extrem schwierig. Es gibt natürlich Studienkredite und einige Stipendien, aber sich Geld zu leihen, um das College zu bezahlen, belastet den Studenten auf Jahre hinaus finanziell und macht den sozialen Aufstieg zur Abstraktion. Ein Studienkredit ist im Grunde ein Glücksspiel in Bezug auf den Uniabschluss und den Eintritt in die Elite der Technokratenklasse, die schnell gut bezahlte Jobs bekommt. Und viele Studenten können sich nur eine Hochschule leisten, die diese Möglichkeit gar nicht bietet.

Die Kosten für die Universität sind enorm und können nicht getragen werden. Einige Zahlen vermitteln ein Gefühl für die Kosten. Der Gesamtbetrag an Studienschulden beträgt aktuell 1,34 Billionen Dollar. Zum Vergleich: Die gesamten Hypothekenschulden betragen heute 8,4 Billionen Dollar und 2008 betrugen die gesamten Subprime-Hypothekenkredite ebenfalls 1,3 Billionen Dollar. Genauso wie die Hypothekenderivate gebündelt und verkauft wurden, passiert das heute mit den Studentenschulden. Genauso wie die Hypotheken von Fannie Mae und Freddie Mac aufgekauft wurden, beides Institutionen des Bundes, die dafür gedacht waren, die Liquidität auf dem Hypothekenmarkt zu gewährleisten, so werden heute die Studienkredite von Sallie Mae, dem Äquivalent der Bundesregierung für die Studienkredite, gekauft, gebündelt und weiterverkauft.

Wie auch immer die zugrunde liegenden Probleme aussehen, die meisten Zyklen enden oder beginnen mit einer Finanzkrise. Die Studienkreditkrise wird nicht mit der Subprime-Krise 2008 vergleichbar sein, aber die 35.000 Dollar, die sich der durchschnittliche Student für das College-Jahr leiht, sind ein beträchtlicher Geldbetrag, wobei die wirtschaftlich schwächsten Studenten an den staatlichen Hochschulen sich am meisten leihen, weil sie mit dem geringsten Finanzpolster anfangen. Sie werden auch weit weniger verdienen als jemand, der in Harvard seinen Abschluss macht, was bedeutet, dass sich eine ganze Subprime-Klasse entwickelt. Aber nicht aufs College zu gehen, garantiert ein noch schlechteres Ergebnis, denn ohne diese Referenzen werden diese Schüler größtenteils vom sozialen Aufstieg ausgeschlossen.

Warum eine Universitätsausbildung so teuer ist, hat zwei Gründe. Zum einen sind viele College-Campusse, besonders die der Eliteuniversitäten, gut gepflegte Parkanlagen. Ich habe an der Cornell graduiert, ein wunderschöner Ort, den ich sehr genossen habe, vom Racquetball-Platz bis zu den Seen. Kein normaler Student wäre dort unglücklich, aber die Kosten, einen solchen College-Campus zu bauen und zu unterhalten, sind unglaublich. Darüber hinaus würde der Wert der Universitätsgelände, wenn sie verkauft würden, eine beträchtliche Delle im Problem der Studienkredite verursachen. Es gibt keinen wirklichen Grund, wieso eine Universitätsausbildung ein solches Umfeld erfordert. Ich besuchte ebenso das City College of New York (CCNY) mit einem sehr nüchternen Campus. Mir ist nicht aufgefallen, dass der herrliche Campus von Cornell meinen Intellekt mehr stimulierte als der des CCNY.

Das zweite Problem ist, dass Universitätsprofessor zu sein zu der am besten bezahlten Teilzeitarbeit der Welt gehört. Ein durchschnittliches Semester dauert etwa 13 bis 14 Wochen. Angenommen, eine Woche dauert die Benotung, dann arbeitet der durchschnittliche festangestellte Professor sechs Monate im Jahr. Während dieser Zeit unterrichtet er an einer Eliteuni einen oder zwei Kurse in der Woche, etwa sechs Stunden in einem Hörsaal oder zwölf Stunden an einer weniger prestigeträchtigen Hochschule. Der Professor unterrichtet ein Fach, in dem er Experte ist, also nähert sich die Vorbereitungszeit etwa null Stunden an und an Universitäten mit einem Graduierten-programm wird die Benotung von den graduierten Studenten vorgenommen. Vom Professor wird erwartet, dass er Forschung betreibt und publiziert und einige tun das auch, während andere, mit einer Festanstellung, das eher weniger tun. Aber es stellt sich auch die Frage, ob das, was publiziert wird, einen wirklichen Wert hat. Ich habe während meiner früheren Karriere eine Reihe von akademischen Artikeln publiziert, deren sozialer Nutzen nicht sichtbar war.

Universitäten sind sich im Klaren über die untragbaren Kosten des Systems und reduzieren sie, indem sie außerordentliche Professoren einsetzen – Menschen, die unterrichten können, aber keine Vollzeitanstellung bekommen. Die außerordentlichen Professoren bemühen sich um jeden Job, den sie, für erstaunlich wenig Geld, bekommen können, und füllen die Lücke zwischen dem, was gebraucht wird, und dem, was bezahlbar ist. Die Position eines außerordentlichen Professors ist weit weniger prestigeträchtig als eine ordentliche Professur, aber es ist nicht eindeutig ersichtlich, dass sie weniger wissen oder schlechter lehren als ein ordentlicher Professor, auch wenn es vermutlich stimmt, dass ihre Fähigkeiten mit der Zeit nachlassen, weil sie ein anstrengendes Leben führen. Aber die Universität hat eine Möglichkeit zur Kosteneinsparung gefunden, ohne die Festangestellten der Fakultät in Aufruhr zu versetzen.

Es geht mir nicht darum, die Universitäten in die Pfanne zu hauen. Sie sind unerlässlich. Aber sie sind auch in der gegenwärtigen Form nicht aufrechtzuerhalten. Die Kosten der höheren Bildung können nicht auf diesem Niveau verharren. Das Problem, die Kosten zu senken und die Kapazität sowie die Qualität zu erhöhen, ist ein ebenso bedeutendes Problem, wie die Kapitalknappheit unter Reagan zu bekämpfen oder die Arbeitslosigkeit unter Roosevelt. Das Wichtigste, um die sozialen und ökonomischen Probleme in den 2030er-Jahren zu verringern, ist, das Potenzial der Bevölkerung zu nutzen und die Aufstiegsmöglichkeiten wiederherzustellen. Die Universität steht dabei im Zentrum sowohl des Problems als auch der Lösung. Sie wird ebenso zum Zentrum des politischen Kampfes.

Diese erstaunlichen Informationen aus *The Atlantic* sind beachtenswert:

> **2016 waren von den 160.000 Menschen, die in einer Gruppe von 36 erstrangigen Bachelor-Studiengängen eingeschrieben waren, nur 645 – oder etwa 0,4 Prozent – Veteranen.**

Ich gehe davon aus, dass die Eliteuniversitäten nicht aus ideologischen Gründen die Anzahl von Veteranen begrenzen. Sie begrenzen sie, weil ihre Auffassung davon, wie ein Student sein sollte, zugunsten derjenigen verzerrt ist, die dem Idealbild der Kinder der Manager der Universität entsprechen. Dadurch haben die Universitäten völlig ihre Mission aus den Augen verloren, die ihnen nach dem Zweiten Weltkrieg aufgegeben wurde – nicht nur die Veteranen auszubilden, sondern einen Pfad für den sozialen Aufstieg für diejenigen zu schaffen, die nicht genauso sind wie sie. Und ich vermute, dass die meisten Veteranen nicht in Erwägung ziehen würden, sich an einer der Top-Hochschulen zu bewerben, denn sie sind der Meinung, sie würden nicht angenommen und nicht dazu passen.

Es überrascht nicht, dass die Universität zu einem der Grundprobleme geworden ist, denn das folgt aus der Northwestern Ordinance (Nordwest-Verordnung) von 1787, die von Thomas Jefferson 1784 vorgelegt wurde und jeden Bundesstaat verpflichtete, eine Universität zu gründen. Jefferson und seine Kollegen glaubten, die Gründung solcher Universitäten würde eine gebildete Klasse von Farmern und Händlern hervorbringen und damit zur Entwicklung der Ökonomie und einer stabilen Basis der Demokratie führen. Die Graduierten dieser Universitäten sollten als gebildete Anführer ihrer Gemeinde und als Erfinder der Zukunft wirken.

Die Universität ist das Schlachtfeld der Krise der 2020er-Jahre, denn es ist das System, das die weitverbreitete soziale Bürokratie befeuert. Wenn die soziale Bürokratie sich ändern soll, dann muss das mit einem Wandel an den Universitäten beginnen. Der neue Zustrom an Studenten hat zwei Gründe. Zum Ersten, um das Wissen und die Referenzen zu erwerben, um Teil der Technokratie zu werden. Zum Zweiten, um die Technokratie zu verändern, denn ihre kulturellen Vorannahmen widersprechen denen ihrer Gegner. Und wenn ein kulturelles Muster der Technokratie sich ändert, dann verschieben sich ihre Werte und auch die Art, wie sie funktioniert. Und das wird zu einer Transformation der Institutionen auf öffentlichem und privatem Gebiet führen, genauso wie eine Evolution der Technologie das Wachstum der Produktivität und damit auch die Wirtschaft neu starten wird. Die Frage, wie die Universität aufgestellt ist, wird auch bestimmen, welches Antlitz die Technokratie zeigt.

Und diese Transformation wird durch eine Kreditkrise bei den Studienkrediten angetrieben, die die Ökonomie des universitären Lebens dramatisch verändern wird. Mit den Studienkrediten haben es die Universitäten geschafft, den Preis für die Ausbildung anzuheben, während sie gleichzeitig ihre Methoden beibehalten und die Anzahl der Studenten begrenzen konnten, die sie brauchen, um sich zu finanzieren. Wenn in der Zukunft Studienkredite nicht mehr so einfach verfügbar sein werden, dann besteht die einzige Lösung darin, die Ausgaben zu kürzen oder die Anzahl an Studenten, die zu niedrigeren Kosten zugelassen werden, zu erhöhen. Die Hochschulen, deren Referenzen am wertvollsten sind, stecken vielleicht nicht in dieser Klemme, aber der Rest wird es, und beizeiten wird es auch die Eliteunis betreffen. Unkonventionelle Überlegungen und ebensolches Handeln werden während der Krise der 2020er-Jahre erforderlich sein. Viele Universitäten stehen auf außergewöhnlich teurem Grund und Boden, der verkauft werden könnte; die Stunden, die unterrichtet werden müssen, könnten erhöht werden, solange es höhere Anforderungen an das gibt, was man unter Forschung versteht, und eine Reduktion der Verfügbarkeit von Studienkrediten zusammen mit rigoroserer Kreditvergabe wird die Universität zwingen, ihre Türen zu öffnen.

Die Koalition, die Roosevelt zur Macht verhalf, bestand aus ethnischen Gruppierungen aus dem Norden, ländlichen Südstaatlern und Afroamerikanern. Die Koalition, die Reagan zur Macht verhalf, waren Unternehmer, sowohl von Kleinunternehmen als auch von großen Betrieben, mit Unterstützung der Gewerkschaften. Während Zyklen sich im Übergang befinden, wird die sich herausbildende Koalition eine merkwürdige Mischung sein. Rassisten aus dem Süden und Afroamerikaner sind eine ungewöhnliche Koalition, genauso wie die Allianz der Unternehmer mit den Gewerkschaftern. Die Koalition wird keine Liebesheirat, sondern eine Zweckehe sein, geboren aus der Notwendigkeit. Der Druck, den das Scheitern des letzten Zyklus verursacht, wird eine Koalition erzwingen, die unwahrscheinlich erscheint. Es war weniger Kooperation als ein separates Reagieren auf verschiedene Aspekte desselben Scheiterns. Aber was es in beiden Fällen bewirkte, sowohl bei Roosevelt als auch bei Reagan, war eine bedeutende Neuausrichtung der politischen Interessengruppen und massive Spannungen wegen dieser Neuausrichtung. Roosevelts Sieg veränderte die Dynamiken der amerikanischen Politik, genau wie der von Reagan, und die Reaktion, besonders von denen, die ihre Macht verloren, war hasserfüllt.

Wir haben den gleichen Hass bei der Wahl 2016 gesehen, sowohl bei denjenigen, die Trump unterstützten, wie bei denjenigen, die gegen ihn waren. Wähler im Mittleren Westen, die historisch die Demokraten wählten, wechselten in solchen Zahlen das Lager, dass es sich auf das Wahlmännerkollegium und damit die Wahl entsprechend auswirkte. Der Hass auf beiden Seiten wuchs zu extremen Ausmaßen an. Trump war das Ziel der Kritiker und der Held für seine Unterstützer.

In vorherigen Zyklen schwoll der Hass während der Periode zwischen dem Beginn der Verschiebung des Zyklus und der entscheidenden Präsidentschaft an und ab. Zum Beispiel gab es nach dem Rücktritt von Richard Nixon eine Art angespannte Ruhe. Als Reagan gewählt wurde, nahm der Hass erneut zu und konzentrierte sich auf Reagans Politik, die als Verrat an den Werten des letzten politischen Zyklus gesehen wurde. Aber er konzentrierte sich auch auf Reagan selbst. Reagan wurde beschuldigt, intellektuell nicht in der Lage zu sein, das Amt des Präsidenten auszufüllen und nur ein Produkt der Medien und von Marketing zu sein. Wir können also auch damit rechnen, dass der Hass nachlässt, wenn Trump aus dem Amt scheidet und eine gespannte Ruhe eintritt. Dann wird es im Anschluss an die Wahl 2028 zu einer neuen Explosion kommen, wenn die radikale Politik des neuen Präsidenten – vom Standpunkt des vorhergehenden halben Jahrhunderts – unter Beschuss geraten wird. Aber dieser Hass wird einfach nur die Oberfläche von tiefgehenden strukturellen Veränderungen sein.

Für ungefähr das nächste Dutzend Jahre werden die Technokraten weiterherrschen, zunehmend abgeschottet, zunehmend ablehnend gegenüber Herausforderungen und zunehmend schwächer. Angesichts der Demografie werden sie weiter die Bundesregierung kontrollieren, weniger durch den Wahlprozess als durch ihre Kontrolle über das Regierungssystem. Sie werden sich weiter auf den Schwerpunkt konzentrieren, der in der Clinton-Kampagne zutage trat, und dabei handelt es sich um das grundlegende technokratische Argument: Bildung, Erfahrung und Referenzen bilden ein Regierungssystem, das sich auf die Armen konzentriert, die Hilfe verdienen, und auf die sozialen Werte der Technokratie.

Während dieser Periode der 2020er-Jahre werden die ökonomischen Belastungen zunehmen und sie werden am stärksten von den Industriearbeitern empfunden werden, die von der Mittelschicht in die untere Mittelschicht absteigen. Sie werden selbst die minimalen Elemente verlieren, die in Amerika Erfolg signalisieren: Eigenheim, Urlaub, eine Hochschulausbildung für die Kinder. Diese werden ihnen und ihren Kindern zunehmend entgleiten. Die technologische Kluft zwischen der Ära des Mikrochips und der folgenden Kerntechnologie wird weiter die Produktivität vermindern und Investitionen ausbremsen. Es wird eine Periode sein, in der die Technokratie weiter floriert, während der Rest des Landes bestenfalls stagniert und vermutlich absteigt.

Wenn die Wahl 2028 bevorsteht, werden die Technokraten über den Ausgang der Wahl schockiert sein, und wenn die neue Regierung die Kontrolle übernimmt, wird sie erstaunt sein, wie schnell die Annahmen, auf denen sie gründet, beiseitegewischt werden. Da das alle 50 Jahre passiert, wird sich ein Teil der Bevölkerung an die Ereignisse von 1980 erinnern, die darin resultierten, dass Innen- und Außenpolitik über den Haufen geworfen wurden und der Hass, mit dem Reagan begrüßt wurde, sich in Schock über das verwandelte, was folgte. Und was folgt, wird wie bei Roosevelt und Reagan die Kernprinzipien Amerikas erhalten, aber radikal die Art und Weise verändern, wie wir diese erleben.

Während der 1920er-Jahre gab es Alternativen zu einem Universitätsabschluss. Es gab Arbeitsplätze und man konnte kleine Betriebe gründen. Das war in den 1930er-Jahren nicht mehr so. Die Alternative war, entweder die Institutionen der Elite für die Armen zugänglich zu machen oder eine dauerhafte Unterschicht zu schaffen. Der Zweite Weltkrieg und die „G. I. Bill" lösten das Dilemma. Dieses Dilemma feiert Wiederauferstehung. Entweder wird die schnell absteigende weiße Arbeiterklasse den Zugang zu den nötigen Qualifikationen erhalten, die sie braucht, um aufzusteigen, oder es wird eine dauerhafte Unterschicht geschaffen. Die Gefahr, dass eine solche Schicht entsteht, war in den 1930er-Jahren genauso real wie heute.

Interessanterweise verachten die Erfolgreichen beide Schichten. Aber einer der wirkmächtigen Aspekte der amerikanischen Gesellschaft besteht darin, dass die wirtschaftlich Verzweifelten und die sozialen Absteiger wählen dürfen, und diejenigen, die in den Abgrund stürzen, sind keine kleine, marginale Gruppe, sondern eine große, multiethnische Gruppe, zu der in gleicher Zahl Frauen und Männer gehören. Es ist unvermeidlich, dass sie in Aktion treten, und die Ergebnisse sind offensichtlich. Die Universitäten, die Gravitationszentren der Technokratie, werden zum Schlachtfeld dieser Krise, deren Schicksal letztlich durch die Bundesregierung bestimmt werden wird. Das wird umso mehr der Fall sein, wenn die 1,3 Billionen Dollar Studienkreditschulden zum Problem werden und die Finanzmärkte vor sich hertreiben.

Einen Großteil der 2020er-Jahre wird die treibende Kraft der Ökonomie das niedrige Wachstum sein, zurückgehende Investitionsmöglichkeiten für angehäuftes Kapital und niedrige Zinsen. Es wird auch eine Periode steigender Arbeitslosigkeit sein, angetrieben von einem anhaltenden Rückgang der Industrie und einer Stagnation im Hightech-Bereich als Ergebnis der Reife der Kerntechnologie. In psychologischer Hinsicht wird die stagnierende Nachfrage nach Arbeitern im Tech-Bereich schockierender sein als der anhaltende Niedergang der Industrie, denn die Umkehrbewegungen, die durch den Reifeprozess der Technologie ausgelöst werden, sind immer sozial destabilisierend. In den 1960er-Jahren war der Niedergang der amerikanischen Automobilindustrie undenkbar und es war schockierend, als er in den 1970er-Jahren dann eintrat. Es wird natürlich noch normale Geschäftszyklen im Rahmen dieser Realität geben, aber die Booms werden weniger rauschend und die Talsohlen tiefer sein. Das ist die Norm am Ende eines Zyklus.

Die Sozialstruktur wird ebenfalls destabilisiert werden. Ich habe bereits über die Generationenfolge in der Klasse der Industriearbeiter geredet, aber die Technokratie wird ebenfalls schwer unter Druck geraten. Die Bundesregierung wird es zunehmend schwerer haben, zu funktionieren, und es ist die Norm, die Angestellten der Regierung für ein systemisches Problem verantwortlich zu machen. Die Universitäten werden aufgrund ihrer Klassenbevorzugung, Ineffizienz und des Versuchs, die Studienkreditblase abzulassen, unter Druck geraten. Diejenigen im Hightech-Sektor werden feststellen, dass der Glamour schwindet und sie nicht mehr so leicht einen Job finden wie vorher. Der Finanzsektor, der agilste Sektor dieser Gruppe, wird sich restrukturieren, um von der neuen Realität zu profitieren.

Die Klasse der Industriearbeiter, nun die Kinder der Generation, die ihren Status verloren hat, wird Forderungen stellen, aber nicht das politische Gewicht haben, diese durchzusetzen. Es muss eine Koalition geben, die das Gewicht hat, Veränderungen zu erzwingen. Diese Koalition wird eine unwahrscheinliche sein, aber zu ihr werden all jene gehören, die ihre Interessen in der gegenwärtigen Struktur in Gefahr sehen. Es werden beispielsweise Afroamerikaner dazugehören, von denen die meisten weiter ausgeschlossen bleiben, es sei denn, sie können sich glaubhaft so darstellen, dass sie fast wie diejenigen sind, die auf eine Universität gehen. Der brillante Afroamerikaner, der seinen Abschluss an einer normalen Highschool macht und ein paar hervorstechende außerschulische Aktivitäten vorzuweisen hat, verfügt über dieselben Chancen, an eine Eliteuniversität zu kommen, wie sein weißes Gegenüber.

Das politische System reflektiert und verstärkt zuerst die sich verschiebenden sozialen Muster, führt dann zu einem anscheinend stabilen Muster, bevor es zur letztendlichen Krise und dem Ende des Zyklus kommt. Der Takt wird vorgegeben durch die Präsidentschaftswahlen 2024 und 2028, die sowohl den Rahmen für die zyklische Verschiebung bieten als auch eine Reflexion der zugrunde liegenden Realität sind. Die institutionellen, ökonomischen und sozialen Verschiebungen werden bei diesen Wahlen verschmelzen.

Die Wahl von Trump hat das kommende Ende des Zyklus angekündigt mit einer Wahl, die sowohl einen radikalen Wandel als auch eine völlige Blockade des Systems offenbarte. Sie wurde von der Klasse der Industriearbeiter bestimmt, die sich mit ideologischen und ökonomischen Verbündeten zusammentat; aber die Technokratie blieb intakt und besaß daher die Stärke, die Trump-Administration politisch auszubalancieren.

Die Technokraten sind davon besessen, das System wieder zu der Norm zurückzudrehen, die sie gewohnt sind und die sie als Naturzustand betrachten. Die Wahl 2020, wenn sie dem gewohnten Muster folgt, sollte von der Technokratie gewonnen werden, was bedeutet, von den Demokraten, auch wenn es sich tatsächlich um eine Wahl handelt, die so oder so ausgehen kann und die den Prozess nicht signifikant beeinflusst.

Die Wahl 2024 wird die entscheidende sein, denn sie wird den letzten Präsidenten des Reagan-Zyklus bestimmen. Wie bei Jimmy Carter oder Herbert Hoover wird der Präsident sich mit bedeutenden ökonomischen und sozialen Problemen konfrontiert sehen und was er tun wird, ist, die grundlegenden Prinzipien der Reagan-Ära anzuwenden: die Steuern senken und gesetzliche Regelungen abbauen. Das wird bei beiden Parteien der Fall sein. Aber das Problem, das die Reagan-Präsidentschaft löste, war Kapitalknappheit, und niedrigere Steuern halfen dabei. Das Problem am Ende des Reagan-Zyklus ist, dass das Kapital sich erfolgreich vermehrt hat, aber nicht mehr in der Lage ist, die Ökonomie anzutreiben, und dies zu wachsender Ungleichheit für einen großen Teil der Bevölkerung geführt hat. Die Lösungen werden das Problem noch verschärfen, statt es zu lösen.

Und das wird zur Wahl 2028 führen, die radikal neue Prinzipien in die amerikanische Politik einführen wird, sowohl institutionell als auch sozioökonomisch. Die Wahl wird politisch entscheidend sein und einen Präsidenten mit einer klaren Mehrheit ausstatten sowie einen Kongress, der ihn unterstützt. Die letzte Präsidentschaft der Reagan-Ära wird als eine Art Katapult für die neue Periode funktionieren. Ronald Reagan wusste, was er tun würde, als er Präsident wurde, und das war, die Steuern zu senken. Franklin Roosevelt wusste nicht, was er tun würde, aber er hat improvisiert. Das Ergebnis wird nicht das sein, was der Präsident sich vorgenommen hat, sondern was ihm die Realität und diejenigen aufzwingen, die ihn wählen. Wir haben das Problem erkannt und die Koalitionen, die sich bilden werden. Nun müssen wir überlegen, wie die Lösung aussehen wird, während wir aus dem Sturm in ruhigere Gewässer kommen.

KAPITEL

NACH DEM STURM

Neue Zyklen beginnen oft chaotisch, bis sie in der Spur sind und den Übergang zu einem neuen Lösungsansatz bringen. Betrachten wir die 1930er- oder 1970er-Jahre, die sich beide auf der einen oder anderen Seite einer sozioökonomischen Verschiebung befanden. Auf jedes Jahrzehnt folgte eine Epoche, die eine längere Phase des Wohlstands einläutete. Institutionellen Verschiebungen geht normalerweise ein institutioneller Konflikt voraus und das Ende des Konflikts schafft die Grundlagen für eine neue institutionelle Struktur. Aber aus diesem Schmelztiegel wird sowohl ein neues sozioökonomisches als auch ein neues institutionelles System hervorgehen. Die 2020er-Jahre werden eine Periode der Fehlschläge sein, die 2030er-Jahre und darüber hinaus eine Periode des Schaffens.

Die Wahl von 2028 (spätestens 2032) wird einen neuen politischen Rahmen schaffen, um den Sturm des vorherigen Jahrzehnts hinter sich zu lassen. Während wir in den sechsten sozioökonomischen Zyklus eintreten, wird der politische Kampf zwischen den nun geschwächten und reaktionären Technokraten stattfinden, die uns weiter versichern, dass ihre Expertise, ihre Referenzen und ihre Verdienste sie zur moralischen legitimen Macht in den Vereinigten Staaten machen. Herausgefordert werden sie von einer Koalition der Erben der Enteigneten des vorherigen Zyklus, die die ethnischen Spaltungen hinter sich lassen, die den vorherigen Zyklus dominierten. Diese Koalition wird, wie üblich, eine Verschiebung der Verteilung von Macht und Reichtum verlangen, aber dabei wieder einmal die soziale Landschaft Amerikas neu definieren. Dem neuen sozioökonomischen Zyklus wird sich die nächste institutionelle Verschiebung hinzugesellen.

Die Herausforderung im vierten institutionellen Zyklus besteht darin, wie man eine Bundesregierung umgestaltet, die in alle Aspekte der Gesellschaft verwickelt ist und nicht länger effektiv funktioniert. Das Problem muss gelöst werden und die Lösung wird sein, ein neues beherrschendes Prinzip ins System einzuführen. Merkwürdigerweise wird es ein Prinzip sein, das bereits Teil eines riesigen föderalen Systems ist, der größten Bürokratie von allen: des Militärs. Im Militär gibt es das Prinzip der „Intention des Kommandeurs". Der Kommandeur legt seinen Plan in groben Zügen vor und erwartet dann, dass ihn die Untergebenen umsetzen und dabei auf die Realität, mit der sie sich konfrontiert sehen, reagieren. Untergebene können nicht einfach von der Intention des Kommandeurs abweichen, noch können sie den Plan rein mechanisch anwenden, mit welchen Realitäten auch immer sie es zu tun haben. Der Kommandeur ist dafür verantwortlich, seine Absicht nicht nur klarzumachen, sondern auch dafür zu sorgen, dass sie verstanden wird. Dann versucht er, sein Ziel zu erreichen, indem er die Initiative seinen Unteroffizieren und NCOs überlässt. Das ist nicht bei allen Armeen so. Zum Beispiel war die Sowjetarmee eine technokratische Armee. Aber die US-Armee war immer eine Armee, die Initiative erforderte, hinter der eine gewisse Intention steckt.

Die Idee einer Bundesregierung, die mit einer Intention handelt und nicht mit rigide entworfenen Regeln, scheint allen amerikanischen Regierungsprinzipien zu widersprechen, indem sie nicht alle und jeden Fall gleichbehandelt und indem sie Macht in die Hände von jungen Verwaltungsangestellten legt. Ein Beispiel: Als die amerikanischen Streitkräfte 1944 in der Normandie landeten, stießen sie auf eine Heckenlandschaft, die es unmöglich machte, weiter vorzurücken. Der Plan war, schnell durch Frankreich vorzudringen und die Deutschen zu umzingeln. Sergeant Curtis G. Culin, der das Problem mit Mitgliedern seiner Einheit besprach, hatte eine Lösung, die darin bestand, Klingen an einem Panzer anzubringen und damit durch die Hecken zu schneiden. Ohne um Erlaubnis zu bitten, rüstete er einen Panzer um und stellte fest, dass es funktionierte. Er verstieß gegen mehrere Vorschriften, inklusive der, einen sehr teuren Panzer nicht ohne Erlaubnis umzurüsten. General Omar Bradley sah diese Innovation, konnte sich nicht vorstellen, ihn dafür zu bestrafen, verlieh ihm den Orden „Legion of Merit" und bestellte Panzer, die mit Culins Lösung bestückt wurden. Bradleys Intention war seinen Männern bekannt. Culin, der die Zielsetzung verstand, handelte auf eine unerwartete Art und Weise und machte damit den Weg aus der Normandie frei.

Handlungsfreiheit, die auf der Intention des Kommandeurs basiert, bedeutet, dass die daran geknüpfte Erwartung der Erfolg ist, nicht eine bestimmte Vorgehensweise, um diesen Erfolg zu erzielen. TSA hat die Aufgabe, zu verhindern, dass Terroristen Linienflieger zerstören und Passagiere töten. Die technokratische Lösung ist es, dieselben Prozesse der Überprüfung auf alle Passagiere anzuwenden. Aber wenn man mit Intention regiert, dann könnte der TSA-Angestellte eine 90 Jahre alte Frau im Rollstuhl durch die Security winken, ohne ihr allzu viele Unannehmlichkeiten zu bereiten, basierend auf der offiziellen Anwendung des Prinzips der Intention durch die TSA. Die Intention besteht darin, Tragödien zu verhindern, und laut dem Urteil des TSA-Angestellten, der weit mehr Erfahrung in der Sache hat als das Handbuch der TSA, ist die alte Frau nicht in der Lage, eine solche Tragödie zu verursachen. Die Intention wird erreicht; auf die technische Lösung wird verzichtet. Der Einwand wird sein, dass, wenn man Eigeninitiative erlaubt, ein Terrorist durchschlüpfen könnte. Aber man könnte auch einwerfen, dass die einschläfernde Routine einer technischen Lösung das genauso verursachen könnte.

Betrachten wir ein anderes Beispiel. Als ich 65 wurde, war mir klar, dass ich einen Anspruch auf Medicare hatte. Ich arbeitete, war durch eine private Versicherung abgedeckt und sah keinen Grund, zu wechseln und die Regierung für meine medizinischen Ausgaben bezahlen zu lassen. Zwei Jahre später fand ich heraus, dass ich nicht nur einen Anspruch auf Medicare hatte; ich war dazu verpflichtet. Als ich hinging, um mich anzumelden, wurde mir gesagt, dass ich den Rest meines Lebens einen Strafbeitrag würde zahlen müssen. Für mich war die Strafe zwar ärgerlich, aber nicht bedeutend. Aber was passiert, wenn sich meine Lebensumstände ändern und es zu einer Last wird? Mir wurde gesagt, dass man einen Antrag auf Erlass stellen könnte. Basierend auf meinem Einkommen und anderen Faktoren könnte das laut den geltenden Vorschriften gewährt werden oder auch nicht. Also musste jemand, der denselben Fehler machte wie ich und weniger wohlhabend war, den Strafbeitrag zahlen, das Formular ausfüllen und auf eine Antwort warten. Die Intention der Social Security Administration war, die zu bestrafen, die es versäumten, sich mit 65 einzutragen, aber nur die, für die eine solche Strafe keine außergewöhnliche Belastung darstellte. Wenn man die Intention versteht, dann könnte eine Person, die meine Situation bearbeiten soll, schnell den Antrag ablehnen, aber andere vom Haken lassen, ohne sie einen komplexen Prozess und eine Wartezeit durchlaufen zu lassen (diese Formulare sind der Hammer), um dasselbe Ergebnis zu erreichen, und ohne den Menschen enorme Belastungen aufzuhalten.

Das Problem des dritten institutionellen Zyklus ist, dass die hochtechnischen Methoden der Technokraten im Allgemeinen sehr rationale Lösungen geschaffen haben, aber dabei die endlosen Besonderheiten des Lebens ignorieren. Große Unternehmen können Lobbyisten engagieren, um die Prozesse der Technokratie selbst zu beeinflussen, aber Einzelpersonen haben dafür keine Möglichkeiten. Sie haben den Parteichef verloren, der mit der Regierung in Kontakt stand. Der Preis für die Ehrlichkeit ist die Machtlosigkeit. Die Alternative der Technokraten schafft in der Realität unvorhergesehenen Schaden und eine Inflexibilität beim Managen der Gesellschaft, die bei ihrer Gründung darauf ausgelegt war, flexibel zu sein, ohne dabei die Möglichkeit der Korruption auszuschließen. Es gibt keinen Regressanspruch auf die eingeführten Vorschriften, und diejenigen, die das System betreiben, haben keine Möglichkeit, im Sinne der Intentionen des Kommandeurs Eigeninitiative zu entwickeln.

Im vierten institutionellen Zyklus wird, so wie ich es sehe, der technokratische Ansatz dramatisch ausgebaut werden, um die Möglichkeit zu schaffen, dass auf jeder Ebene die eigentliche Zielsetzung der Regierung berücksichtigt werden kann. Statt umfangreichen Vorschriften, die von wenigen gelesen und noch wenigeren verstanden wurden, wird das Konzept des Common Sense wieder eingeführt. Die Rigidität des technischen Ansatzes der Regierung scheitert, wenn es darum geht, die ungemein wichtigen Ausnahmen zu antizipieren, und versagt dabei, den Bürgern eine Möglichkeit zu geben, ihre Anliegen der Regierung auf eine menschliche Weise und im menschlichen Kontakt zu vermitteln. Während der Lincoln-Administration warteten Antragsteller und normale Bürger vor seinem Büro und hofften, auf einen Gefallen und zu ihrem Recht zu kommen. Das ist heute unmöglich, solange der eigentlich garantierte Anspruch für Bürger, zu ihrem Recht zu kommen, nur noch in Form von „Wut auf das System" auftreten kann. Das militärische Modell bietet eine Lösung für dieses Problem.

Die andere große Herausforderung, der wir uns zu Beginn des vierten institutionellen Zyklus gegenübersehen, besteht darin, eine Lösung für die Universität als zentrales Schlachtfeld zu finden, wie ich im letzten Kapitel erklärt habe. Die Universitäten umzugestalten wird genauso wichtig sein, wie ein neues Regierungsprinzip für die Bundesregierung zu finden. Die meisten Universitäten werden auf die eine oder andere Weise von der Bundesregierung bezuschusst, der größte Batzen sind dabei die von der Regierung garantierten Studienkredite. Die Existenz dieser Kredite erlaubt es den Universitäten, die Unterrichtsstunden und andere Kosten zu erhöhen, im Wissen, dass die Studienkredite im gleichen Umfang wachsen werden. Das steigert den Betrag, den die Studenten zurückzahlen müssen, und ebenso die ausstehenden Kredite der Bundesregierung. Einen Anspruch auf Regierungszuschüsse zu haben oder sogar eine kostenlose Ausbildung an einer kleinen Zahl von Eliteunis ändert nichts an der Tatsache, dass für Eltern, die sich eine Uniausbildung ihrer Kinder nicht leisten können, Studienkredite die Standard-Zahlungsmethode sind.

Der erste Kampf wird sich um die Studienkredite drehen, die im Moment einen größeren Betrag umfassen als die Subprime-Kredite 2008. Das Ende oder die Modifikation des Modells der Studienkredite wird plötzlich nicht nur begrenzen, wie sehr die Universitäten die Kosten anheben können, sondern auch, ob dieses Niveau beibehalten werden kann. Universitäten werden unnötige Ausgaben reduzieren müssen. Riesige Geldbeträge können aufgebracht werden, indem man den außergewöhnlich wertvollen Grund und Boden verkauft und günstigere Standorte bezieht. Ein Besuch europäischer Universitäten zeigt, wie spartanisch diese Standorte verglichen mit den meisten amerikanischen Universitäten sind.

Weiteres Geld kann gespart werden, wenn man eine Trennung zwischen den Fakultäten vornimmt, an denen unterrichtet wird, und solchen, die sich der Forschung widmen. Insgesamt betrachtet führen die meisten amerikanischen Professoren wenig oder gar keine bedeutende Forschung durch. Entgegen dem Mythos kann man ein sehr effizienter Lehrer sein, ohne einen einzigen bedeutenden Artikel veröffentlicht zu haben. Der Umfang an Unterricht für diese Dozenten muss erhöht und damit die Kosten reduziert werden. Forschungsprogramme werden normalerweise nicht durch das Budget der Universitäten finanziert, sondern von der Regierung oder Stiftungsgeldern, und ein Großteil dieser Kosten fließt in den laufenden Betrieb. Das Geld, das für Forschung gedacht ist, muss auch in die Forschung fließen. Unterrichtende Professoren können sich darauf konzentrieren, exzellente Dozenten zu sein, und müssen sich nicht verpflichtet fühlen, Pseudoforschung zu betreiben, um den Anschein zu wahren.

Der Verlust der unglaublich teuren Einrichtungen und die Schaffung einer Arbeitsteilung innerhalb der Fakultäten wirken wie extrem radikale Veränderungen. Unternehmerische Herausforderungen für große Unternehmen zu schaffen erschien während des fünften institutionellen Zyklus auch radikal. Die „G. I. Bill" wirkte im vierten ökonomischen Zyklus radikal und die Schaffung des reinen Goldstandards im dritten Zyklus war radikal. Die Bankengesetze den Bedürfnissen der Siedler im Westen anzupassen war eine radikale Maßnahme im zweiten Zyklus. Und die gesamte Idee der Vereinigten Staaten von Amerika war im ersten Zyklus radikal. Alle Zyklen änderten etwas, das unerschütterlich erschien. Im Wissenszeitalter muss die Instanz, die Wissen produziert und lehrt, verändert werden. Das ist für die Vereinigten Staaten Teil der Tagesordnung.

Der Kampf der Universitäten wird eine ideologische Auseinandersetzung sein, die die Politik des sechsten sozioökonomischen Zyklus bestimmen wird. Und mit Politik meine ich nicht rechts und links, auch wenn die Ideen des modernen Liberalismus die Technokratie durchdrungen haben. Die Universität ist das Zuhause der Technokratie in dem Sinne, dass es die Expertise und die Referenzen heranzieht, anhand derer man den Wert einer Person beurteilt, und das derart aufgebaut ist, dass es eine Hierarchie der Bildungsabschlüsse gibt. Die Anzahl an Studenten, die zugelassen werden, ist auch durch den Platz begrenzt und durch die Einschränkungen bei der Zeit, die Professoren unterrichten können. Ein spartanischer Standort erhöht die Anzahl an Studienplätzen und steigert die Erwartungen an die Lehrkapazität der Professoren. In der Tat wird es auch die Einstellung von mehr Professoren möglich machen und damit die Kapazität weiter erhöhen. Harvard lässt etwa 2.000 Studenten pro Jahr zu. Warum nicht 5.000? Natürlich würde das Prestige von Harvard sinken, wenn sie so viele zuließen, aber deswegen leidet nicht notwendigerweise die Qualität des Wissens, das den Studenten weitergegeben wird.

Die Ideologie der Universität basiert auf dem Stolz auf ihren Standort, dem Status, den sie innehat, und muss sich selten rechtfertigen. Diejenigen Unis, die man als Eliteuniversitäten bezeichnet, können häufig nicht definieren, auf welche Weise das Wissen, das sie weitergeben, dem überlegen ist, was an „geringeren" Hochschulen unterrichtet wird. Sie verweisen auf die Forschung, die durchaus Bedeutung hat, aber nicht unbedingt anderen überlegen ist. Sozialer Aufstieg kann auf zwei Weisen erreicht werden: die Eliteuniversitäten zu öffnen, wie es durch die „G. I. Bill" passierte, oder zu überprüfen, inwieweit der Anspruch zu Recht besteht, zur Elite zu gehören. Das kann durch eine rationale Neubewertung erfolgen und die Schaffung einer realistischeren „Landkarte der Exzellenz", wodurch ein Abschluss einer Uni wie Stanford oder Harvard keinen tatsächlichen qualitativen Unterschied mehr aufweist, wenn man ihn mit einem Abschluss von der Texas State University vergleicht. Im Lauf der Zeit wird das die Tendenz gesellschaftlich verbundener Klassen vermindern, sich ihren sozialen Status in Stanford oder Harvard bestätigen zu lassen. Das führt zu zwei positiven Folgen. Zum einen werden die sozialen Aufstiegsmöglichkeiten erhöht, wenn man die zweifelhafte Behauptung abtut, dass eine Ausbildung in Yale oder Harvard anderen Hochschulen überlegen ist, und man damit auch den Wert der erworbenen Referenzen verschiebt. Zweitens würde es dazu führen, dass sich verschiedene Klassen leichter miteinander vermischen, wie es im und nach dem Zweiten Weltkrieg der Fall war. Und das würde die Klassenschranken niederreißen.

Es mag merkwürdig erscheinen, sich auf die Universität als Schlachtfeld der Krise des aktuellen Zyklus zu konzentrieren. Aber die Universität ist schon allein aufgrund ihrer internen Werte und ihrer Betonung der ethnischen Diversität, aber nicht notwendigerweise der intellektuellen, zunehmend kontrovers. Das ist jedoch nicht die eigentliche Verschiebung, die stattfinden wird. Was passieren wird, ist ein Angriff auf das System, das die sozialen Aufstiegsmöglichkeiten begrenzt. Und dieser Kampf wird letztlich die Form der amerikanischen Gesellschaft verändern.

Das Problem der Universitäten ist aufs Engste verbunden mit der Entwicklung von Technologie, etwas, womit wir uns beschäftigen, wenn wir darüber nachdenken, wie die Welt ökonomisch und sozial zwischen 2040 und 2080 aussehen und wie das institutionelle Rahmenwerk für den Rest des Jahrhunderts beschaffen sein wird. Wir bewegen uns damit vom Beginn des neuen Zyklus zu seinen Reifejahren.

Parallel zum Beginn eines neuen vierten institutionellen Zyklus in den 2030er-Jahren wird auch ein sechster institutioneller Zyklus anbrechen. Wir sollten daran denken, dass die Probleme, die dieser neue Zyklus löst, gegen Ende des fünften institutionellen Zyklus geschaffen wurden. Wichtig ist, dass wir diese nicht als Unfall oder Fehlurteil betrachten, sondern als die Konsequenzen des Erfolgs. Wenn man eine Pyramide baut, dann muss man jede Schicht planen, indem man rechtzeitig an den Beginn der nächsten Schicht denkt und die Struktur entsprechend anpasst.

Jeder sozioökonomische Zyklus ist in seinen Reifejahren eine goldene Ära mit einem Diamanten im Zentrum. Goldene Zeitalter und Diamanten sind eine gefährliche Metapher, aber wenn wir an die Entwicklung der Vereinigen Staaten denken, dann hatte jeder Zyklus seine einzigartige Charakteristik, die die Vereinigten Staaten veränderte und einen Angelpunkt bildete, auf den sich der Zyklus hinbewegte.

Betrachten wir den fünften Zyklus und die 1990er-Jahre, den leuchtenden Moment, in dem der Mikrochip auf der Siegerstraße war, die Sowjetunion zusammenbrach und die amerikanische Macht die Welt dominierte. Politische und soziale Spannungen brodelten zwar vor sich hin, führten aber nicht zur Explosion.

Betrachten wir die 1950er-Jahre im vierten Zyklus, als Jets, Fernsehen und Interstate Highways die Geografie des Landes veränderten und die Amerikaner Dinge sehen ließen, die vorher für sie unsichtbar waren, und ihnen die Möglichkeit gaben, zu Orten zu reisen, die vorher unüberwindbar weit entfernt schienen. Ein Jahrzehnt der überragenden Banalität unter Eisenhower.

Blicken wir zurück auf die 1890er-Jahre des dritten Zyklus zurück, als die Vereinigten Staaten zur größten Industriemacht der Welt wurden; die 1840er-Jahre des zweiten Zyklus, als die Geografie der Vereinigten Staaten vollendet wurde; oder das erste Jahrzehnt des 19. Jahrhunderts, im ersten Zyklus, als Louisiana zum Teil Amerikas wurde und die Straßen nach Westen durch die Appalachen geschnitten wurden.

Nach dem Übergang zu einem neuen Zyklus kommt es stets zu einem goldenen Zeitalter mit einem kleinen, aber beeindruckenden Diamanten, der in seinem Herzen glitzert. Der Rest des Zeitalters wird durch diese Momente definiert. Die Frage, die wir uns stellen, ist: Was wird das Goldene am sechsten Zyklus sein und was für ein Diamant wird sich in seiner Mitte befinden?

Ein goldenes Zeitalter bedeutet nicht, dass universelle Harmonie herrscht oder unbegrenzte Freude oder das Fehlen jeglicher Tragödie. Wir sind Menschen, und Tragödien, Leid und Wut sind unvermeidlich. Ein goldenes Zeitalter ist eine Ära, in der trotz aller Widrigkeiten, die normal und denkbar sind, Außergewöhnliches geschaffen wird. Dabei denken wir an Athen oder an die Renaissance als goldenes Zeitalter. Stets waren diese Zeitalter durchzogen von der Conditio humana, von Sklaverei zu Krieg, Intrigen und Mord. Aber diese Dinge gibt es in allen Zeitaltern. Woran wir uns bei den goldenen Zeitaltern in der Geschichte erinnern, ist nicht das, was allen Epochen gemeinsam ist, sondern, was sie einzigartig macht. Was an den Vereinigten Staaten einzigartig war, ist die stete Wiederauferstehung des Außergewöhnlichen gewesen, die zyklische Erneuerung von etwas, das eine weitere, goldene Schicht der Pyramide hinzufügt, trotz des anhaltenden Unglücks, der Wut und der Armut, die unter dieser Schicht lauert. Außergewöhnlich daran ist das Ausmaß, in dem diese negativen und schmerzlichen Dinge abgeschwächt, wenn nicht eliminiert werden. Zu Ende und zu Beginn eines jeden Zyklus gibt es ein Gefühl des Scheiterns und der Katastrophe. Aber jedes Mal haben sich die Vereinigten Staaten neu erschaffen, vielleicht unvollkommen, aber mit einer Wiedergeburt, die erstaunlich machtvoll war.

Der „Diamantmoment", der ein goldenes Zeitalter definiert, scheint zwei oder drei Jahrzehnte nach Beginn eines neuen Zyklus aufzutreten. Das bedeutet, wir können uns auf die 2050er- und 2060er-Jahre freuen. Bis dahin werden wir an der Struktur des sechsten sozioökonomischen Zyklus bauen und nach dem goldenen Zeitalter wird der unweigerliche Niedergang einsetzen. Um diesen künftigen Zyklus zu begreifen, müssen wir verstehen, wann dieser Moment auftritt, und um das zu tun, müssen wir verstehen, wie sich die Probleme, die wir gesehen haben, entwickeln.

Das Finanzproblem, das den sechsten Zyklus bestimmt, ist der Geldüberschuss im Wirtschaftssystem und dessen Verteilung. Der Überschuss resultiert aus dem Erfolg des fünften Zyklus und des Reifeprozesses der Mikrochip-Ökonomie. Wie ich bereits mehrere Male erwähnte, besteht das schwerwiegende Problem darin, dass es viel verfügbares Geld gibt und nicht genug Möglichkeiten, es so zu investieren, dass es Reichtum schafft. Das Geld ist ungleich verteilt, konzentriert in der oberen Hälfte der Gesellschaft, und diese Konzentration steigt an, je höher man steigt. Angesichts der niedrigen Zinsen macht es keinen Sinn, das Geld auf der Bank liegen zu lassen oder in Fonds mit geringen Zinsen zu investieren. Statt das Geld einfach zu „halten", beschließen Investoren, etwas zu kaufen, zum Beispiel Immobilien. Daher kommt es zur Preisexplosion bei Hauspreisen, Gewerbeimmobilien und Mieteigentum. Das schafft ein Problem für diejenigen, die weniger verdienen als das Durchschnittseinkommen. Sie haben nicht am Reichtum teilgehabt, der geschaffen wurde, zumindest nicht in gleicher Weise, und während die Preise für Immobilien steigen, können sie sich keine leisten und in der unteren Mittelschicht oft nicht einmal mieten.

Die beherrschenden politischen Kräfte werden diejenigen sein, die unter dem mittleren Einkommen liegen, und diejenigen im oberen Viertel, während sich der Rest zwischen den beiden aufteilt. Es wird eine ideologische Neuausrichtung der Vertreter des freien

Marktes der Reagan-Ära geben, eine sich herausbildende Klasse, der das Ergebnis wichtig ist, und das Ergebnis, das sie anstreben, wird eine Neuverteilung von Einkommen und selbst von bereits verdientem Vermögen sein. Die kulturellen Kriege, die die Politik im fünften Zyklus bestimmen, werden andauern, aber sie werden nicht mehr an ökonomische Bedürfnisse gebunden sein und sich stattdessen durch verschiedene Interessengruppen ausbreiten.

Wir haben im Verlauf der Geschichte gesehen, dass die Vereinigten Staaten häufig das Problem einer zyklischen Verschiebung lösen wollen, indem man sich den Steuergesetzen widmet, was als offensichtliche Lösung des Problems der Wohlstandsverteilung und Preise gesehen wird. Aber die Vereinigten Staaten haben sich gewaltig und vorhersehbar entwickelt. Wenn man sich die unten stehende Grafik ansieht, die das Wachstum des BIP zwischen 1880 bis 2010 abbildet, dann sieht man, dass der einzige bedeutende Rückgang während der Weltwirtschaftskrise stattfand, und auch wenn dieser bemerkbar war, ist die nach oben gerichtete Kurve des Wachstums das Wichtigere. Die Vereinigten Staaten haben ein anhaltendes und dramatisches Wachstum aufrechterhalten, wobei all die anderen Zyklen, von denen wir geredet haben, nur kleine Dellen waren und kaum sichtbare Schwankungen eines stabilen Trends. Wenn wir uns an die große Pyramide erinnern, die die Vereinigten Staaten bauen wollten, dann sieht das vom Konzept her etwa so aus.

Es gibt keinen Grund zu der Annahme, dieser Trend ließe nach, und viele Gründe sprechen dafür, dass er anhält – trotz der manisch-depressiven Natur der amerikanischen Seele. Die Angst, dass es eine Gefahr gibt, die hinter dem neuen Wohlstand lauert, wird uns weiterverfolgen und erneut auftreten, so wie sie in den vergangenen Jahren ein dominierendes Thema war. Während der Höhepunkte der schmalen Zyklen gibt es den Glauben, dass alle Gefahren abgewendet werden, der dann erschüttert wird, wenn unbedeutendere Ereignisse dazwischenkommen.

Daher wird die Verschiebung in der Wirtschaftspolitik innerhalb des Rahmens normaler ökonomischer Entwicklungen stattfinden.

Aber eine tiefergehende soziale Realität wird sich herausschälen, die eine neue Notwendigkeit für die amerikanische Gesellschaft definiert und daher die neue Technologie, Sozialstruktur und gesamte Beschaffenheit dieser Ära antreiben wird.

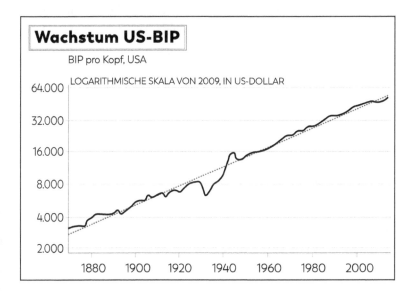

Wachstum US-BIP

BIP pro Kopf, USA

LOGARITHMISCHE SKALA VON 2009, IN US-DOLLAR

Das Kernproblem des nächsten soziopolitischen Zyklus wird demografisch sein. Darauf habe ich schon in *Die nächsten 100 Jahre* hingewiesen, als ich schrieb, dass eines der zentralen Probleme der Rückgang der Geburtenraten und die höhere Lebenserwartung war. 2018 war die Geburtenrate in den Vereinigten Staaten die niedrigste aller Zeiten. Sie ist bei allen einheimischen ethnischen Gruppen gesunken.

Vielleicht noch bedeutender ist, dass die Lebenserwartung laut den nationalen Statistiken des Census Bureaus dramatisch anstieg. Das kann man an der von der Geburt an gemessenen Lebenserwartung sehen, die sich in einem Jahrhundert von 40 auf 80 Jahre verdoppelt hat. Aber noch bedeutender ist die Lebenserwartung der Menschen über 65 angestiegen. Das eliminiert den Effekt des Rückgangs der Kindersterblichkeit auf die Lebenserwartung. 50 Prozent aller 65-jährigen Männer werden älter werden als 85, was eine Steigerung von

9,2 Prozent seit 2000 darstellt. 50 Prozent aller Frauen werden älter werden als 86 Jahre. Zum Vergleich wurden 1900 die Hälfte aller Männer und Frauen nicht älter als 47 (diese Zahlen gelten für Weiße; bei Afroamerikanern betragen sie durchgängig zwei Jahre weniger).

Also steigt die Lebenserwartung, während die Geburtenrate fällt, und die Wahrscheinlichkeit ist sehr hoch, dass diese Entwicklung anhält. Die Lebenserwartung stieg aufgrund medizinischer Fortschritte und des Rückgangs der Industrie. Die industrielle Massenproduktion erforderte, dass immer jemand in der Fabrik anwesend war. Das machte die Leute körperlich kaputt und es ihnen sehr schwer, die eigene Gesundheit zu erhalten. Mit dem Rückgang des Industrialismus und dem Aufstieg von Dienstleistungs- und Technologieindustrien wurde die Konzentration auf die Erhaltung der Gesundheit alltäglich. Negative Angewohnheiten wie Rauchen sind zurückgegangen, und es ist üblich geworden, Sport und Ernährung größere Aufmerksamkeit zu widmen. Dieser Fokus auf die Gesundheit wird weiter zunehmen. Gleichzeitig beschleunigen sich die Entwicklungen in der medizinischen Forschung. Die Zahl an Menschen, die über 100 werden, hat sich laut den Centers for Disease Control zwischen 2000 und 2014 um 44 Prozent gesteigert.

Der Rückgang der Geburten ist eng verbunden mit der Möglichkeit, die Reproduktion durch Geburtenkontrolle, Verstädterung und den Rückgang der Kindersterblichkeit zu beschränken. Urbanisierung war der Schlüssel. In der landwirtschaftlichen Gesellschaft war es wichtig, viele Kinder zu haben, die beizeiten ihren Anteil zur Produktion leisteten. Aber in den älteren, städtischen Gesellschaften sind Kinder vor allem ein Kostenfaktor. Mit der Steigerung der Lebenserwartung hat sich die Adoleszenz – definiert als die Periode, in der jemand sich fortpflanzen kann, aber noch keinen eigenen Lebensunterhalt verdient – dramatisch verlängert. Unbegrenzte Fortpflanzung lässt eine Familie heutzutage verarmen, also befriedigen weniger Kinder das Bedürfnis zur Reproduktion.

Aber wir müssen auch im Auge behalten, dass wir die ersten Stufen der Neudefinition der Familie sehen. Die erste Phase war das

Ende der Meinung, eine Braut müsse eine Jungfrau sein, wenn sie heiratet. Das zweite war das Aufkommen der Idee, dass es in Ordnung wäre, vor der Heirat zusammenzuleben. Wir stecken mitten in der Neudefinition von Sexualität und Familie. Die Macht, die dafür sorgte, dass die heterosexuelle Familie fest etabliert und essenziell blieb, war die Realität des landwirtschaftlichen und industriellen Lebens. Die Möglichkeit, Kinder zu haben, erforderte eine rechtliche Bindung von Mann und Frau und eine Marginalisierung derjenigen, die außerhalb dieses Systems standen. Mit dem Rückgang des Drucks durch den Industrialismus und der Kontrolle und Minimierung der Zahl an Kindern treten die tieferliegenden Geschlechterrealitäten zutage und die Institution der Ehe wird zu einer bloßen Option.

Was sich herausbildet, ist ein Kollaps der traditionellen Ehe und eine massive Unsicherheit, was Beziehungen angeht. Einige Studien berichten von einem Rückgang sexueller Aktivität, emotionaler Bindung und so weiter. Was danach kommt, ist die Qual der Freiheit. Wenn es keine Regeln gibt, an die man sich halten kann, dann steht man vor dem Problem, dass man nicht genau weiß, was man tun soll. Dies stellt eine fundamentale Neuausrichtung wichtiger und tief verwurzelter Rituale des Lebens dar und es kommt zu intensivem Widerstand der Traditionalisten gegen diesen Prozess. Das wird ein Teil der Politik des sechsten Zyklus sein, aber einer, der im Niedergang befindlich ist. Die traditionelle Ehe war eine ökonomische Notwendigkeit, in Übereinstimmung mit religiösen Glaubenssätzen. Mit dem Ende der ökonomischen Notwendigkeit sinkt die Geburtenrate automatisch.

Zur selben Zeit wird das durch die Zunahme der Lebenserwartung ausgeglichen. Weitere 20 Prozent Zunahme der Lebenserwartung in der Gesamtbevölkerung wird einen Geburtsjahrgang hervorbringen, der eine Zeit lang den Rückgang der Bevölkerung kompensieren kann. Aber damit das passiert, ist die Lebenserwartung allein nicht genug. Es muss auch eine Bekämpfung degenerativer Erkrankungen geben, die momentan die älteren Geburtsjahrgänge zu massiven Konsumenten von Ressourcen statt zu Produzenten machen. Krankheiten, die schnell töten, sind ökonomisch auszuhalten. Menschen am Leben zu erhalten, die nichts produzieren, schwächt ökonomisch.

Daher brauchen wir eine massive Revolution in der biologischen Forschung, wenn es um medizinische Versorgung geht. Und wie wir in den vergangenen Zyklen gesehen haben, sind es die Bedürfnisse, die die technologische Produktivität vorantreiben. Eine Reihe an Krankheiten muss eliminiert werden, wie Alzheimer, Parkinson und andere, die dafür sorgen, dass ältere Menschen nicht nur nichts zur Produktivität beitragen, sondern auch der Gesellschaft und der Ökonomie Kosten verursachen. Aber, um das zu tun, müssen die zugrunde liegenden biologischen Prozesse weit besser verstanden werden, als das momentan der Fall ist, und dann muss ein medizinisches System vorhanden sein, das in der Lage ist, die Kosten der Behandlungen effektiv zu verwenden.

Eine Antwort ist eine Bundesregierung, die nach dem Prinzip eines dezentralen und agilen Managements handelt, wie bereits beschrieben. Die Regierung ist der Hauptgeldgeber medizinischer Forschung und angesichts des Umfangs und der Bedeutung, sowohl sozial als auch persönlich, folgt daraus eine Nachfrage nach agiler Grundlagenforschung. Zweitens muss ein Gesundheitssystem geschaffen werden, das nicht dem gegenwärtigen föderalen Modell der Ultrazentralisierung und Ultrakomplexität folgt, sondern die Ressourcen zuteilen kann, ohne durch Fragmentierung und Mikromanagement zu einer Lähmung zu führen.

Auf allen Ebenen wird es eine Lockerung der Verbindungen geben. Die engen und erstickenden Fesseln der Regierung werden durchtrennt werden. Die Fesseln, die den Mikrochip an die Vision von Hightech banden, werden durchtrennt werden. Das System an Allianzen, durch das die Vereinigten Staaten an Nationen gebunden waren, an denen sie wenig Interesse hatten, wird aufgelöst werden. Amerika wird die Richtung ändern, wie es das immer tut, wenn ein neuer Zyklus beginnt. Das Gleiche gilt für die Bande, die die Menschen miteinander verbanden. Menschen sind an Traditionen gebunden und die Traditionen verwandeln sich in Rituale. Die wichtigsten, die Rituale des Lebens, wie Geburt, Heirat, Mannsein, Frausein, werden sich im fünften Zyklus auflösen. Die Neudefinition der Sexualität ist eine der Kräfte, die die Bedeutung der Ehe verändern werden. Der Versuch, die Geschlechter neu zu definieren – was es bedeutet, eine Frau zu sein, und was es bedeutet, ein Mann zu sein – ist auf dem Weg. Während sich die gegenseitigen Verpflichtungen von Männern und Frauen verändern, ändert sich auch die Bedeutung dessen, was es heißt, seinen Lebensunterhalt zu verdienen, für die Zukunft zu sparen und so weiter. Die Veränderung bestimmter Verpflichtungen stellt auch alle anderen Verpflichtungen infrage. Das ist zuerst befreiend und lässt einen dann allein dastehen, während man vielleicht Videospiele gegen Gegner spielt, die man nie getroffen hat.

Der Zusammenbruch der Rituale kann nicht dauerhaft sein. Ein Leben ohne Erwartungen zu führen ist befreiend, aber Befreiung kann auch dafür sorgen, dass man nicht weiß, was man als Nächstes tun soll. Ein Mann wusste einst, dass es seine Aufgabe war, sich in einer herzlosen Welt abzumühen, um seinen Lebensunterhalt zu verdienen. Eine Frau wusste einst, dass es ihre Aufgabe war, einen Hafen für ihren Mann und ihre Kinder in einer herzlosen Welt zu schaffen. Das ist immer noch eine Option, aber diese Wahl ist nicht verpflichtend. Alte Pflichten brechen zusammen und der sechste Zyklus wird ein neues Gespür dafür schaffen, wie die Regeln des Lebens aussehen. Und all das verbindet sich mit dem Hauptproblem dieses Zyklus: dem Rückgang der Geburtenrate und dem Anstieg der Lebenserwartung. Unsere Rituale basierten auf einem frühen Tod und der Notwendigkeit, sich schnell fortzupflanzen. Der Tod steht nicht mehr länger unmittelbar bevor und die Fortpflanzung ist eine Option. Daher wird die traditionelle Familie neu definiert werden. Welche Verpflichtungen haben Menschen, wenn das Leben sich über ein Jahrhundert erstreckt und Kinder eine Option unter vielen sind?

Das führt zurück zu unserer früheren Diskussion über die Erfindung der Vereinigten Staaten. Die Gründerväter wollten Freiheit und Pflicht ausbalancieren. Für sie war es eine politische Frage. Im sechsten Zyklus wird es eine existenzielle sein und definieren, wer wir als Individuen sind. Die Vereinigten Staaten werden sich damit intensiver auseinandersetzen müssen als andere Länder, denn der amerikanische Wohlstand schafft mehr Möglichkeiten, und diese Möglichkeiten werden endlos.

Eine Verkörperung dessen sind die sozialen Medien. Ein Platz der Anonymität, an dem man sich viele Male neu erfinden kann. Ein Ort, an dem man gehört werden, aber unbekannt bleiben kann. Und das ist letztlich ein tödliches Problem. Letzten Endes müssen, trotz all der Distanz, die der Mikrochip möglich gemacht hat, die Menschen wissen, mit wem sie sprechen. Das ist keine besonders tiefsinnige Wahrheit, aber es ist die Wahrheit, die die Gläubigen der sozialen Medien übersehen haben. Aber alle Medien haben ihre Zeit. Der dritte Zyklus hatte das Radio, der vierte das Fernsehen und der fünfte den Computer. Bei jedem Schritt konzentrierte sich die menschliche Aufmerksamkeit mehr auf das Medium als auf andere Menschen. Heute hört man, wenn man in eine Bar geht, keine Diskussionen und sieht niemanden, der mit jemandem flirtet. Männer und Frauen sitzen herum und sehen auf ihre Smartphones.

Aber dabei besteht eine Besonderheit: Das Fernsehen nahm einen ganz in Anspruch. Das Smartphone verbindet einen. Zugegeben, auf merkwürdige und nie da gewesene Weise, während das Texten den primären Sinn des Telefons abgelöst hat – eine Unterhaltung, bei der man die Stimme einer anderen Person hörte. Aber so verzerrt diese Verbindung sein mag, kann das Smartphone und sein exzessiver Gebrauch unser Verlangen nach anderen Menschen ausdrücken. Es ist eine Karikatur menschlicher Beziehungen, aber genauso ein Hunger danach. Es verursacht nicht den Verlust der Bindungen. Das wurde durch die sich ändernde Realität verursacht. Das Handy und selbst die Textnachrichten sind Zeichen der Weigerung des Menschen, einfach allein zu sein. Soziale Medien sind zu anonym, um als soziale Basis im sechsten Zyklus zu dienen. Aber die menschliche Verbindung, zerfranst und chaotisch, ist immer noch da.

Wenn Geburt und Tod im Zentrum des Lebens stehen und die Rituale für beide in Fetzen liegen, so ist das Verlangen nach Gemeinschaft immer noch vorhanden und wird beständig bestätigt. Seit der Erfindung des Telegrafen stand die Technologie im Zentrum unserer Kommunikation. Daher besteht die Erwartung, dass im Zentrum des sechsten Zyklus eine neue Kommunikationstechnologie stehen wird. Das wird jedoch nicht der Fall sein, und zwar deshalb nicht, weil die Kommunikationstechnologie eine Reductio ad absurdum erreicht hat. Sie wurde so ineffizient, dass sie die emotionalen Bedürfnisse des menschlichen Lebens nicht mehr befriedigen kann. Es wird wohl zu einer Überlegenheit der Mikrochipkultur und einer aggressiven Neubestätigung der Gemeinschaft kommen, vielleicht nicht durch die alten Rituale, aber mit einer Kultur, in deren Zentrum das Vermeiden von Einsamkeit liegt. Die selbst auferlegte Einsamkeit des Mikrochips kann sich in menschlichen Beziehungen nicht aufrechterhalten. Sie führt zu Ritualen, wie alles Menschliche. Doch es sind Rituale, die süchtig machen, aber nicht befriedigen können. Daher wird es in diesem Bereich unweigerlich eine Rückkehr zur Vergangenheit geben. Oder um es präziser auszudrücken, indem man dem Computer wieder seinen begrenzten Platz zuweist, wird man die Vergangenheit neu erschaffen.

Das Verlangen nach KI repräsentiert dabei den Endpunkt, denn sie bietet in ihrer extremsten Form einen Ersatz für Menschen. Durch die Möglichkeit des Denkens kann sie das menschliche Urteil ersetzen, wenn es etwa darum geht, Auto zu fahren. Aber die Behauptung erscheint weit hergeholt. Um etwas Künstliches zu erschaffen, das analog zu etwas Realem ist – wie Intelligenz –, müssen wir verstehen, wie wir denken. Niemand versteht wirklich, wie unser Verstand funktioniert. Die sterile Logik von Computern und ihren Programmen kann nicht einmal ansatzweise erfassen, wie wir denken. Denken ist kein logischer Prozess. Wenn ich schreibe, dann entdecke ich plötzlich etwas aufgrund eines Gefühls der Begeisterung, und ich weiß nicht, woher diese kommt. Etwas Analoges zur Intelligenz ist unmöglich, bis wir das Denken verstehen. In der Zwischenzeit können wir leistungsstärkere Programme einsetzen, die wichtige Dinge tun, aber wir werden dabei keine Emotionen finden – und ohne Emotionen gibt es keine Intelligenz.

Aber die KI nimmt einen wichtigen Platz in alledem ein. Die Verfechter der KI denken, sie wäre ein Triumph der Menschheit. Abgesehen von Problemen wie Jobs und Computerfehlern unterhöhlt die KI das Bedürfnis der Menschen füreinander. Wir kommen aus ökonomischen und anderen Notwendigkeiten zusammen. Wir bleiben verbunden aufgrund der Freude über die Tatsache, dass wir beide Menschen sind. Die KI, wenn sie funktionierte, würde die Notwendigkeit untergraben, aufgrund der wir zusammenkommen. Die zufälligen Einsichten und Begegnungen bilden das Herz der menschlichen Intelligenz, und die künstliche Intelligenz, wenn sie geschaffen werden könnte, würde das aufgrund ihrer unmenschlichen Effizienz zerstören.

Die Technologieenthusiasten gehen mit ihren Hochrechnungen stets zu weit. Als Fluglinien begannen, die 707 einzusetzen, war der Traum eine Rakete, die uns in einer Stunde von New York nach London bringen würde. Als die Elektrizität Allgemeingut wurde, glaubte man, sämtliche Geistesfunktionen des Menschen könnten durch Elektrizität erklärt werden. Bilder aus den 1930er-Jahren, die veranschaulichen sollten, wie die Städte aussehen würden, zeigten meilenhohe Türme, Highways im Himmel und keine Spur eines Baumes. Normalerweise treten drei Dinge ein. Zuerst wird die Technologie in einem Umfang erweitert, der angesichts von finanziellen Erwägungen und der Sicherheit nicht möglich wäre. Zweitens nimmt man eine Technologie her, die man kennt, und stellt sich vor, die ganze Welt könnte damit erklärt werden. Drittens stellt man sich eine Welt vor, die auf dem Papier wunderbar aussieht, aber ein echter Albtraum wäre, wenn man darin leben müsste. Einige davon werden tatsächlich verwirklicht und viele andere werden energisch vorangetrieben. Aber die Technologie ist ein schlechter Wegweiser für das, was als Nächstes kommt. Die Reaktion auf die Technologie ist häufig nicht das, was die Technologen gerne sehen würden.

Es gibt heute eine Revolte gegen das Automobil, besonders in den Städten, die noch vor einer Generation undenkbar gewesen wäre. Das konventionelle Fernsehen wird zunehmend nicht mehr konsumiert. Kurzwellenradio war einst eine Möglichkeit, die Stimmen der Welt zu hören. Niemand benutzt es mehr. Die solideste Technologie, Dinge, die einst im Zentrum unseres Umgangs mit der Welt standen, vergehen mit erstaunlicher Geschwindigkeit. Wann haben Sie das letzte Mal ein Telegramm empfangen? Der Computer, das Internet und das Smartphone werden ein Jahrhundert überdauern, so wie das Auto. Aber genauso wie das Auto nur noch ein Werkzeug ist, um von A nach B zu kommen, statt, wie früher, die eigene Identität zu definieren, so wird auch die mikrochipbasierte Technologie kein Wunder mehr sein und zu einem Werkzeug werden. Und das wird im sechsten Zyklus passieren.

Eine soziale und dann politische Bewegung wird sich bilden, um dieses Ziel zu erreichen. Einsamkeit ist eine der mächtigsten Kräfte in der Welt. Menschen werden krank, und ich weiß, wer sich um mich kümmern wird, wenn das passiert. Hingegen werden diejenigen, die in ihren Dreißigern sind, keine Kinder haben, vielleicht auch keinen Partner, älter werden und noch ein halbes Jahrhundert vor sich haben, sich diese Frage stellen müssen. Die Feststellung, dass es keine Antwort gibt, wird erschreckend sein. Ein langes Leben zu leben, ohne dass einen jemand braucht oder sich dafür interessiert, ob man lebt oder stirbt, ist befreiend, aber die schrecklichen Konsequenzen der Freiheit zeigen sich mit der Zeit.

Es ist nicht die Technologie, die das Problem der Anomie löst, des Einsamseins in der Menge. Stattdessen wird es die persönliche Verzweiflung sein, die die Anomie mit sich bringt. Und so wie der fünfte Zyklus eine soziale Bewegung schuf, die mit einer Reihe an Traditionen, Erwartungen und Ritualen brach, so wird auch der sechste Zyklus, der den Kollaps der alten Rituale akzeptiert, neue schaffen müssen. Diese werden nicht auf der Notwendigkeit basieren, sich fortzupflanzen, bevor man stirbt, sondern auf der langsam dämmernden Erkenntnis, dass viele Optionen dazu führen, dass man eine Auswahl treffen muss. Bei voller Gesundheit älter zu werden, birgt ebenso Gefahren, wie zu früh zu sterben. Die soziale Unruhe des sechsten Zyklus wird sich darum drehen.

Es ist nötig, eine Art ritualisierte Partnerschaft zu entwickeln, um ein Element der Vorhersagbarkeit im Leben der Menschen zu schaffen. Alle menschlichen Gesellschaften haben Rituale und viele dieser Rituale drehen sich um Verpflichtungen gegenüber der Familie und größeren Gruppen. Ich kenne keine Gesellschaft, in der die Familie nicht existiert, und diese bringt Verpflichtungen mit sich. Es ist unvorhersehbar, welche Art von Familien entsteht und was die Verpflichtungen sein werden, aber der Zweck der Familie – abgesehen davon, Kinder großzuziehen, sich um die Kranken zu kümmern und eine Arbeitsteilung zu schaffen – besteht darin, den menschlichen Hunger nach Gemeinschaft zu stillen. Neue Formen entstehen normalerweise aus dem Krieg, wenn eine Gesellschaft in Trümmern liegt und eine neue Ordnung entsteht. In diesem Fall wird es viele Wahlmöglichkeiten geben, was eine Flexibilität schafft, die in Übereinstimmung mit dem Geist des Zyklus liegt. Ich vermute, diese Ordnung wird Traditionen aus der jüngeren Vergangenheit beinhalten.

Es ist die Natur der Rituale, sich aus Traditionen zu entwickeln, und Traditionen beziehen sich auf die Vergangenheit. Es liegt auch in der Natur derjenigen, die die Traditionen ehren, ihren Prinzipien und Ritualen zu allgemeiner Geltung zu verhelfen, zuerst durch Überzeugung und dann durch Gesetz. Mit anderen Worten, die neuen Rituale, die in gewissem Umfang die alten nachahmen, werden nach dem Status eines Gesetzes streben. Rituale können religiös sein, aber als säkular präsentiert werden. Regeln über die Anzahl an Ehepartnern, das Recht auf Besitz bei einer Scheidung und über den Umgang mit den Kindern, sind moralische Werte, die auf säkulare Weise den Menschen aufgezwungen werden. Während sich gegen Mitte des sechsten Zyklus neue Werte etablieren, werden sie auch einen politischen Ausdruck finden.

Der Kampf wird entlang zweier Frontlinien verlaufen. Zuerst wird es eine Konzentration auf die Steuerpolitik geben. Die Steuern auf höhere Einkommen werden zu Beginn des sechsten Zyklus steigen. Aber das Problem ist, dass neue medizinische Entwicklungen auch massive private Investitionen erfordern. Die Bundesregierung finanziert medizinische Grundlagenforschung. Auf Grundlage dieser Forschung werden neue Medikamente oder Behandlungen entwickelt, und die Bundesregierung ist daran normalerweise nicht beteiligt und wird es nach ihrer Restrukturierung erst recht nicht sein. Investitionsgelder werden verfügbar, aber knapp sein, und es wird Druck entstehen, die Steuergesetze erneut zu ändern.

Die erste Generation des sechsten Zyklus, die sogenannten Millennials, die dann in ihren Fünfzigern sein werden, haben eine ideologische Abneigung dagegen, die Steuern zu senken, um private Bereicherung zu ermöglichen, zumindest diejenigen, die dem linken Spektrum zuneigen. Aber diese Steuersenkungen werden darauf abzielen, Investitionen in die Behandlung von Krankheiten zu stecken, die bei einer längeren Lebensspanne auftreten. Das Selbstinteresse wird der Ideologie überlegen sein. Ebenso wie die Steuersenkungen die Mikrochipökonomie vorantrieben, werden sie in den 2050er-Jahren die Transformation der Medizin vorantreiben.

Die Kinder der sogenannten Millennials werden diejenigen sein, die gegen die Wurzellosigkeit der vorhergehenden Generation revoltieren. Sie werden diejenigen sein, die Computer und das Internet altmodisch finden und das Schaffen starker Familienbindungen für modern halten. Und sie werden ebenfalls vom Staat verlangen, dass die Werte, die dabei entstehen und von vielen geteilt werden, Grundlage der Gesetzgebung sind. Die Versuchung, moralische Ziele rechtlich festzulegen, weist über alle Zyklen hinaus. Die Älteren werden empört sein, dass die jüngere Generation ihre Anhänglichkeit an die Mikrochiptechnologie nicht teilt, und bestürzt über die teilweise Rückkehr von Ordnung und Ritualen im Leben. Die Älteren werden das Relikt der alten Technokratie sein, die in den 2020er-Jahren eine Niederlage erlitt, und die Jüngeren werden diejenigen sein, die eine Reihe früher verfeindeter Gruppen zu einer eigenen Partei schmieden. Wer Demokrat und wer Republikaner sein wird, ist unbekannt und unwichtig. Sie werden die Erben der Generation sein, die die Technokraten besiegte, und mehrere Jahrzehnte waren nötig, in denen sie sich selbst umfassend definiert und ihren Machtanspruch gefestigt haben. Und während sie die Macht übernehmen, werden sich die Vorboten des siebten sozioökonomischen Zyklus zeigen.

Es gibt ein Thema, das ich absichtlich bis zu diesem Zeitpunkt nicht angeschnitten habe – Erderwärmung und Klimawandel. Das liegt nicht daran, dass es unwichtig ist, sondern weil es zu schlichten Schuldzuweisungen führt (an denen ich mich nicht beteiligen will) und eine Komplexität aufweist, die ich nicht auflösen kann.

Zum einen ist es natürlich eindeutig, dass das Klima sich ändert. Man nimmt im Allgemeinen an, dass sich das Klima zwar in der Vergangenheit auch dramatisch geändert hat, aber nicht so dramatisch wie jetzt. Anhand der Beweise der Paläoklimatologie (der Untersuchung des prähistorischen Klimas) ist das belegt, und ich bin nicht qualifiziert, es in Zweifel zu ziehen, also akzeptiere ich es.

Zweitens bin ich mir unsicher, wie wohl die Welt in verschiedenen Stadien der Erwärmung aussehen wird. Das Problem ist, dass Vorhersagen auf Modellen beruhen (ein Thema, mit dem ich mich ein wenig auskenne), und effektive Modelle des Wandels basieren auf einem Verständnis aller Variablen, ihrer grundlegenden Interaktion und dem Einfluss neuer Kräfte auf diese Variablen. Um das zu wissen, ist es notwendig, ein umfassendes Verständnis dessen zu haben, wie das Klima funktioniert, um es im Modell darzustellen. Das Ausmaß, in dem wir verstehen, wie das Klima funktioniert, hat sich dramatisch erweitert, aber es gibt immer noch viele Unbekannte, besonders, wenn es darum geht, alle Variablen zu isolieren und die Auswirkungen neuer Variablen zu messen, die der Atmosphäre hinzugefügt werden.

Es ist eindeutig, dass das Klima sich ändert, und ich stehe der Behauptung offen gegenüber, dass es sich auf gefährliche Weise ändert, aber ich bin nicht sicher. Viele der Presseberichte basieren auf sehr begrenzten Studien, die nur wenig Variablen umfassen. Einzeln betrachtet legen sie nahe, dass es zu Folgen kommt, die dem Menschen schaden. Aber weil es kein umfassendes Klimamodell gibt, ist es möglich, dass eine unbekannte Variable die Ergebnisse null und nichtig macht. Das System als Ganzes schafft Ergebnisse, die sich von denen unterscheiden, die man anhand der einzelnen Teile erwarten würde.

Zusätzlich wird die Idee, dass ein Ergebnis negativ ist, auf einen weltweiten Maßstab angewendet, aber komplexe Systeme haben normalerweise komplexe Effekte. Zum Beispiel wissen wir, dass die Sahara zu einem bestimmten Zeitpunkt in der Vergangenheit ein üppiger und fruchtbarer Landstrich war. Wir wissen, dass es nun eine Wüste ist. Nehmen wir einen Moment an, dass die steigenden Meere Küstenstädte überfluten, aber dass die Sahara und andere Wüsten wieder blühen würden. Wäre dieser Tausch nun gut oder schlecht für die Menschheit? Egal welches Ereignis eintritt, es gibt kein Modell, dass die Diskussionen über das globale Klima zu einer eindeutigen Vorhersage zusammenfassen könnte.

Ich erinnere mich immer an die Bevölkerungsexplosion, die laut den Mitgliedern des Club of Rome, einer prestigeträchtigen Gruppe, gemäß einer Vorhersage aus dem Jahr 1970 im Jahr 2000 zu einer globalen Hungersnot führen würde. Sie waren keine Alarmisten. Sie betrachteten die Nahrungsmittelproduktion und das weltweite Bevölkerungswachstum und kamen anhand dessen zu einer präzisen Vorhersage. Sie traf jedoch nicht ein, denn sie rechneten nicht damit, dass es aufgrund der Züchtung äußerst ertragreicher Getreidesorten durch Norman Borlaug eine dramatische Steigerung des Nahrungsangebots geben würde. Zweitens rechneten sie nicht damit, dass die Geburtenraten aufgrund von Einflüssen zurückgehen würden, die sie nie einkalkuliert hatten. Der universelle Glaube an die Bevölkerungsexplosion wurde dadurch falsifiziert, dass sie etwas nicht miteinbezogen hatten, das gerade passiert war (Züchtung von Hochleistungsgetreidesorten), und etwas, das gerade begann (Abnahme der Geburtenraten).

Diejenigen, die eine katastrophale Bevölkerungsentwicklung vorhersagten, taten das anhand der verfügbaren Daten. Die Bevölkerungszahl stieg steil an und die Nahrungsmittelproduktion blieb auf dem gleichen Niveau. Das Modell, das sie hätten entwickeln sollen, wäre zu breit und zu komplex gewesen. Ich weiß nicht, ob diejenigen, die heute über den Klimawandel reden, sich irren. Ich weiß, dass Modelle, wie das der Bevölkerungsexplosion, dazu neigen, fehlerhaft zu sein. Deswegen habe ich es nicht miteinbezogen, denn ich wüsste nicht, wie. Das ist mein Fehler, denn auch wenn das Klima sich ändert und Menschen die wahrscheinliche Ursache sind, habe ich wenig Anhaltspunkte, anhand derer ich sagen könnte, wie das den amerikanischen Südwesten im Gegensatz zum Nordosten beeinflusst.

Ich habe das Thema auch deswegen ausgeklammert, weil die Wahrscheinlichkeit wirksamer Handlungen eine politische Angelegenheit ist, die eine weltweite Anstrengung erfordert, und ich bin sicher, dass das nicht passieren wird. Die Kosten, unsere Leben umzustrukturieren, um die Emission von Treibhausgasen zu reduzieren, werden enorm sein und dürfen nicht kleingeredet werden. Das wird einen signifikanten Rückgang des Lebensstandards zur Folge haben, auch in Ländern wie China, wo der Lebensstandard in einem Großteil des Landes sowieso prekär ist.

Die neu aufsteigenden Entwicklungsländer werden sich nicht ändern, denn sie können die Instabilität nicht verkraften, die aus dem Wandel entsteht. In den entwickelten Industrienationen gibt es zwei politische Probleme. Zum einen sagt niemand, dass die Katastrophe nächstes Jahr eintritt. Die meisten Menschen gewichten ihre Sorgen nach dem zeitlichen Abstand. Der Klimawandel kommt vielleicht gar nicht, und wenn er kommt, dann nach meinem Tod, also werde ich nicht den Preis für eine unsichere Lösung zahlen – so oder ähnlich verläuft der Gedankengang. Der zweite Grund ist, dass die Menschen, die sich am meisten Sorgen über den Klimawandel machen, diejenigen sind, denen man am wenigsten glaubt. Der Klimawandel wird nur als der jüngste Versuch dieser Menschen gesehen, die Kontrolle über den Staat zu übernehmen und Verhalten gesetzlich zu regeln. Daher sage ich keine weltweite Reaktion auf den Klimawandel voraus, weil ich nicht glaube, dass es eine geben wird.

Wenn ich schon dabei bin, lassen sie mich etwas herausstellen, von dem ich dachte, es würde eine große Rolle spielen, wenn es darum geht, das Problem zu lösen. Der Klimawandel passiert, Menschen verursachen ihn, aber niemand will den Preis dafür zahlen, etwas dagegen zu tun. Die grünen Technologien können die Last nicht schultern, eine industrielle Konsumgesellschaft zu tragen. Meine Vision hat mit den Raketen zu tun, die in West-Texas getestet werden. Eine Methode, die Verschmutzung durch Kraftwerke zu beenden, ist Solarenergie, die im Weltraum produziert wird. Es gibt einen endlosen Vorrat an Sonnenlicht im Weltall und genügend Platz für riesige Kollektoren. Die Kollektoren verwandeln das Sonnenlicht in Mikrowellen und senden diese zur Erde an gewaltige Transformatoren, die sie in nutzbare elektrische Energie verwandeln. Das würde die übermäßige Nutzung von Kohlenwasserstoffen beenden und vielleicht die Gefahren des Klimawandels.

Weltallbasierte Solarenergie war etwas, das ich in *Die nächsten 100 Jahre* vorhersagte, und von dem ich mittlerweile annehme, es könnte tatsächlich eintreten. Das ist einer der wenigen Fälle, in denen ich tatsächlich eine Empfehlung ausspreche. Es wäre weit billiger, als den Energieverbrauch zu halbieren, würde keine Revolution auslösen und man könnte verfügbare Technologie nutzen. Egal was die Modelle sagen – dies sollte getan werden.

FAZIT:
DAS AMERIKANISCHE
ZEITALTER

Das Jahr 2026 wird für die Vereinigten Staaten bedeutsam sein. Es werden 250 Jahre seit der Unabhängigkeitserklärung vergangen sein, 250 Jahre, seitdem die amerikanischen Siedler sich zu einem Volk erklärten und auf einen Kurs einschwenkten, der zum Krieg, einem unwahrscheinlichen Sieg und zur schriftlichen Niederlegung der Verfassung führte, die dem entstehenden Volk ein Regierungssystem gab. Es begann alles am 4. Juli dieses Jahres, und die Geschichte entfaltet sich immer noch, wie ich gezeigt habe, auf eine charakteristische und einzigartige amerikanische Art und Weise.

Am außergewöhnlichsten daran ist, was aus Amerika wurde. Es wurde von einem Drittweltland zu einem Schwergewicht der Weltbühne. Es bringt nahezu ein Viertel des Wohlstands hervor, der weltweit jedes Jahr entsteht. Sein Militär wird – weise oder nicht – weltweit eingesetzt. Es sind Truppen in über 150 Ländern stationiert, die

meisten auf kleineren Ausbildungsmissionen, manche in Kampfein-
sätzen, aber was immer die Mission ist und wie viele Soldaten tatsächlich eingesetzt werden, so ist das eine beeindruckende Zahl.

Die Gründerväter hatten beabsichtigt, dass die Vereinigten Staaten
ein neues Zeitalter einläuten würden. Aber wir beabsichtigen oft
etwas, von dem wir nicht glauben, dass es eintritt. Haben sich die
Gründerväter vor fast 250 Jahren die Vereinigten Staaten so vorgestellt,
wie sie heute sind? Man kann Hinweise bei Jefferson und Washington
entdecken. Franklins ironische Art lässt einen solchen Gedanken
wahrscheinlich zu weit hergeholt erscheinen. John Adams und James
Madison waren vermutlich mehr mit der unmittelbaren Zukunft
beschäftigt als mit grandiosen Träumen. Aber es ist dennoch passiert.
Amerika wurde zu einem Imperium, obwohl es sich gegen das britische Imperium durchsetzen musste. Was diese Männer beabsichtig-
ten und was sie erwarteten, war vielleicht unterschiedlich. Aber in
diesem Fall ist das passiert, was beabsichtigt wurde.

Das Fundament des amerikanischen Imperiums ist nicht das
Militär und auch nicht die Ökonomie. Es sind Rock and Roll, T-Shirts,
auf denen „Santa Barbara" steht, und Baseballkappen der New York
Yankees. Es ist die Tatsache, dass man zu einer Konferenz geht, an
der Menschen aus 20 Ländern teilnehmen, bei der alle perfektes
Englisch sprechen, denn ist es die einzige Sprache, die sie alle gemeinsam haben. Über allem stehen die Computer- und Program-
miersprachen, die nur auf Englisch existieren. Es sind die Menschen,
die die Vereinigten Staaten hassen und doch hoffen, dass ihre Kinder
auf eine amerikanische Universität gehen können.

Das Fundament eines Imperiums sind nicht Waffen, das haben
Hitler und Stalin nie verstanden. Es ist Geld und der Neid, der damit
einhergeht. Aber noch wichtiger als Geld oder Waffen ist die Tech-
nologie, die die Zukunft darstellt, und die Kultur des Zeitgeistes.
Alle dauerhaften Imperien sind Imperien des Geistes und der Seele,
Imperien, die dafür sorgen, dass andere ihnen nacheifern.

Die Vereinigten Staaten wurden nicht gegründet, um ein Imperium zu sein. Und doch sind sie es. „Imperium" war seit der ameri-

kanischen Revolution ein Begriff der Anerkennung. Aber es gibt zwei Formen von Imperien. Das eine ist ein rein ausbeuterisches, wie Hitlers Versuch, ein Imperium zu erschaffen. Der zweite Typ profitiert von seinem Status, aber schafft auch ein System symbiotischer Beziehungen, von denen alle profitieren. Das Imperium wird nicht nur durch die imperiale Macht zusammengehalten, sondern auch durch den Nutzen, den die Kolonien davon haben. Das Römische Reich hat andere Nationen unterworfen, aber es gab auch den verbreiteten, wenn auch nicht universellen Wunsch, Teil des Römischen Reiches zu sein. Das Gleiche lässt sich über das Persische Reich sagen. Die Imperien werden von Eroberern zu Aufsehern des Wachstums, Handels und Friedens, der sonst nicht existiert hätte. Sie sind zudem ein Instrument des kulturellen Transfers und der kulturellen Evolution.

Indem sie eine Nation sind, die andere nachahmen wollen, auf triviale und auch bedeutendere Weise, erfüllen die Vereinigten Staaten die Absicht ihrer Gründer. Vor fast 250 Jahren sprachen sie davon, ein neues Zeitalter einzuläuten. Dieses Zeitalter war auf moralischen Werten des Regimes und den Dingen gegründet, die daraus hervorgingen. Die republikanische Regierungsform ist nun beinahe universell, auch wenn sie nur unvollkommen umgesetzt wurde, genauso wie die Vereinigten Staaten es versäumen, den Idealen der Gründerväter völlig gerecht zu werden. Aber so wie La Rochefoucauld gesagt hat, dass „Heuchelei ein Tribut ist, den das Laster an die Tugend zahlt", würde dennoch trotz der universellen Unvollkommenheit ein Großteil der Welt beanspruchen, eine Republik zu sein, ironischerweise selbst die, die Monarchen haben. Die Rechte, von denen die Gründerväter sprachen, werden vielleicht mit Füßen getreten, aber diejenigen, die das tun, versuchen es normalerweise mit Lügen zu überdecken. Baseballmützen, Computersprachen und Flugzeugträgerkampfgruppen sind Symbole eines unvollkommenen Triumphs, wenn es um harte Fakten geht, aber eines großartigen Triumphs, soweit es die Prinzipien betrifft. Die Welt sieht heute aufgrund der Dinge, die die Gründerväter dachten und sagten, sehr unterschiedlich aus.

Das Dilemma, dem sich die Vereinigten Staaten gegenübersehen, besteht darin, ein Fundament zu finden, das eine radikale neue amerikanische Ära tragen kann, die 1992 begann. Diese Ära wird mindestens ein Jahrhundert anhalten, selbst wenn die Vereinigten Staaten sich noch nicht an die Realität ihrer Macht gewöhnt, geschweige denn eine Strategie entwickelt haben, die sie stützt. Die Herausforderung, mit der sich die Vereinigten Staaten auf globaler Ebene konfrontiert sehen, besteht darin, eine dauerhaft verlässliche Politik eines Imperiums zu entwickeln, in einer Nation, in der Macht, Wohlstand und Innovation konstant durch die zyklischen Prozesse, die wir ausgebildet haben, vermehrt werden. Einerseits müssen die Vereinigten Staaten sich mehr in die Richtung anderer, sehr mächtiger Nationen entwickeln. Andererseits dürfen sie nicht die Kreativität und Energie verlieren, die ihr innerer Antrieb sind.

Die amerikanische Strategie vor 1992 bestand darin, militärische Stärke einzusetzen, um ihre Interessen zu verfolgen. Ihr größter Triumph war der Zweite Weltkrieg, als sie nicht nur Deutschland und Japan besiegten, sondern auch zur dominierenden Macht des Atlantischen und Pazifischen Ozeans wurden und die Vereinigten Staaten vor einer Invasion bewahrten, wenn nicht sogar vor dem Atomkrieg. Seit dem Zweiten Weltkrieg haben die Vereinigten Staaten stets dieselbe Strategie angewendet, die sie übernahmen, bevor sie zum Imperium wurden. Abgesehen von Desert Storm haben die Vereinigten Staaten seit dem Zweiten Weltkrieg keinen Krieg mehr gewonnen. Erfolgreiche Imperien setzen so wenig militärische Gewalt ein wie möglich und nutzen die regionalen Spannungen zwischen Nationen, um ihre Interessen zu wahren. Großbritannien schickte nicht Hunderttausende Soldaten, um Indien zu kontrollieren. Es nutzte das Machtgleichgewicht in Indien.

Der Aufstieg des amerikanischen Imperiums fiel mit Amerikas längsten und auf vielerlei Weise erfolglosesten Kriegen zusammen – denen gegen die Dschihadisten. Nach 9/11 operierten die Vereinigten Staaten in Afghanistan, unterstützten und kauften nationale Armeen, um al-Qaida entgegenzutreten. Aber mit der Zeit wurden diese von US-Bodentruppen ersetzt und der Krieg dehnte sich auf den Irak aus. Was ein rationaler Krieg war, wurde zu einem Krieg, der nicht zu gewinnen war, und zu einem, der eine aufzehrende und einschneidende Wirkung auf das amerikanische Leben in der Heimat hatte. Imperiale Kriege sind für das Heimatland sehr aufreibend, wenn sie gegen Kräfte ausgefochten werden, die nicht als reguläre Armee organisiert sind und daher nicht allein durch überlegene militärische Stärke besiegt werden können.

Das führt uns zum Problem der Unreife der Vereinigten Staaten. Eine reife nationale Strategie minimiert Konflikte, denn ein Imperium, das in 150 Ländern weltweit Soldaten stationiert hat, verfügt über ein endloses Konfliktpotenzial, und häufiger werden Kriege von seinen Gegnern ausgelöst. Das kann die Dynamik einer Nation lähmen. Gleichzeitig schafft der Zugang zu den Ressourcen, Märkten und Innovationen der Welt eine dynamische Gesellschaft. Ein Imperium zu sein kann daher weder einfach ignoriert noch einfach akzeptiert werden. Man muss es mit der nötigen Reife managen.

Reife ist das Fundament von Imperien und die Vereinigten Staaten müssen diese Stabilität erreichen. Jedoch ist das nicht die Basis des amerikanischen Lebens im Heimatland. Die Zyklen, von denen ich gesprochen habe, kehren stets zu ihrem Ausgangspunkt zurück, und jeder Zyklus ist eine Neuerfindung Amerikas. Nachdem sowohl der institutionelle als auch der sozioökonomische Zyklus zur Reife gelangt sind, steigern sich die Probleme zur Krise, und die Lösung besteht in einem Neuanfang. Es besteht eine inhärente Spannung zwischen der notwendigen Vorsicht der Außenpolitik und der geordneten Unreife der Zyklen.

Die neuen Zyklen, die sich in den 2030er-Jahren herausbilden, werden, wie ich erläutert habe, die Probleme des aktuellen Zyklus lösen und die Probleme für den nächsten verursachen. Das wird 2080 für den sozioökonomischen und um 2105 für den institutionellen Zyklus eintreten. Es ist schwer, sich auszumalen, auf welche Art jeder Zyklus scheitern wird. Die Ursache des Scheiterns des sozioökonomischen Zyklus könnte durchaus darin bestehen, dass er den Druck aushalten muss, der durch die längere Lebensdauer angesichts der neuen Technologien entsteht. Ältere Menschen verfügen über Weisheit, einen Sinn dafür, worum es im Leben geht und welche Dinge wichtig sind und welche nicht. Sie verfügen nicht immer über das neueste Wissen oder nutzen die neuesten Technologien. Ich war früher fasziniert von Computern. Vor etwa einem Jahrzehnt verlor ich das Interesse. Menschen, die jünger sind als ich, wissen weit mehr über Computer. Aus meiner Perspektive habe ich gelernt, dass Computer weniger wichtig sind als Liebe, und dass sie sogar mit der Fähigkeit, zu lieben, kollidieren können. Das ist vielleicht Weisheit oder nur Altersstarrsinn, aber es ist kein Wissen. Da Amerikaner regelmäßig länger leben, wird das Land vielleicht weiser, aber nicht wissender. Und angesichts dessen, dass Wissen essenziell ist, um die Zyklen voranzutreiben, kann sich die Krise des Jahres 2080 durchaus auf den Belastungen aufbauen, die aus einer großen Population älterer Menschen entstehen, die gesund und weise, aber nicht in der Lage sind, sich aus einem aufgrund ihrer Präsenz und Macht scheiternden Zyklus zu lösen.

Soweit es den institutionellen Zyklus betrifft, wird die Lösung, die sich für die Bundesregierung abzeichnet, darin bestehen, dass ihre interne Funktion sich verändert, die Rigidität der Vorschriften nachlässt und von der Ebene der Öffentlichkeit aufwärts mehr auf das Urteilsvermögen der Entscheidungsträger abgestellt wird. Zusätzlich wird es eine Wiederbelebung der politischen Systeme auf lokaler Ebene geben, die den Zweck haben, Repräsentanten hervorzubringen, die eine Verbindung zur Bundesregierung herstellen und diese für ihr Verhalten zur Verantwortung ziehen. Das wird existierende Probleme lösen, aber nicht das Problem, das möglicherweise als Nächstes auftritt. Unser gegenwärtiges institutionelles System hat ein Mindestalter für Wähler, aber kein Höchstalter. Während die Lebenserwartung zunimmt und die Geburtenrate sich auf einem niedrigen Niveau stabilisiert, wird sich die Bevölkerung in Richtung der Älteren verschieben, deren Interessen sich sehr von denen der jüngeren Wähler unterscheiden. Die älteren Menschen werden basierend auf einer höheren Lebenserwartung zu einem größeren Wählerblock werden. Zusätzlich dürfte die Dynamik, die aufgrund der zyklischen Natur der Vereinigten Staaten nötig ist, aus dem System verschwinden. Die Älteren werden produktiv sein, aber eine bestimmte Kreativität findet sich vor allem bei jüngeren Menschen. Man könnte damit rechnen, dass zu einem bestimmten Zeitpunkt die Frage aufkommt, ob man das Wahlalter nach oben begrenzen oder die Stimme über einem gewissen Alter geringer gewichten sollte. Die höhere Lebenserwartung wird viele Konsequenzen haben und sie könnte eine sein, die zum Dreh- und Angelpunkt des 21. Jahrhunderts wird.

Die Vereinigten Staaten werden durch die Zusammensetzung ihrer Demografie reifer. Mit dieser Reife kommt die Weisheit, die in der Außenpolitik gebraucht wird. Aber zusammen mit dieser Weisheit kommt es zu einem Mangel an Energie, die gebraucht wird, um die Widerstandskraft der Vereinigten Staaten zu erhalten, die das Andauern der Zyklen garantiert. Diese Spannung stand auf gewisse Weise im Herzen der Staatsgründung. Die Gründerväter vertraten eine besonnene Außenpolitik. Ihr Herz schlug vielleicht für die Französische Revolution, aber Handel trieben sie mit England, und die Vereinigten Staaten zeigten Reife, weil sie sich mit England zusammentaten. Gleichzeitig sorgten die Zyklen dafür, dass die Vereinigten Staaten wiederholt eine Art Wiedergeburt erlebten, und mit jedem Zyklus sehen wir einen Grad an Unbesonnenheit, der nötig war, um die soliden Grundlagen des reifen Zyklus infrage zu stellen.

Die Gründerväter waren reife, besonnene Männer. Es war die Nation, die unreif und unbesonnen war. Sie bestand aus Abenteurern und Menschen, die kein Risiko scheuten, die dorthin zogen, wo die Möglichkeiten verlockend waren, und die ihr Leben nach ihren Vorstellungen lebten. Trotz all der Zyklen, die wir durchlebt haben, ist es heute nicht viel anders. Viele Familien haben sich getrennt und die Eltern und Kinder verfolgen unterschiedliche Karrieren und Möglichkeiten, die oft Tausende von Meilen auseinanderliegen. In den Vereinigten Staaten ist es genauso leicht möglich, sich neu zu erfinden, wie es möglich ist, umzuziehen. Und es ist möglich, sich selbst und andere dabei zu zerstören.

Das macht die Vereinigten Staaten anders als andere Länder. Alle Nationen verfügen über ein Element der Wildheit. Aber keine hat das Chaos so institutionalisiert wie die Vereinigten Staaten. Diese Wildheit manifestiert sich in unseren Zyklen und spiegelt das Leben der Menschen wider. Sie werden geboren, um die Realität auf den Kopf zu stellen; sie schaffen neue und unvorhergesehene Lösungen, von denen sich viele um die ganze Welt verbreiten. Der Zyklus erstickt an seinen eigenen Erfolgen und Schwächen im anscheinend waghalsigen Umsturz all dessen, was solide erschien und sich nun als mangelhaft erweist. Es ist ein Land, das die Revolution innerhalb des Rahmens seiner Gründung angelegt hat und den Mut auf allen Ebenen institutionalisierte.

Im Herzen dessen steht die Kultur der Technologie. Sie ist nicht einzigartig für Amerika, aber sie ist durch und durch amerikanisch. In einem Buch von Arthur Koestler über Stalins Säuberungen fragte sich der Protagonist, der in seiner Zelle sitzt, was in der Welt passiert, da er seit Monaten keine Zeitung gelesen hat. Er fragt sich, ob die Amerikaner Zeitreisen erfunden haben. Das gibt einem eine Vorstellung davon, wie die Welt, selbst in den 1930er-Jahren, Amerika gesehen hat. Keine große Kunst, keine tiefen Gedanken, keine brillante Strategie, aber ein Land, das zu außerordentlichen Leistungen von technologischer Brillanz fähig war.

Die künftige Technologie wird in der Lage sein, die Lebenserwartung bei voller Gesundheit zu erhöhen. In einer Welt der sinkenden Geburtenraten ist das ein Problem, das gelöst werden muss, und es wird von der Wissenschaft gelöst werden. Aber wie ich gesagt habe, wird das ein neues Problem schaffen. Eine Nation, die von älteren Menschen dominiert wird, wie fit und gesund auch immer, ist eine Nation, die vom Alter bestimmt wird. Sie wird gesteuert von der Weisheit, die nötig ist, um ein Imperium zu führen, aber dieselbe Weisheit wird die Zyklen lähmen, die Amerika vorantreiben. Jugendliche Ignoranz macht das Unmögliche möglich, weil sie nicht weiß, was unmöglich ist und Waghalsiges nicht für unmöglich hält, sondern es wahr werden lässt. Und in dieser Waghalsigkeit liegt die Zukunft.

Der vierte institutionelle Zyklus wird einer gesunden, alternden Bevölkerung gut angepasst sein. Es geht darum, den gesunden Menschenverstand und die Weisheit zum Teil des Regierungsgeschehens zu machen. Sie werden die sozioökonomischen Zyklen in Gefahr bringen, denn Alter führt zu einem Sinn für Perspektive. Und was gebraucht wird, ist das waghalsige Draufgängertum eines Steve Jobs oder eines Henry Ford. Das Problem, das sich also in den kommenden Zyklen herauskristallisieren wird, besteht darin, dass die Medizin das Problem der abnehmenden Bevölkerung lösen wird und dann eine sozioökonomische Krise kreiert, die das Land tief spalten wird.

Andere Länder werden damit anders umgehen. Die Vereinigten Staaten werden das Problem so angehen, wie sie es immer tun – mit einem Jahrzehnt intensiver politischer Wut der Bürger aufeinander, begleitet von einer ökonomischen und einer sozialen Krise: die Alten gegen die Jungen, und das Problem der Innovation, das zu Instabilität führt. Schließlich wird der politische Prozess eine Lösung finden, mit einem scheiternden Präsidenten, der dem alten Zyklus huldigt, gefolgt von einem, der es sich auf die Fahnen schreibt, der Präsident des neuen Zyklus und seiner Lösungen zu sein.

Amerika ist ein Land, in dem der Sturm eine essenzielle Rolle erfüllt, um den Weg für die Ruhe zu ebnen. Weil die Amerikaner, die besessen von der Gegenwart und der Zukunft sind, Schwierigkeiten haben, sich an die Vergangenheit zu erinnern, werden sie alle glauben, dass es nie eine Zeit gegeben hat, die so unzivilisiert und angespannt war wie die heutige. Sie werden auf den Zusammenbruch aller Dinge warten und all diejenigen verabscheuen, die ihn verursachen – und das sind diejenigen, die nicht ihrer Meinung sind. Es wird eine Zeit der selbstgerechten Selbstsicherheit sein, eines manchmal mörderischen Hasses auf diejenigen, die sie verachten. Und dann werden die Muster der Geschichte sich durchsetzen und mit dem Material, das ihnen zur Verfügung steht, etwas Neues erschaffen. Die amerikanische Macht in der Welt wird weiterbestehen, denn die

Macht eines Landes wie der Vereinigten Staaten, einer riesigen ökonomischen, militärischen, verführerischen Kultur, wird nicht abnehmen, weil es gehasst wird. Alle Imperien wurden gehasst und beneidet. Die Macht wird durch keines von beiden gemindert.

Die bei der Gründung Amerikas verankerten beständigen Faktoren – unsere Rechte und die Verfassung – dienen dazu, sowohl die Besonnenheit als auch die Waghalsigkeit in unserem Land voranzutreiben. Und es ist die Kombination dieser beiden Faktoren, die es den Vereinigten Staaten ermöglicht hat, sich fast 250 Jahre lang zwischen Stabilität und Chaos zu entwickeln. Es gibt keine Anzeichen dafür, dass dies enden wird. Der gegenwärtige Sturm ist nichts anderes als das, was für diese Zeit in der Geschichte Amerikas und in unserem Leben normal ist.

DANKSAGUNGEN

Wenn man fünf Jahre an einem Buch schreibt, ist man vielen Leuten etwas schuldig. Ich kann denen, die ihre Zeit damit verbrachten, aus diesem Buch ein besseres Buch zu machen, gar nicht genug danken. Besonders will ich Marvin Olasky, Bill Serra und David Judson danken, die das hier nicht hätten lesen müssen, aber es bereitwillig taten und mir im Frühstadium Feedback gaben. Dann will ich meinen Kollegen bei Geopolitical Futures danken, die weniger eine Wahl hatten, aber dennoch sehr hilfreich waren, darunter Antonia Colibasanu, Allison Fedirka und besonders Jacob Shapiro. Stacy Haren, die Grafikdesignerin von Geopolitical Futures, war verantwortlich für die Grafiken und Karten und erledigte ihre Arbeit gründlich und professionell.

Jim Hornfischer war mein Agent bei den vier vorherigen Büchern und es sieht nicht so aus, als würde er schon aufgeben wollen. Daher danke ich ihm dafür, dass er sowohl mit mir als auch mit dem Verlag fertig wurde. Er gibt mir stets nützliches Feedback auf das Manuskript, selbst wenn ich ihn nicht darum bitte.

Am wichtigsten war mein Lektor bei Random House, Jason Kaufman, der mit mir bei fünf Büchern zusammenarbeitete und meinen größten Dank für sein exzellentes Lektorat und dafür verdient hat, dass er nicht das Handtuch wirft, wenn wir uns über entscheidende Passagen nicht einig sind. Seine Redaktionsassistentin, Carolyn Williams, sorgte ebenfalls dafür, dass dieses Buch sehr viel lesbarer wurde, und ich stehe bei beiden tief in der Schuld.

Meine Dankbarkeit gilt auch meinen Kindern und Enkelkindern, deren Geduld sich, während ich Feiertage und Urlaube damit zubrachte, „das Buch" zu schreiben, schließlich ausgezahlt hat. Bis zum nächsten Mal!

Und Dank an meine geliebte Meredith, ohne die keines meiner Bücher jemals beginnen oder enden würde.

ÜBER DEN AUTOR

George Friedman ist Gründer und Chairman von Geopolitical Futures, eines auf geopolitische Vorhersagen spezialisierten Unternehmens. Davor war er Chairman des internationalen Informationsdienstes Stratfor, den er 1996 gründete. Friedman ist Autor von sechs Büchern, darunter die *New York Times*-Bestseller *The Next Decade* und *Die nächsten 100 Jahre*. Er arbeitet außerdem als Senior Adviser der Gallup Corporation. Er lebt in Austin, Texas.

384 Seiten
gebunden mit SU
24,99 [D] / 25,70 [A]
ISBN: 978-3-86470-312-6

George Friedman:
Flashpoints – Pulverfass Europa

In seinem neuen Buch widmet sich George Friedman, einer
der profiliertesten Politologen unserer Zeit, Europa. Er fragt:
Wie errang Europa seine globale Vormachtstellung, warum hat
es diese eingebüßt und wie sieht die Zukunft unseres Kontinents
aus? Friedman gibt kluge Antworten auf alle drei Fragen – und
liefert spannende Denkanstöße.

PLASSEN
VERLAG

DER *NEW YORK TIMES*-BESTSELLER

„Ein Meisterstück des
investigativen Journalismus."
USA Today

DIE
WAHRHEIT
ÜBER
TRUMP

**Die Biografie des
45. Präsidenten**

MICHAEL KRANISH
und MARC FISHER

PLASSEN
VERLAG

592 Seiten
broschiert
24,99 [D] / 25,70 [A]
ISBN: 978-3-86470-616-5

Michael Kranish/Marc Fisher:
Die Wahrheit über Trump

Ein Team der *Washington Post* nahm vor der Präsidentschaftswahl
alle Kandidaten unter die Lupe, so auch Donald Trump.
Es durchleuchtete jeden Aspekt von Trumps Leben: von seiner
privilegierten Erziehung bis hin zu seiner Wahl zum US-Präsiden-
ten. „Die Wahrheit über Trump" bietet detaillierte Einblicke in
das Leben und die Denke Trumps. Die ultimative, aktualisierte
Biografie des 45. Präsidenten der Vereinigten Staaten!

PLASSEN
VERLAG